As Teorias da Justiça como Fundamento da Tutela Jurisdicional

Organização

Samuel Meira Brasil Jr.

FHE Press

As Teorias da Justiça como Fundamento da Tutela Jurisdicional / organização Samuel Meira Brasil Jr. –
Miami: FHE Press, 2019.

Inclui bibliografia
ISBN 978-1-7339642-6-5

1. Teorias da Justiça – Brasil. 2. Tutela Jurisdicional – Brasil. 3. Processo Civil – Brasil. I. Brasil Jr., Samuel
Meira.

LISTA DE AUTORES

Ana Clara Sabino Marta – Graduanda em Direito pela Universidade Federal do Espírito Santo (UFES).

Enara de Oliveira Olimpio Ramos Pinto – Mestre em Direito Processual Civil pela Pontifícia Universidade Católica de São Paulo (PUC/SP), Juíza Federal da Seção Judiciária do Estado do Espírito Santo.

Jardel Sabino de Deus - Doutorando e Mestre em Direitos e Garantias Fundamentais pela Faculdade de Direito de Vitória (FDV), Membro do Grupo de Pesquisa Direito, Sociedade e Cultura, Professor nos cursos de graduação e especialização em Direito da REDE DOCTUM, Assessor Jurídico no TJES.

João Paulo Pádua de Souza Botelho – Mestrando em Direitos e Garantias Fundamentais pela Faculdade de Direito de Vitória (FDV), pós-graduado pela Fundação Getúlio Vargas (FGV), Bacharel em Direito pela Faculdade de Direito de Vitória (FDV), Advogado.

Monique Libardi – Mestre em Teoria do Direito pela Goethe Universität Frankfurt am Main, Mestre em Direitos e Garantias Fundamentais pela Faculdade de Direito de Vitória (FDV), pesquisadora do vixCIRCLE Center for Innovation, Research and Cooperative Legal Education.

Pedro Henrique Nascimento Zanon – Doutor em Direitos e Garantias Fundamentais pela Faculdade de Direito de Vitória (FDV), Professor do curso de Direito da Universidade do Estado de Minas Gerais (UEMG), unidade Diamantina.

Ronaldo Felix Moreira Jr. – Especialista em Direito Penal e Processual Penal, Mestre em Direitos e Garantias Fundamentais pela Faculdade de Direito de Vitória, Professor temporário na Universidade do Estado de Minas Gerais (UEMG, Diamantina) e membro do Grupo de Pesquisa Direito, Sociedade e Cultura.

Vito Beno Vervloet - Doutorando em Direitos e Garantias Fundamentais. Faculdade de Direito de Vitória (FDV), Mestre em Sociologia Política pela Universidade de Vila Velha (UVV), pós-graduado em Gestão Pública Municipal (IFES, 2012/2014), Procurador Legislativo Municipal, Advogado.

Samuel Meira Brasil Jr. – Doutor *honoris causa* pela Universidade de Vila Velha, Doutor e Mestre em Direito Processual Civil pela Faculdade de Direito da Universidade de São Paulo, Mestre em Ciência da Computação pela Universidade Federal do Espírito Santo. Professor Visitante da Goethe Universität Frankfurt am Main e da SIBE-Steinbeis Hochschule. Desembargador do Tribunal de Justiça do Estado do Espírito Santo. Corregedor Geral da Justiça do Estado do Espírito Santo.

CONTEÚDO

PREFÁCIO

Em uma das mais influentes obras sobre a Teoria da Justiça, John Rawls inicia com uma afirmação, no sentido de que "*a justiça é a primeira virtude das instituições sociais, como a verdade o é dos sistemas de pensamento*". Portanto, parece adequado começar por essa assertiva. Assim como as ciências naturais investigam a verdade, a ciência jurídica deve amparar sua pesquisa no estudo do objeto jurídico (conduta regulada pelo dever-ser), mas sem negligenciar um valor essencial das relações intersubjetivas: a justiça. As normas jurídicas, em um micro-cosmo normativo das condutas sociais, têm por escopo regular as relações sociais, para manter um equilíbrio proporcional das diversas forças sociais, estimulando as interações que produzam um sentimento de justiça e desestimulando as que irrompem em uma amarga sensação de injustiça. Mas, para entendermos bem como essas relações intersubjetivas ocorrem, é preciso compreender o que é, e como alcançar, a justiça.

Os trabalhos apresentados nesta obra são pesquisas realizadas por doutorandos em mestrandos na disciplina por mim ministrada, intitulada "As Teorias da Justiça e a Proteção dos Direitos Fundamentais", no programa de Doutorado em Direito. Nessa disciplina, são estudados inúmeros autores, das mais diversas e antagônicas teorias da justiça: John Rawls, Robert Nozick, Amartya Sen, John Roemer, Rainer Forst, Axel Honneth, Brenda Frasier, Ronald Dworkin, Michael Sandel, Michael Walzer, Robert Alexy, e muitos outros. Ficou claro que ainda falta uma descrição metodologicamente consistende e coerente da teoria geral da justiça, considerando os diversos princípios e valores, culturalmente diferentes e não raramente antagônicos. No curso, apresento um esboço da teoria da justiça por mim idealizada e que, em breve, será publicada.

Espero sinceramente que o leitor ache os textos no mínimo instigantes. Não se pretende encontrar uma única resposta correta para o problema da justiça, nem apresentar uma solução universal para casos com valores em colisão. Mas os estudos visam apenas a apresentar situações e controvérsias, seu respectivo tratamento pelos tribunais, e, acima de tudo, provocar sentimentos de justiça e indignação das injustiças encontradas.

Samuel M. Brasil Jr.

1

COTAS RACIAIS EM
CONCURSOS PÚBLICOS FEDERAIS:
A CONSTITUCIONALIDADE DA LEI 12.990/14

Enara de Oliveira Olimpio Ramos Pinto

RESUMO

O presente artigo analisa as ações afirmativas brasileiras[1], em especial as cotas

---

[1] Este artigo foi escrito em 2016 e apresentado na mesma data no curso de *Teorias da Justiça* do Prof. Samuel Meira Brasil Jr., portanto um ano antes da decisão do Supremo Tribunal Federal na ADI 41, que reconheceu a constitucionalidade da Lei 12.990/2014, e que reserva 20% das vagas em concurso público para a população negra. O artigo foi mantido em sua redação

raciais, no contexto jurídico dos direitos humanos em nível internacional e nacional, ressaltando seu assento constitucional, enquanto instrumento concretizador de uma nova visão de justiça social, que abrange também o Estado como responsável por promover políticas públicas que visem à concretização da igualdade, em suas facetas de redistribuição e reconhecimento. Defende-se, nessa linha, a constitucionalidade da Lei 12.990/14, que reserva aos negros 20% (vinte por cento) das vagas oferecidas nos concursos públicos para provimento de cargos efetivos e empregos públicos no âmbito da administração pública federal, das autarquias, das fundações públicas, das empresas públicas e das sociedades de economia mista controladas pela União, à luz do arcabouço principiológico sobre o qual se assenta o próprio estado democrático brasileiro, esclarecendo que não há qualquer afronta à regra do concurso público ou à meritocracia, demonstrando que o Brasil, inclusive, procura avançar em relação aos Estados Unidos, inspirador das políticas afirmativas em solo nacional.

1. INTRODUÇÃO

Para uma perspectiva crítica dos direitos humanos, impõe-se relevante indagação inicial: são estes produtos culturais surgidos num contexto específico de relações ou produtos naturais decorrentes de nossa condição humana? Na linha de Herrera Flores[2], defende-se a natureza de produtos culturais dos direitos humanos, advindos de um contexto concreto de relações sociais e econômicas que começam a se expandir em todo o globo – desde o século XV até o século XXI.

Essa afirmação não significa reduzir os direitos humanos a instrumentos que serviram exclusivamente a interesses expansionistas, no século XV, voltando-se à acumulação de capital, pois se, em certo momento histórico, exerceram papel de fonte legitimadoras de novos sistemas de relação social, como o capitalismo, em outro, também fundamentaram mobilizações populares contra a hegemonia das relações que o próprio capital impôs. Contudo, é nesse contexto, em que se admite os direitos humanos ora como ferramenta de dominação, ora como instrumento de libertação, que podem ser tidos como produtos culturais, resultados de lutas sociais históricas, tendo como base a concepção de dignidade humana.[3]

Nesse traçado histórico da construção dos direitos humanos, em termos de proteção, afirma-se, inicialmente, a chamada *igualdade formal entre os homens*

---

originária, sem referência ao julgamento do STF, para manter o registro histórico do estudo realizado antes da mencionada decisão.

2   *Teoria Crítica dos Direitos Humanos: os Direitos Humanos como produtos culturais.* Rio de Janeiro: Editora Lumen Juris, 2009.

3   FLORES, Herrera. *Op. cit.*

('todos são iguais perante a lei'), genérica e abstrata, que veda a hierarquização entre as pessoas, resultado de violações que tiveram exatamente como fundamento a diversidade, a diferença, em que o "outro" era visto como um ser menor em dignidade e direitos, descartável, objeto de compra e venda (escravidão) ou de campos de extermínio (nazismo). E, da mesma forma, o sexismo, o racismo, a homofobia, a xenofobia, entre outras práticas de intolerância. A igualdade formal, após circunstâncias históricas terríveis, sob o ponto de vista da dignidade humana, objetiva então o estabelecimento de uma isonomia que praticamente 'teme' reconhecer diferenças.[4] Portanto, todos os indivíduos são detentores de igual valor e dignidade.

Em momento histórico posterior, entretanto, essa igualdade formal começa a ser questionada, em especial por movimentos sociais, diante das contínuas violações a direitos de grupos específicos em situações de vulnerabilidade social e econômica. Faz-se necessária, desta feita, a especificação do sujeito de direito, devendo a diferença não mais ser utilizada para aniquilação de direitos, mas para a sua promoção. Assim, ao lado do *direito à igualdade,* surge o *direito à diferença.*[5]

Boaventura de Sousa Santos[6] leciona:

> [...] há de se reconhecer que nem toda a diferença é inferiorizadora. E, por isso, a política de igualdade não tem de se reduzir a uma norma identitária única. Pelo contrário, sempre que estamos perante diferenças não inferiorizadoras, a política da igualdade que as desconhece ou as descaracteriza, converte-se contraditoriamente numa política de desigualdade. Uma política de igualdade que nega as diferenças não inferiorizadoras é, de facto, uma política racista. Como vimos, o racismo se afirma pela absolutização das diferenças como pela negação absoluta das diferenças.

Nesse contexto, a Constituição Federal do Brasil, de 1988, consagrando a igualdade (art. 5º.), tem também como objetivo a promoção do bem de todos, sem preconceitos de origem, raça, sexo, cor, idade, e quaisquer outras formas de discriminação (art. 3º.).

E como pertinentemente registra o Ministro Luis Roberto Barroso, esse conjunto normativo não deixa dúvidas que o Estado também deve atuar positivamente no combate a qualquer forma de preconceito ou discriminação, protegendo não somente a *igualdade formal,* bem como a *igualdade material,* ligada mais a uma justiça distributiva, e, por último, mas não menos importante, a *igualdade como reconhecimento,* incorporada ao dicurso

---

4   PIOVESAN, Flávia. Ações afirmativas no Brasil: desafios e perspectivas. *In: Revista de Estudos Feministas.* Vol. 16/3, Florianópolis, 2008, p. 888/889.
5   *Idem.*
6   A construção multicultural da igualdade e da diferença. *In: Oficina do CES,* no. 135, janeiro de 1999, p. 44.

constitucional mais recente, que se destina a proteger o direito à diferença, os grupos vulneráveis e as minorias em geral,[7]

E é essa tripla dimensão da igualdade que fornece o fundamento de validade constitucional para as ações públicas afirmativas em favor de grupos vulneráveis, ou seja, que permite a desequiparação entre os indivíduos.

Esse coletivo vulnerável[8], que pode ou não vir a constituir uma efetiva minoria, em termos numéricos, se caracteriza basicamente pela presença de traços físicos ou culturais vistos negativamente pela "maioria" (grupo dominante); pela autoconsciência dessa diferenciação e das restrições que acarreta; pela transmissão intergeracional de tais características. Ainda, via de regra, esse grupo tem menores oportunidades de intervir nas instâncias decisórias de poder, bem como tem menor acesso aos bens sociais.[9]

A partir da definição acima, não obstante a miscigenação entre negros e brancos no Brasil, que suporia uma democracia racial, é fato que esta não passa de um mito, convivendo simultaneamente inclusão e exclusão racial em nossa sociedade, esta mais visível sob o aspecto da exclusão econômica do negro, não obstante possa ser compreendida como uma consequência da falta de reconhecimento de grupo, lamentavelmente, ainda objeto de discriminação e preconceito.

Nesse contexto, o presente artigo propõe-se a analisar a política de reserva de vagas em concursos públicos, em favor da população negra no Brasil, que tem por objetivo permitir ao grupo melhor acesso a determinados bens sociais e mesmo *status* social, com vistas à efetivamente promover a diversidade, inserindo o negro brasileiro em certas esferas tanto no nível prático, como no plano da autopercepção.[10]

Será analisada especificamente a Lei federal 12.990/2014, que reserva aos negros 20% (vinte por cento) das vagas oferecidas nos concursos públicos para provimento de cargos efetivos e empregos públicos no âmbito da administração pública federal, das autarquias, das fundações públicas, das empresas públicas e das sociedades de economia mista controladas pela União.

---

7   BARROSO, Luis Roberto. *Cotas raciais são legítimas com parâmetros razoáveis*. In: CONJUR, 25/04/2012.

8   Nossa Constituição protege, em diversos artigos, grupos minoritários e, nessa linha, segue nossa legislação infraconstiucional, do que são exemplos: o Estatuto da Criança e do Adolescente; o Estatuto do Idoso; o Estatuto do Índio; o Estatuto da Igualdade Racial, a Lei Maria da Penha, a Lei de Inclusão da Pessoa com Deficiência.

9   VITORELLI, Edilson. *Estatuto da Igualdade Racial e Comunidades Quilombolas*. Lei no. 12.228/2010 e Decreto no. 4.887/2003. 3. ed. Salvador: Ed. *Jus Podium*, 2016, p. 25/27 e p. 57.

10   BARROSO, Luis Roberto. *Op. cit*, p. 5.

Essa norma vem sendo objeto de vários questionamentos judiciais quanto a sua constitucionalidade, seja sob o aspecto formal, seja sob o material, o que vem causando situações de extrema insegurança jurídica em concursos públicos federais, razão pela qual a OAB Federal ajuizou a Ação Direta de Constitucionalidade (ADC 41), em 26/01/2016, cujo Relator é o Ministro Luis Roberto Barroso, que pende de julgamento em nossa corte constitucional, a fim de pacificar as questões e evitar posturas judiciais divergentes, tanto em relação à constitucionalidade da reserva de vagas nos concursos para cargos efetivos e empregos públicos propriamente dita, quanto em relação ao procedimento da autodeclaração, ora utilizado como critério suficiente para definição de quem é o beneficiário da política, ora associado a processos externos de avaliação fenotípica (heteroidentificação). Dessa forma, até a decisão pelo Supremo Tribunal Federal na referida ADC 41, com especial razão merecem destaque o estudo e o debate sobre o tema.

02. "RAÇA" E RACISMO NO BRASIL

Já é reconhecido na comunidade científica que a 'raça' é um conceito que não corresponde a nenhuma realidade natural, biológica[11], limitando-se, portanto, ao mundo social[12]. Na verdade, a raça somente se faz presente tendo em vista ideologias racistas, como forma de classificação baseada em uma atitude negativa de um grupo social em relação a outro.

Não obstante essa realidade científica, ainda permance entre nós o racismo, enquanto fenômeno social, e, no Brasil, particularmente, encarado como um tabu, em razão do orgulho nacional quanto a nossa suposta democracia racial, fundada, em grande parte, na ausência de uma política segregacionista institucionalizada, nos moldes dos Estados Unidos (Jim Crow).

---

11   Como bem consigna Guido Barbujani, um dos mais conhecidos geneticistas da atualidade, *apud* VITORELLI, Edilson. *Estatuto da Igualdade Racial e Comunidades Quilombolas*. Lei n 12.228/2010 e Decreto n 4.887/2003. 3. ed. Salvador: Ed. *Jus Podium*, 2016, p. 34.

12   Nesse sentido já decidiu o Supremo Tribunal Federal no HC 82.424-QO/RS, Rel. Min. Maurício Corrêa, conhecido como "Caso Ellwanger". Em setembro de 2003, o Plenário do STF confirmou, por maioria de votos, a condenação de Siegfried Ellwanger, autor de livros de conteúdo anti-semita, pelo crime de racismo. Nesse precedente, o STF debateu o significado jurídico do termo "racismo" abrigado no art. 5°, XLII, da Constituição. De acordo com o Relator do feito, Min. Maurício Corrêa:

"Embora hoje não se reconheça mais, sob o prisma científico, qualquer subdivisão da raça humana, o racismo persiste enquanto fenômeno social, o que quer dizer que a existência das diversas raças decorre da mera concepção histórica, política e social e é ela que deve ser considerada na aplicação do direito".

Essa também foi a conclusão do Min. Gilmar Mendes, que assim se pronunciou:

"Parece ser pacífico hoje o entendimento segundo o qual a concepção a respeito da existência de raças assentava-se em reflexões pseudo-científicas (...). É certo, por outro lado, que, historicamente, o racismo prescindiu até mesmo daquele conceito pseudo-científico para estabelecer suas bases, desenvolvendo uma ideologia lastreada em critérios outros".

Registre-se que essa indiferenciação formal brasileira não impediu um distanciamento social entre brancos e negros e uma diferenciação aguda de *status* e de possibilidades econômicas, mas, na verdade, contribuiu, em determinado momento histórico, para o obscurecimento do verdadeiro racismo nacional.

Como muito bem apontado por Antônio Sergio Alfredo Guimarães[13]:

> As percepções começaram a mudar quando a segregação racial foi desmantelada nos Estados Unidos em consequência do Movimento de Direitos Civis. Somente então as desigualdades raciais passaram a ser claramente atribuídas à operação de mecanismos sociais mais sutis – educação escolar, seletividade do mercado de trabalho, a pobreza, a organização familiar, etc. A mudança de percepção da discriminação racial nos Estados unidos alterou tanto a percepção do Brasil pelos anglo-americanos quanto o programa político do anti-racismo. Desde então a denúncia das desigualdades raciais mascaradas em termos de classe social ou de *status* passaram a ser um item importante na pauta anti-racista. Os racismos brasileiro e norte-americano tinham se tornado muito mais parecidos entre si.

E assim tem sido o racismo assimilacionista no Brasil, contraditório, incidindo, por um lado, uma cidadania ampla e garantida por direitos formais, que, na prática, são ignorados, impondo-se grandes distâncias sociais e em nível de reconhecimento entre brancos e negros.

E conclui ainda Guimarães, para que não restem dúvidas:

> Num certo sentido, a ideia de democracia racial é um mito fundador da nacionalidade brasileira e deve ser denunciado justamente pelo seu caráter "mítico" de promessa não cumprida. De fato, os estudos seminais de Carlos Hasenbalg (1979) e Nelson do Valle Silva (1980), assim como os de Telles (1992), Lovell (1989), Andrews (1992), Castro e Guimaães (1993), Silva (1993) e outros desmascaram justamente a pretensa suavidade da discriminação no Brasil. Eles mostram as desigualdades profundas que separam os brancos e negros dos outros grupos raciais e revelam uma segregação real dos negros no emprego, na educação, na habitação etc.

Quanto ao serviço público federal, entre os motivos para a aprovação do projeto da Lei 12.889/14 consta a informação de que em relação aos servidores que possuem informação de raça no sistema do Poder Executivo Federal, 30% são negros, enquanto a população negra nacional, por dados do IBGE, equivale a 50,74%.

Nessa linha, Flávia Piovesan, referindo-se a dados do IPEA,

---

13   GUIMARÃES, Antonio Sergio Alfredo. *Raça e racismo no Brasil. In:* Novos Estudos, no. 43, nov/1995, p. 29.

demonstra que o racismo só será combatido com política específica:

> [...] em um país em que os afrodescendentes são 64% dos pobres e 69% dos indigentes (dados do IPEA), em que o índice de desenvolvimento humano geral (IDH, 2000) figura em 74º. lugar, mas que, sob o recorte étnico-racial, o IDH relativo à população afrodescendente o indica na 108º. posição (enquanto o IDH relativo à população branca o indica na 43ª. posição), faz-se essencial a adoção de ações afirmativas em benefício da população afrodescendente, em especial nas áreas da educação e trabalho.

03. AÇÕES AFIRMATIVAS EM FAVOR DA POPULAÇÃO NEGRA NO BRASIL

Como anteriormente afirmado, nossa Constituição, em seu art. 3º., IV, consagra como objetivo do Estado brasileiro a promoção do bem de todos, sem preconceitos de origem, raça, sexo, cor, idade, e quaisquer outras formas de discriminação, fornecendo fundamento constitucional às ações afirmativas.

Ainda, o Programa Nacional de Direitos Humanos (Decreto 1.904, de 13/05/1996) faz menção a políticas compensatórias e também ao desenvolvimento de ações afirmativas em favor de grupos socialmente vulneráveis. E a Conferência das Nações Unidas contra o Racismo, em Durban, de 31/08 a 07/09/2001, ao endossar a importância dos Estados em adotarem ações afirmativas, enquanto medidas especiais e compensatórias voltadas a aliviar a carga de um passado discriminatório daqueles que foram vítimas de discriminação racial, da xenofobia e de outras formas de discriminação, funcionou, no dizer de Flávia Piovesan,[14] como força catalisadora dessas ações em nosso país, propiciando significativos debates sobre o tema, em especial sobre a fixação de cotas para afrodescendentes em universidades e a elaboração do Estatuto da Igualdade Racial.

No ano de 2002, foi criado o Programa Nacional de Ações Afirmativas (Decreto 4.228/02), trazendo medidas de incentivo à inclusão de mulheres, negros e portadores de deficiências. Também em 2002, foi lançado o Programa Diversidade na Universidade (Lei 10.558/02), respaldando diversos programas de cotas para negros, como a UFMG, UERJ, UNEB, UNB, UFPR. Em 2003, foi instituída a Política Nacional de Promoção da Igualdade Racial (PNPIR) e criada a Secretaria Especial de Políticas de Promoção da Igualdade Racial (Lei 10.678/03), ambas possuindo, entre seus objetivos, reforçar a eficácia das ações afirmativas. Por fim, também contando com a previsão de ações afirmativas em favor da população negra, é promulgada em 2010 a Lei 12.228 (Estatuto da Igualdade Racial), que prevê

---

14   *Op. cit.*, p. 892.

expressamente, em seu art. 4°., a adoção de programas e políticas de ações afirmativas.

E mais recentemente, a Lei 12.711/2012, que dispõe sobre o ingresso nas universidades federais e nas instituições federais de ensino técnico de nível médio, e a Lei 12.990/14, que reserva aos negros 20% (vinte por cento) das vagas oferecidas nos concursos públicos para provimento de cargos efetivos e empregos públicos no âmbito da administração pública federal, das autarquias, das fundações públicas, das empresas públicas e das sociedades de economia mista controladas pela União.

Registre-se que políticas semelhantes foram adotadas em Estados[15] e municípios[16] brasileiros.

04. AS COTAS NAS UNIVERSIDADES E A ARGUIÇÃO DE DESCUMPRIMENTO DE PRECEITO FUNDAMENTAL 186 - DF

Dentre as políticas e ações afirmativas implantadas, as cotas nas universidades públicas inauguraram um intenso debate nacional sobre as ações afirmativas, em especial porque tiveram início antes do advento da Lei 12. 711/12, por iniciativa das próprias universidades públicas, fundadas em sua autonomia didático-administrativa, prevista constitucionalmente, art. 207, destacando-se, nesse cenário, a Universidade Federal de Minas Gerais-UFMG; a Universidade Federal do Paraná – UFPR; a Universidade Federal da Bahia – UFBA, que estabeleceram um critério racial de cotas, aliado a um corte social.

Por sua vez, a Universidade de Brasília – UNB estabeleceu apenas um sistema de cotas destinado aos negros, que lhes reserva vinte por cento das vagas, fato que levou a seu questionamento perante o Supremo Tribunal Federal, através da ADPF 186-DF, decidida em 26/04/2012, publicada em 20/10/2014.

Duas questões básicas fundamentaram a ação: a inconstitucionalidade do critério racial como único informador da política afirmativa e a comissão de verificação de raça, criada pela UNB, apontada na peça inicial como "tribunal racial".

Os requerentes se pautaram na miscigenação racial brasileira e na

---

15   Como exemplo a Lei 10.094/96, de Santa Catarina, que albergou sanções administrativas a empresas que praticarem atos discriminatórios por questões raciais.

16   Como exemplo a Lei Municipal 6.225/2004, de Vitória/ES, que previa a reserva de vagas em concurso público. Vale ressaltar que esta norma foi objeto de Ação Declaratória de Inconstitucionalidade perante o Tribunal de Justiça do Espírito Santo (0002354-58.2007.8.08.0000 (100.07.002354-2), tendo sido, em 04/11/2011, por maioria de votos, declarada sua inconstitucionalidade. Não obstante, em 21/11/2014, após o julgamento da ADPF 186, que analisou a reserva de vagas para ingresso em universidades, e também após o advento da Lei 12.990/2014 (cotas no serviço público federal), foi promulgada nova norma também com previsão de cotas em concurso público, Lei 8.757/14.-

prática impossibilidade de se definir quem é negro no Brasil por critérios objetivos para sustentar a ineficácia da política, a inviabilidade das comissões de verificação e a ofensa ao *princípio da igualdade*.

Ainda, sustentaram que a referida política importaria na implementação de um 'Estado racializado' ou do 'racismo institucionalizado', nos moldes praticados nos Estados Unidos, África do Sul ou Ruanda, o que seria inadequado para o Brasil, pois em nosso país ninguém seria excluído, pelo simples fato de ser negro, gerando, as cotas para negros nas universidades, a consciência estatal de raça, discriminação reversa em relação aos brancos pobres, além de favorecerem a classe média negra.

A liminar foi indeferida pelo Ministro Gilmar Mendes, na condição de presidente, durante o recesso do STF. Em 26/04/2012, o Supremo Tribunal Federal decidiu, por unanimidade a ADPF 186, que teve como Relator o Ministro Ricardo Lewandowisky. No mérito, a arguição, por unamimidade, e nos termos do voto do Relator, foi julgada totalmente improcedente. Registre-se a ementa do acórdão em questão:

> EMENTA: ARGUIÇÃO DE DESCUMPRIMENTO DE PRECEITO FUNDAMENTAL. **ATOS QUE INSTITUÍRAM SISTEMA DE RESERVA DE VAGAS COM BASE EM CRITÉRIO ÉTNICO-RACIAL (COTAS) NO PROCESSO DE SELEÇÃO PARA INGRESSO EM INSTITUIÇÃO PÚBLICA DE ENSINO SUPERIOR.** ALEGADA OFENSA AOS ARTS. 1º, CAPUT, III, 3º, IV, 4º, VIII, 5º, I, II XXXIII, XLI, LIV, 37, CAPUT, 205, 206, CAPUT, I, 207, *CAPUT*, E 208, V, TODOS DA CONSTITUIÇÃO FEDERAL. AÇÃO JULGADA IMPROCEDENTE. I – Não contraria - ao contrário, prestigia – o princípio da igualdade material, previsto no caput do art. 5º da Carta da República, a possibilidade de o Estado lançar mão seja de políticas de cunho universalista, que abrangem um número indeterminados de indivíduos, mediante ações de natureza estrutural, seja de ações afirmativas, que atingem grupos sociais determinados, de maneira pontual, atribuindo a estes certas vantagens, por um tempo limitado, de modo a permitir-lhes a superação de desigualdades decorrentes de situações históricas particulares. II – **O modelo constitucional brasileiro incorporou diversos mecanismos institucionais para corrigir as distorções resultantes de uma aplicação puramente formal do princípio da igualdade.** III – Esta Corte, em diversos precedentes, assentou a constitucionalidade das políticas de ação afirmativa. IV – Medidas que buscam reverter, no âmbito universitário, o quadro histórico de desigualdade que caracteriza **as relações étnico-raciais e sociais em nosso País, não podem ser examinadas apenas sob a ótica de sua compatibilidade com determinados preceitos constitucionais, isoladamente considerados, ou a partir da eventual vantagem de certos critérios sobre outros, devendo, ao revés, ser analisadas à luz do arcabouço principiológico sobre o qual se assenta o próprio Estado brasileiro.** V - Metodologia de seleção diferenciada pode perfeitamente levar **em consideração critérios étnico-raciais ou socioeconômicos, de modo a assegurar que a comunidade acadêmica e a própria**

sociedade sejam beneficiadas pelo pluralismo de ideias, de resto, um dos fundamentos do Estado brasileiro, conforme dispõe o art. 1º, V, da Constituição. VI - **Justiça social, hoje, mais do que simplesmente redistribuir riquezas criadas pelo esforço coletivo, significa distinguir, reconhecer e incorporar à sociedade mais ampla valores culturais diversificados, muitas vezes considerados inferiores àqueles reputados dominantes.** VII – No entanto, as políticas de ação afirmativa fundadas na discriminação reversa apenas são legítimas se a sua manutenção estiver condicionada à persistência, no tempo, do quadro de exclusão social que lhes deu origem. Caso contrário, tais políticas poderiam converter-se benesses permanentes, instituídas em prol de determinado grupo social, mas em detrimento da coletividade como um todo, situação – é escusado dizer – incompatível com o espírito de qualquer Constituição que se pretenda democrática, devendo, outrossim, **respeitar a proporcionalidade entre os meios empregados e os fins perseguidos.** VIII – Arguição de descumprimento de preceito fundamental julgada improcedente." (grifos nossos)

Quanto ao tema das cotas exclusivamente raciais, entendeu nossa Corte Constitucional que a metodologia de seleção diferenciada pode perfeitamente levar em consideração critérios apenas étnico-raciais, ou seja, prestigiou a diversidade e o pluralismo de ideias, inerente a um verdadeiro Estado democrático de direito, **reconhecendo na Justiça Social as facetas distributivas e de reconhecimento**. Quanto ao aspecto do reconhecimento, importante destacar o voto do Relator, fl. 29:

> [...] As ações afirmativas, portanto, encerram também um relevante papel simbólico. Uma criança negra que vê um negro ocupar um lugar de evidência na sociedade projeta-se naquela liderança e alarga o âmbito de possibilidades de seus planos de vida. Há, assim, importante componente psicológico multiplicador da inclusão social nessas políticas.

> A histórica discriminação dos negros e pardos, em contrapartida, revela igualmente um componente multiplicador, mas às avessas, pois a sua convivência multisecular com a exclusão social gera a perpetuação de uma consciência de inferioridade e de conformidade com a falta de perspectiva, lançando milhares deles, sobretudo as gerações mais jovens, no trajeto sem volta da marginalidade social. Esse efeito, que resulta de uma avaliação eminentemente subjetiva da pretensa inferioridade dos integrantes desses grupos repercute tanto sobre aqueles que são marginalizados como naqueles que, consciente ou inconscientemente, contribuem para a sua exclusão.

Muito importante também foi a conclusão no sentido de que as relações étnico-raciais e sociais em nosso País, não podem ser examinadas apenas sob a ótica de sua compatibilidade com determinados preceitos constitucionais, isoladamente considerados, ou a partir da eventual vantagem de certos critérios sobre outros, devendo, ao revés, ser analisadas à luz do arcabouço principiológico sobre o qual se assenta o próprio Estado brasileiro.

Destaque-se que não houve uma manifestação mais aprofundada quanto ao critério de identificação do negro e a possibilidade das comissões de classifição racial, não obstante terem sido admitidos tanto o critério da autoidentificação, como o da heteroidentificação ou ambos, desde que sempre respeitada a dignidade pessoal dos candidatos. Quanto à heteroidentificação, a partir da obra de Daniela Ikawa[17], tendo em vista o grau mediano de mestiçagem e as incertezas por ela geradas, admite a identificação por terceiros, através de mecanismos como a elaboração de formulários com múltiplas questões sobre a raça (para se averiguar a coerência da autoclassificação); o requerimento de declarações assinadas; o uso de entrevistas (...); a exigência de fotos; e a formação de comitês posteriores à autoidentificação pelo candidato.

Nesse ponto, o voto recebe críticas[18], pois não traria a devida fundamentação acerca dos critérios a direcionar o modelo a ser utilizado, ou seja, a partir de que momento ou com base em quais informações da entrevista, passa alguém a ser considerado negro. Diante disso, apesar do recurso à "dignidade", esta se transforma em mero recurso retórico.

Por fim, no que pertine à alegada ofensa ao art. 208, V, da CF[19], em outras palavras, à meritocracia, concluiu o STF pela ausência de mácula ao dispositivo. Destaca-se importante trecho do voto do relator sobre o tema:

> Não raro a discussão que aqui se trava é reduzida à defesa de critérios objetivos de seleção - pretensamente isonômicos e imparciais -, desprezando-se completamente as distorções que eles podem acarretar quando aplicados sem os necessários temperamentos.
> De fato, critérios ditos objetivos de seleção, empregados de forma linear em sociedades tradicionalmente marcadas por desigualdades interpessoais profundas, como é a nossa, acabam por consolidar ou, até mesmo, acirrar as distorções existentes.
> Os principais espaços de poder político e social mantém-se, então, inacessíveis aos grupos marginalizados, ensejando a reprodução e perpetuação de uma mesma elite dirigente. Essa situação afigura-se ainda mais grave quando tal concentração de privilégios afeta a distribuição de recursos públicos.
> Como é evidente, toda a seleção, em qualquer que seja a atividade humana, baseia-se em algum tipo de discriminação. A legitimidade dos critérios empregados, todavia, guarda estreita correspondência com os objetivos sociais que se busca atingir com eles. [...]
> O critério de acesso às universidades públicas, entre nós, deve levar

---

17   IKAWA, Daniela. *Ações afirmativas em universidades*. Rio de Janeiro: Lumen Juris, 2008.

18   Vitorelli, Edilson. *Op. cit*, p. 136/141.

19   O dever do Estado com a educação será efetivado mediante a garantia de: [...]

        V - acesso aos níveis mais elevados do ensino, da pesquisa e da criação artística, **segundo a capacidade de cada um. (grifo nossos)** em conta, antes de tudo, os objetivos gerais buscados pelo Estado Democrático de Direito, consistentes, segundo o Preâmbulo da Constituição de 1988, em

"(...) assegurar o exercício dos direitos sociais e individuais, a liberdade, a segurança, o bem-estar, o desenvolvimento, a igualdade e a justiça como valores supremos de uma sociedade fraterna, pluralista e sem preconceitos, fundada na harmonia social (...)".

[...]

Diante disso, parece-me ser essencial calibrar os critérios de seleção à universidade para que se possa dar concreção aos objetivos maiores colimados na Constituição. Nesse sentido, as aptidões dos candidatos devem ser aferidas de maneira a conjugar-se seu conhecimento técnico e sua criatividade intelectual ou artística com a capacidade potencial que ostentam para intervir nos problemas sociais.

Essa metodologia de seleção diferenciada pode perfeitamente levar em consideração critérios étnico-raciais ou socioeconômicos, de modo a assegurar que a comunidade acadêmica e a própria sociedade sejam beneficiadas pelo pluralismo de ideias, de resto, um dos fundamentos do Estado brasileiro, conforme dispõe o art. 1º, V, da Constituição.

Ademais, essa metodologia parte da premissa de que o princípio da igualdade não pode ser aplicado abstratamente, pois procede a escolhas voltadas à concretização da justiça social. Em outras palavras, cuida-se, em especial no âmbito das universidades estatais, de utilizar critérios de seleção que considerem uma distribuição mais equitativa dos recursos públicos.

Extrai-se, portanto, que a aferição de 'capacidade' não é apurada por um método único, sendo, no caso, o vestibular só mais um dos instrumentos que se emprega para medir o conhecimento e o mérito acadêmico dos candidatos.

Os pontos acima, oriundos do julgamento da ADPF 186, foram destacados, pois são relevantes e de alguma forma se relacionam com os questionamentos que vêm sendo feitos em relação à Lei 12.990/2014, cuja constitucionalidade se passará a analisar a seguir.

05. A CONSTITUCIONALIDADE DA LEI 12.990/2014

Como visto, no julgamento da ADPF 186-DF, o STF concluiu pela constitucionalidade das cotas meramente raciais para ingresso em universidades federais. Resta, agora, analisar se seus fundamentos têm aplicação ao debate quanto à constitucionalidade da Lei 12.990/14, que reserva aos negros 20% (vinte por cento) das vagas oferecidas nos concursos públicos para provimento de cargos efetivos e empregos públicos no âmbito da administração pública federal, das autarquias, das fundações públicas, das empresas públicas e das sociedades de economia mista controladas pela União, ou é o caso de incidência de um *distinguishing*, tendo em vista eventuais peculiaridades relativamente às cotas no serviço público.

A divergência jurisprudencial já está aberta, havendo decisões em ambos os sentidos. Vale dizer que a controvérsia já existia antes mesmo do advento da Lei 12.990/14, diante de normas municipais que previam essas cotas.

Contrária à política, a Terceira Câmara de Direito Público do Eg. Tribunal de Justiça de Santa Catarina reconheceu, por unanimidade, em controle difuso de constitucionalidade, a inconstitucionalidade do art. 5°, *caput* e parágrafo único, da Lei Complementar n° 32/04, que previa a reserva de vagas ainda antes da entrada em vigor da Lei n° 12.990/14:

> ADMINISTRATIVO - CONCURSO PÚBLICO - RESERVA DE VAGAS - LEI COMPLR N. 32/3004 DO MUNICÍPIO DE CRICIÚMA - INCONSTITUCIONALIDADE MATERIAL RECONHECIDA PELO TRIBUNAL PLENO - SEGURANÇA MANTIDA Declarada, incidentalmente, a inconstitucionalidade do parágrafo único do art. 5° da Lei Complr n. 32/2004 do Município de Criciúma pelo Tribunal Pleno desta Corte de Justiça, que prevêem a reserva de vagas em concursos públicos a afro-brasileiros, há que se reconhecer o descabimento das regras contidas em edital de certame no mesmo sentido. (TJ-SC - MS: 216457 SC 2005.021645-7, Relator: Luiz Cézar Medeiros, Data de Julgamento: 09/06/2009, Terceira Câmara de Direito Público, Data de Publicação: Apelação Cível em Mandado de Segurança, de Criciúma)

Nessa mesma linha, decidiu o Tribunal de Justiça do Espírito Santo na Ação Direta de Inconstitucionalidade 0002354-58.2007.8.08.0000 (100.07.002354-2), julgada em 22/09/2011:

> EMENTA: AÇÃO DIRETA DE INCONSTITUCIONALIDADE. LEI N° 6.225/2004 EDITADA PELA MESA DIRETORA DA CÂMARA MUNICIPAL DE VITÓRIA. PROGRAMA DE RESERVA DE VAGAS. AFRODESCENDENTES. CONCURSO PÚBLICO. PRELIMINAR DE NULIDADE DO PROCESSO POR AUSÊNCIA DE MANIFESTAÇÃO DO PROCURADOR-GERAL DO ESTADO ACERCA DA NORMA IMPUGNADA. REJEIÇÃO. INCONSTITUCIONALIDADE FORMAL POR VÍCIO DE INICIATIVA PRIVATIVA DO CHEFE DO EXECUTIVO MUNICIPAL. INOCORRÊNCIA. **VIOLAÇÃO AOS PRINCÍPIOS CONSTITUCIONAIS DA IGUALDADE, PROPORCIONALIDADE E ISONOMIA. PROCEDÊNCIA DA REPRESENTAÇÃO DE INCONSTITUCIONALIDADE AJUIZADA PELA PROCURADORA-GERAL DE JUSTIÇA DO ESTADO DO ESPÍRITO SANTO.**

INCONSTITUCIONALIDADE DECLARADA COM ATRIBUIÇÃO DE EFEITO EX TUNC.

[...]

3. É sabido que a moderna interpretação do princípio da igualdade propriamente dito, seja no aspecto formal ou material, deve adequar-se à hermenêutica dos direitos fundamentais inerentes à contemporânea realidade social, como forma de promover uma verdadeira igualdade de oportunidades a que todos têm direito, sem, contudo, se distanciar dos princípios fundamentais e dos demais parâmetros constitucionais pertinentes.

4. **O concurso público é um instituto que está expresso tanto na CF como na CE/ES e representa o exercício do princípio da impessoalidade. Diante do sistema seletivo que é usualmente utilizado pelo Município de Vitória (concurso público de provas e títulos), não há como reputar a existência de candidatos que tenham sido preteridos ou excluídos no provimento de cargos públicos em razão de sua etnia ou cor da pele, de sorte que a "raça" do cidadão até então - respeitando os preceitos constitucionais de não discriminação -, não tem servido de critério para influenciar na seleção de servidores públicos municipais.**

5. Não é a tonalidade da pele que impossibilita os afrodescendentes de ingressarem no serviço público municipal de Vitória-ES, implicando reconhecer que a barreira para que essa categoria galgue maior espaço no serviço público, cuja investidura se dê por concurso público, não está edificada na discriminação racial, mas sim na precária situação econômica, já que pesquisas e estudos mostram que os negros (afrodescendentes) se encontram, aproximadamente, entre a maior porcentagem dos mais pobres no nosso país, circunstância que reflete na capacidade técnica e educacional dos cidadãos e, por conseguinte, diametralmente na preparação que se exige para a aprovação nos concursos públicos cada vez mais concorridos.

6. **Implementar a discriminação positiva com base no critério racial (ascendência ou cor da pele das pessoas) para promover o acesso aos cargos públicos - em vista da realidade brasileira e do município de Vitória-ES -, repercute em manifesta violação ao princípio da igualdade em todos os seus aspectos, uma vez que excede a esfera da igualdade de oportunidades e distorce a real causa que diferencia e impossibilita a categoria dos afrodescendentes à inclusão social (situação econômica precária), culminando, igualmente, em afronta ao princípio da proporcionalidade.**

07. Analisando a constitucionalidade da norma submetida à controle - Lei Municipal nº 6.225/2004 - que instituiu o programa de reserva de vagas para afrodescendentes em concursos públicos para provimento de cargos na cidade de Vitória, à luz do princípio da proporcionalidade (CF, art. 5º, LIV), a partir da análise dos seus subprincípios (adequação, necessidade e proporcionalidade em sentido estrito), verifica-se ser indubitável a mácula imprimida ao princípio da isonomia.

8. **A Lei Municipal nº 6.225 de 24/11/2004 - que institui programa de reserva de vagas em concursos públicos com base no critério racial - é materialmente inconstitucional, por flagrante ofensa aos princípios constitucionais da igualdade (art. 5º, I, da CF), da vedação ao preconceito de cor e a discriminação (art. 3º, IV, da CF),**

da dignidade da pessoa humana (art. 1º, III, da CF), do repúdio e da vedação ao racismo (art. 4º, VIII e art. 5º, XLII, da CF), do devido processo legal (art. 5º, LIV, da CF), da razoabilidade, da eficiência e da impessoalidade, todos corolários do princípio republicano (art. 37, caput, da CF - art. 32, caput, da CE/ES). **Outrossim, cumpre acentuar que o controle exercido a partir dos princípios previstos na Constituição Federal está autorizado a este tribunal estadual, na medida em que a Constituição Estadual prescreve a respectiva adoção (art. 1º, da CE/ES) e obrigatória observância deles (arts. 3º e 20, ambos da CE/ES).**
9. Representação de inconstitucionalidade (ADI) ajuizada pela procuradora-geral de justiça deste Estado julgada procedente, declarando a inconstitucionalidade integral da Lei Municipal nº 6.225, de 27 de novembro de 2004, deflagrada pela Câmara Municipal de Vitória, declarando, ainda, em razão da relação de interdependência, a inconstitucionalidade por atração (arrastamento) do Decreto nº 13.249/2007 que a regulamenta, ambos com efeitos ex tunc (art. 27, da Lei 9.868/99).

VISTOS, relatados e discutidos estes autos ACORDAM os Desembargadores que compõem o egrégio Tribunal Pleno, de conformidade com a ata e notas taquigráficas que integram este julgado, à unanimidade, rejeitar a preliminar arguida e no mérito, **por maioria** de votos, julgar procedente o pedido, nos termos do voto do excelentíssimo senhor desembargador Arnaldo Santos Souza, Relator Designado. (grifos nossos)

Destaca-se que na decisão do TJ/ES, em relação ao mérito, houve divergência, sendo a inconstitucionalidade acolhida por maioria, ressalvando o Relator inicial, o Desembargador Samuel Meira Brasil Junior, em seu voto que restou vencido, na linha de John Rawls, no que toca o tema de igualdade de oportunidades, que: "*Ao manter as classes sociais segmentadas em negros e brancos, ou seja ao não promover políticas públicas de inserção e de integração social da população negra – principalmente através do acesso diferenciado a cargos públicos -, as instituições preservam as constingências que tornam a sociedade injusta.*"
Já após o advento da Lei 12.990/90, destaca-se a RTOrd 0131622-23.2015.5.13.0025, da 8ª Vara do Trabalho de João Pessoa, TRT/13ª., que promoveu o *distinguishing*[20] em relação à situação – cotas em universidades – objeto da ADPF 186:

---

20   Registre-se que o Conselho Nacional de Justiça editou a Resolução 548, de 18/03/2015, que institui a reserva aos negros de 20% (vinte por cento) das vagas nos concursos públicos para provimento de cargos efetivos no âmbito do Supremo Tribunal Federal, utilizando como fundamento o disposto na Lei nº 12.990, de 9 de junho de 2014; ainda, o disposto no Estatuto da Igualdade Racial, Lei nº 12.288, de 20 de julho de 2010; **mais, o que foi decidido pelo Supremo Tribunal Federal na ADPF nº 186/Distrito Federal**, ou seja, não entendeu haver distinção entre as situações.

CONSTITUCIONAL. COTA RACIAL. LEI N.º 12.990/2014. INCONSTITUCIONALIDADE. CONTROLE DIFUSO. DISTINGUISHING ADPF N.º 186. A reserva de vagas para negros, prevista na Lei n.º 12.990/2014, é inconstitucional, por violar os arts. 3º, IV, 5º, *caput*, e 37, *caput*, e II, da Constituição Federal, além de contrariar os princípios da razoabilidade e proporcionalidade. **Além disso, envolve valores e aspectos que não foram debatidos pelo Supremo Tribunal Federal nos autos da ADPF n.º 186, que tratou da constitucionalidade da política de acesso às universidades públicas pautada no princípio da diversidade, com o propósito de enriquecer o processo de formação e disseminação do conhecimento. (grifos nossos)**

Em sua decisão, o juiz do caso explica que as cotas em concurso público diferem das cotas em universidades, declaradas constitucionais pelo Supremo Tribunal Federal ao julgar a ADPF 186. Segundo ele, na hipótese analisada pelo STF, estava em questão o direito fundamental à educação, direito este inexistente em relação ao emprego: *"Não existe direito humano ou fundamental garantindo cargo ou emprego público aos cidadãos, até porque a matriz constitucional brasileira é pautada na economia de mercado (artigo 173)"*. Registre-se que a decisão contrasta com a posição da Anamatra (Associação Nacional dos Magistrados da Justiça do Trabalho), que é favorável às cotas.

Por outro lado, houve decisão da Justiça Federal do Espírito Santo (Processo no. 119328-36.205.4.02.5001), indeferindo o pedido cautelar, no bojo de Ação Civil Pública movida pelo Ministério Público Federal, quanto à suspensão do concurso público para provimento de vagas para o cargo de Agente da Polícia Federal – Edital nº 55/2014 – DPG/DPF. Nesse ato, o magistrado concluiu, ainda que em sede de cognição sumária, pela rejeição da declaração incidental de inconstitucionalidade da Lei 12.900/14, entre outros fundamentos, porque, na verdade, objetiva dar cumprimento à necessidade de implementação de medidas que assegurem igualdade de oportunidades no mercado de trabalho para a população negra, conforme estabelecido pelo art. 39 da Lei nº 12.288/2010 (Estatuto da Igualdade Racial).

Ainda, consignou que as premissas estabelecidas na ADPF 186-DF, relacionadas à instituição de sistema de cotas no processo de seleção para ingresso em instituição pública de ensino superior, podem ser utilizadas como parâmetro para a presente questão das cotas no serviço público, tendo em vista o *princípio da igualdade material*, levando também em consideração as desigualdades decorrentes de situações históricas de que foram vítimas os negros.

Por fim, registrou em sua decisão que, fosse a Lei nº 12.990/2014 flagrantemente inconstitucional, e fosse o entendimento consolidado do STF restrito às hipóteses de acesso ao ensino superior, não teria o Conselho Nacional de Justiça, a quem incumbe zelar pela observância do art. 37 da CR-883, editado a Resolução nº 203/2015, dispondo acerca da reserva de vagas aos negros no âmbito do Poder Judiciário, expressamente consignando, em seu preâmbulo o que restou decidido na ADPF 186/DF.

Essa decisão cautelar foi objeto de Agravo de Instrumento (AI 2015.00.00.008535-80), no qual, monocraticamente, também em sede de cognição sumária, decidiu-se pela manutenção do *decisum*, ressalvando-se somente a anulação do edital quanto ao procedimento de classificação racial, na parte que estabeleceu o envio de foto para verificação da condição de negro, determinando-se nova verificação fundada em procedimento de acordo com a Lei nº 9.784/99 e o próprio art. 2º, parágrafo único, da Lei 12.990/2014, com avaliação presencial e decisão motivada.

Atualmente, o feito encontra-se suspenso, pois, por unanimidade, em 16/09/2016, suscitou-se incidente de arguição de inconstitucionalidade da Lei nº 12.990/2014, e determinou-se a remessa dos autos para julgamento pelo Órgão Especial, face o disposto nos artigos 17, I, "c" e 167, ambos do Regimento Interno, art. 97 da Constituição Federal e Enunciado nº 10 da Súmula Vinculante do Supremo Tribunal Federal, na forma do voto do Relator.

Também oriunda do TRF/2ª. Região:

> 0011794-98.2015.4.02.0000 (TRF2 2015.00.00.011794-3) - Desembargador Federal JOSÉ ANTONIO NEIVA - AGRAVANTE: MINISTÉRIO PÚBLICO FEDERAL - AGRAVADO: INSTITUTO FEDERAL DO ESPÍRITO SANTO - **ORIGEM: 3ª Vara Federal Cível (0127418332015402501)**
> Ementa: PROCESSUAL CIVIL E CONSTITUCIONAL. LEI 12.990/2014. RESERVA DE VAGAS EM CONCURSOS PÚBLICOS PARA INDIVÍDUOS NEGROS E PARDOS. INCONSTITUCIONALIDADE NÃO CONFIGURADA NA ESPÉCIE. ACESSO PARA CARGOS DE NÍVEL TÉCNICO. HETEROIDENTIFICAÇÃO. LEGALIDADE. AUSÊNCIA DE VEROSSIMILHANÇA DAS ALEGAÇÕES AUTORAIS. PERICULUM IN MORA NÃO CARACTERIZADO. DECISÃO NÃO TERATOLÓGICA. 1. Em que pese a ressalva do entendimento pessoal do Relator, **o fato é que o Supremo Tribunal Federal entendeu constitucional a reserva de vagas com base apenas no critério racial por ocasião do julgamento da Arguição de Descumprimento de Preceito Fundamental nº 186, Rel. Min. Ricardo Lewandowski**. 2. O caso concreto, contudo, envolve a realização de certame para o preenchimento de vagas de Técnicos Administrativos do IFES, com exigência, a depender do cargo, de ensino médio, ensino médio profissionalizante ou curso superior. No que tange aos cargos que dependem apenas de ensino técnico, devem prosperar as premissas fixadas pelo STF na ADPF 186. **Diante da decisão da Suprema Corte, o art. 37, II, da CRFB/88 não deve ser lido de forma isolada, mas sim, numa interpretação sistemática, a partir da concretização do princípio da isonomia, em seu sentido material.** 3. Por outro lado, no que concerne aos cargos que exigem formação superior, apenas os de analista de tecnologia da informação e de

17

bibliotecário prevêem vagas reservadas para candidatos negros ou pardos. Em relação a estes cargos, no entanto, houve a previsão de uma vaga para Analista de Tecnologia da Informação no campus Montanha e de uma vaga para Bibliotecário no campus de Venda Nova do Imigrante e apenas candidatos inscritos como negros ou pardos concorreram às vagas existentes para estes campus, de forma que inexiste preterição de candidatos da ampla concorrência. Registre-se, ainda, que os eliminados de maior nota para outros campus obtiveram notas inferiores aos candidatos beneficiados pela reserva de vagas. **4. Não merece prosperar a alegação do Parquet no sentido de que a lei teria eleito unicamente o critério do autorreconhecimento para fins de caracterização do candidato 1 como negro ou pardo. Tal entendimento consistiria em ignorar o disposto no art. 2º, parágrafo único, da Lei 12.990/2014, que prevê a eliminação do candidato que prestar declaração falsa. Ora, se a lei traz tal previsão, por óbvio, é porque permite que terceiros verifiquem se o candidato é ou não negro (heterorreconhecimento). Não se pode admitir a mera declaração do candidato como verdade absoluta, sob pena de se permitir a ocorrência de fraudes.** 5. É certo que existe um senso comum no seio social de pessoas que podem ser consideradas negras e pardas e, em relação às zonas de certeza positiva e negativa, mero exame visual seria suficiente para enquadrar o candidato como beneficiário ou não da reserva de vaga. Embora possam existir situações limítrofes, que exigiriam justificativa bem fundamentada da banca, o objetivo da lei, no art. 2º, parágrafo único, da Lei 12.990/2014, foi evitar situações de pessoas claramente brancas que se declaram como negras para fazer jus à ação afirmativa, conforme casos que, vez ou outra, aparecem na mídia. **É cediço que a ação afirmativa visa, justamente, garantir uma compensação em razão de preconceitos sofridos pela população negra. Assim, negro é aquele que é reconhecido e se reconhece como tal no meio social e não aquele que tem um determinado percentual de ascendência negra em seu exame genético. Isso porque a discriminação e o preconceito existentes na sociedade não têm origem em supostas diferenças no genótipo humano. Baseiam-se, ao revés, em elementos fenotípicos de indivíduos e grupos sociais. São esses traços objetivamente identificáveis que informam e alimentam as práticas insidiosas de hierarquização racial ainda existentes no Brasil. Insta salientar que o método do heterroconhecimento associado ao autorreconhecimento foi acolhido pelo STF no julgamento da ADPF 186 e, recentemente, com base na Lei 12.990/2014, pelo Tribunal Regional da Quarta Região (AG 5030297-28.2015.4.04.0000/RS, Terceira Turma, julgado em 04/11/2015).** 6. Em consulta realizada junto ao site do Instituto Federal do Espírito Santo, verificou-se que, no dia 19 de novembro de 2015, foi publicado o resultado final da análise da documentação dos candidatos autodeclarados negros ou pardos. Da leitura da relação, observa-se que foram eliminados apenas 4 (quatro) candidatos, todos eles por não terem apresentado os documentos mencionados nos itens 4.18.1 e 4.18.2 no prazo previsto no Edital. Assim, todos foram eliminados apenas por descumprir a exigência de apresentação dos documentos e não em razão de juízo de mérito da banca com relação aos documentos apresentados e eventual desconformidade com as autodeclarações anteriormente firmadas. 7. Esta Corte tem deliberado que apenas em casos de decisão teratológica, com abuso de poder ou em flagrante descompasso com a Constituição, a lei ou com a orientação consolidada de Tribunal Superior ou deste tribunal justificaria sua reforma pelo órgão ad quem, em agravo de instrumento, sendo certo que o pronunciamento judicial impugnado não se encontra inserido nessas exceções. Precedentes. 2 8. **Agravo de instrumento conhecido e desprovido.** 14/12/2015

Passa-se então à análise efetiva do argumentos contrários à constitucionalidade da Lei 12.990/14, iniciando-se pela alegação de vício formal, no sentido de somente ser possível a instituição de tal política afirmativa através de Emenda Constitucional, padecendo, portanto, a norma em questão, lei ordinária, de vício de inconstitucionalidade formal.

Esse entendimento resulta da análise da regra constitucional prevista no art. 37, II, da CF, que determina que *"a investidura em cargo ou emprego público depende de aprovação prévia em concurso público de provas ou de provas e títulos, de acordo com a natureza e a complexidade do cargo ou emprego, na forma prevista em lei, ressalvadas as nomeações para cargo em comissão declarado em lei de livre nomeação e exoneração".* Edilson Vitorelli[21], nessa linha, defende que a Constituição não alberga a possibilidade de que o concurso público sirva a outras políticas públicas que não ao recrutamento dos mais capacitados para o exercício do cargo, ou seja, quaisquer restrições de participação somente podem ser oriundas em razão da natureza do cargo, conforme tem decidido o STF ARE795624, de 18/02/14. Ademais, para o autor, o próprio conceito de concurso pressupõe que os candidatos serão avaliados única e exclusivamente em relação a sua aptidão para o exercício do cargo, com uma única exceção prevista na Constituição, que são as pessoas com deficiência.

De plano, é de se colocar, como o foi no bojo da ADPF 186, que as relações étnico-raciais e sociais em nosso País não podem ser examinadas apenas sob a ótica de sua compatibilidade com determinados preceitos constitucionais, isoladamente considerados, devendo, ao revés, ser analisadas à luz do arcabouço principiológico sobre o qual se assenta o próprio Estado brasileiro. E é sob essa lógica que se sustenta a a constitucionalidade da Lei 12.990/14.

Já se discorreu sobre a importância das ações afirmativas na concretização dos princípios da igualdade material e da igualdade como reconhecimento, também constitucionalmente previstos. E a norma em questão visa exatamente essa concretização. Assim, não se está diante de uma regra constitucional, previsão de concurso público, art. 37, II, por um lado, e de uma norma que não esteja assentada também na efetivação de nossa Carta Maior, por outro. É claro que o fundamento de validade da Lei 12.990/14 também encontra assento constitucional, em especial artigos 3º., IV e V, art.

---

21   O equívoco brasileiro: cotas raciais em concursos públicos. *In: RDA – Revista de Direito Administrativo,* v. 271, p.281-315, jan/abril 2016, p. 297.

5º., *caput*, e artigos 215 e 216, estes últimos que veiculam a proteção cultural e a vaolorização da diversidade étnica. Não obstante, realmente há de ser analisado, nesse cenário, quais normas prevalescerão.

A regra do concurso público vai ao encontro de dois princípios constitucionais relevantíssimos que são a *impessoalidade* e a *eficiência*, art. 37, *caput*, e a questão da constitucionalidade da Lei 12.990/14, em seu aspecto formal, portanto, passa pela análise desses princípios.

A reserva de vagas para negros, por si só, macula a impessoalidade? O princípio da impessoalidade, que rege todos os atos administrativos, obriga a Administração em sua atuação, a não praticar atos visando aos interesses pessoais ou se subordinando à conveniência de qualquer indivíduo, mas sim, direcionada a atender aos ditames legais e, essencialmente, aos interesses sociais. Nessa linha, a reserva de vagas para negros em concursos públicos não vai ao encontro de interesses pessoais, a suposta "vantagem" conferida a um grupo sabidamente vulnerável, seja no aspecto de distribuição ou de reconhecimento, tem como meta princípios maiores, de ordem pública, como o da igualdade material, da pluralidade e a própria dignidade humana, no sentido de um maior reconhecimento e auto-estima que a ampla representatividade dos negros em diversas esferas da sociedade pode proporcionar.

Quanto à eficiência, a reserva de vagas não se mostra um salvo conduto para candidatos que não alcancem as notas mínimas exigidas sejam considerados aprovados. Essa eficiência já está presumida quando o candidato consegue superar a "nota de corte" prevista nos concursos. Essas notas mínimas são resultado do conhecimento mínimo que as bancas examinadoras entendem que o candidato deve ter para fins de atender as demandas do cargo. Nesse sentido, observados os requisitos do edital e obtida nota de aprovação, não restará maculada a eficiência.

Não se deve confundir a aprovação com a classificação e esta com eficiência. E é fato que a capacidade para eficientemente exercer as atribuições de um cargo público, alcançadas as notas mínimas exigidas, pode se mostrar muito maior num candidato que obteve menor classificação. Vale dizer que tal entendimento é corrente, tendo em vista as rotineiras prorrogações de concursos que chegam a nomear candidatos que ficaram em classificações muitíssimo distantes das primeiras colocações. Esses servidores não serão eficientes em suas atividades? Não se pode afirmar isso e a regra constitucional que admite a prorrogação já pressupõe essa conclusão (art. 37, III, CF).

Há quem possa também sustentar que as cotas ferem a livre concorrência e, portanto, a igualdade, sendo a meritocracia a essência do concurso público. Ainda que se discorde, como acima consignado, já que se conclui que a regra do concurso público visa muito mais a proteger o interesse social que o individual, mesmo sob o ponto de vista da igualdade não há que se falar em mácula, pois, via de regra, o que se assegura é uma isonomia formal, já que a "livre concorrência" não é tão livre assim, já que incide a vantagem inicial de certos grupos, especialmente quando a dita vantagem está ligada à esfera educacional.

Ressalte-se que, quanto às cotas nas universidades públicas, o Supremo entendeu, na ADPF 186 – DF, que a 'capacidade', requisito exigido para os níveis mais elevados de ensino[22], não é aferida por um único meio. Assim, corroborando o entendimento retro exposto, a partir da interpretação conferida pelo Supremo, relativamente à disposição do art. 208, V, da CF, não há que se enxergar na meritocracia um conceito meramente classificatório, ressalvando-se que não há distinção ontológica entre o que prevê a Constituição, art. 208, V, da CF, ou seja, entre a norma que determina que o acesso aos níveis mais elevados do ensino, da pesquisa e da criação artística, ocorrerá segundo a capacidade de cada um, e a regra do concurso do público, art. 37, II, CF, que autorize a conclusão de que é possível as cotas para ingresso nas universidades e não o é para ingresso no serviço público, já que ambas preveem essa meritocracia.

Finalizando, para corroborar o argumento de que as cotas, nos moldes normatizados, não repercutem na eficiência dos serviços, destacam-se as cotas para deficientes, já previstas na Constituição, art. 37, VIII, que têm, na prática, sua aplicação compatibilizada com a regra do concurso público, através das notas mínimas, na forma dos respectivos editais, exigidas também dos candidatos deficientes.

Dessa forma, a política de cotas ora debatida não fere a essência do concurso público, fundada na impessoalidade e na eficiência, portanto, não é exigida emenda constitucional para que seja veiculada, não padecendo a Lei 12.990/14 de vício formal nesse aspecto.

Relativamente à inconstitucionalidade material, argumenta-se que a norma em questão não guarda relação de proporcionalidade com seu fim, a igualdade material.

Nessa linha, Edilson Vitorelli[23] registra que a experiência norte-americana em ações afirmativas em nada socorre o Brasil, pois não existem políticas de cotas nos Estados Unidos[24]. A Suprema Corte americana (*Bakke*

---

22   Art. 208 [...]
       V - acesso aos níveis mais elevados do ensino, da pesquisa e da criação artística, **segundo a capacidade de cada um;**
23   O equívoco brasileiro: cotas raciais em concursos públicos. *In: RDA – Revista de Direito Administrativo,* v. 271, p. 281-315, jan/abril 2016, p. 300 e ss.
24   "Interessantemente, ao contrário do que se costuma pensar, as políticas de ações afirmativas não são uma criação norte-americana. Elas, em verdade, têm origem na Índia, país marcado, há séculos, por uma profunda diversidade cultural e étnico-racial, como também por uma conspícua desigualdade entre as pessoas, decorrente de uma rígida estratificação social.

v. Regents of University of California; Grutter v. Bollinger e Gratz v. Bollinger) decidiu que a raça pode apenas funcionar como um critério de admissão, nunca de exclusão, a ser considerada entre outros fatores, sem peso predeterminado no processo de seleção.

Contudo, este fato, por si só, não desautoriza a utilização de cotas no Brasil. Realmente, a experiência norte-americana de ações afirmativas, na forma admitida pela Suprema Corte, repercutiu na inclusão do negro na sociedade americana, ocorrendo um *"crescimento da classe média negra, que hoje atinge cerca de 3% de sua população, sua representação no Congresso Nacional e nas Assembléias estaduais; mais estudantes nos níveis de ensino correspondentes ao nosso ensino médio e superior; mais advogados, professores nas universidades, inclusive nas mais conceituadas, mais médicos nos grandes hospitais e profissionais em todos os setores da sociedade americana. Apesar das críticas contra ação afirmativa, a experiência das últimas quatro décadas nos países que implementaram não deixam dúvidas sobre as mudanças alcançadas"*[25]. Entretanto, a sociedade estadunidense está longe de ser um modelo de integração, sendo notório o grande preconceito social que ainda ocorre naquele país, com a existente separação, ainda que não formal, mais informal dos grupos sociais, como ainda ocorre com as divisões em termos de bairro e o fato dos negros ainda ocuparem, regra geral, posições no mercado de trabalho de menor destaque. Neste passo, há ainda muito espaço para se pensar a concretização dessas ações afirmativas e o Brasil procurar avançar nesse ponto, com a utilização das cotas racias, que podem vir a ser um importante instrumento para abreviar o caminho em busca de uma igualdade social efetiva.

Uma das críticas que também é importante refutar, se relaciona com o fato de que a despeito de ter sido afirmado, entre os motivos para a aprovação do projeto, que entre os servidores que possuem informação de raça no sistema do Poder Executivo Federal, 30% são negros, enquanto a população negra nacional, por dados do IBGE, equivale a 50,74%, pois os dados não teriam levado em conta o efetivo número de candidatos negros, provavelmente menor, razão pela qual o problema não está no concurso e sim na formação dos candidatos, em termos educacionais e sociais. Assim, as ações afirmativas devem ser adotadas em outros níveis como no acesso às universidades, não com reserva de vagas em cargos públicos. Do jeito que está redigida a norma, esta somente resultará em negros em cargos subaltenos

---

Com o intuito de reverter esse quadro, politicamente constrangedor e responsável pela eclosão de tensões sociais desagregadoras - e que se notabilizou pela existência de uma casta "párias" ou "intocáveis" -, proeminentes lideranças políticas indianas do século passado, entre as quais o patrono da independência do país, Mahatma Gandhi, lograram aprovar, em 1935, o conhecido Government of India Act". Voto Relator ADPF 186, p. 09-10.

25   MUNANGA, Kabengale. Políticas de Ação Afirmativa em Benefício da População Negra no Brasil – Um Ponto de Vista em Defesa de Cotas. *In: Revista Espaço Acadêmico*, Ano II, no. 22, março de 2003. https://www.espacoacademico.com.br/022/22cmunan

ou beneficiará os negros de classe média e classe média alta.

Primeiramente, é de se colocar que política de cotas, específica para grupos, não exclui qualquer outra política de caráter universalista. A ideia é de que andem em paralelo. Dessa forma, a busca na melhoria no ensino, na formação da sociedade como um todo, a par de políticas afirmativas especificamente voltadas para educação, realmente, importantíssima, devem andar juntas com outras ações que promovam a inclusão de grupos vulneráveis em nossa sociedade, como a de cotas no serviço público.

Ainda, nesse ponto, relembra-se que a Constituição de 1988 adotou o chamado Estado Social, que tem a obrigação de atuar positivamente no combate às desigualdades de qualquer natureza, consignado, em especial, no art. 3º, III e IV, do Texto Magno[26]. E que a justiça social não tem somente uma faceta. Atualmente, já é reconhecido que, além da justiça distributiva, em termos materiais, a justiça enquanto reconhecimento também é imprescindível para uma sociedade efetivamente igualitária. Ou seja, o Estado deve procurar promover, além de políticas redistributivas, políticas que promovam o reconhecimento, quando necessário, como é o caso da população negra.

Como bem apontado pelo Ministro Lewandowisky, na ADPF 186 – DF: *"justiça social, hoje, mais do que simplesmente redistribuir riquezas criadas pelo esforço coletivo, significa distinguir, reconhecer e incorporar à sociedade mais ampla valores culturais diversificados, muitas vezes considerados inferiores àqueles reputados dominantes."*

Nancy Fraser[27] elucidativamente registra que a justiça hoje requer tanto redistribuição como o reconhecimento. Para fins de estudo, a autora separa as injustiças culturais das econômicas, pois destaca que uma não se reduz a outra, embora reconheça que cultura e política econômica estão sempre imbricadas. Assim, normas culturais que são injustamente preconceituosas contra uns são institucionalizadas pelo estado e pela economia. Enquanto isso, desvantagens econômicas impedem igual participação na elaboração cultural, nas esferas públicas e no dia a dia.

O remédio para a injustiça econômica envolve redistribuição de renda, reorganização da divisão do trabalho, submissão dos investimentos a um processo decisório democrático ou transformação de estruturas. O remédio para a injustiça cultural, por outro lado, exige alguma forma de

---

26 Nesse sentido também preconiza a Convenção sobre a Eliminação de todas as Formas de Preconceito, ratificada pelo Brasil, proibindo qualquer tipo de discriminação, prevendo, em seu art. 1º, § 4º, a adoção de ações afirmativas.

27 FRASER, Nancy. *From redistribution to recognition? Dilemas of Justice in a 'post-socialist' age. In:* https://newleftreview.org/I/212/nancy-fraser-from-redistribution-to-recognition-dilemmas-of-justice-in-a-post-socialist-age

mudança cultural ou simbólica, que envolve reconhecimento, valorização positiva da diversidade cultural.

E até este ponto, concorda-se integralmente com a pesquisadora norte-americana; contudo, impõe-se apontar que, embora suas premissas caracterizem a bivalência das injustiças sofridas por certos grupos, como os negros, em relação às soluções do problema, Fraser opta exclusivamente por remédios por ela chamados de "transformadores"[28], de cunho estrutural, que eliminem quaisquer dicotomias diferenciadoras. Aponta o *dilema redistribuição-reconhecimento*, já que muitas vezes o remédio de redistribuição exige a eliminação das diferenças, enquanto o remédio para o reconhecimento exige a afirmação da diferença. Apresenta como exemplo os anti-racistas que devem perseguir políticas econômicas que eliminem a "diferenciação" racial, enquanto também objetivam remédios de valorização cultural das especificidades das coletividades desprezadas. Nesse contexto, sustenta que ações afirmativas, de caráter redistributivo afirmativo, podem gerar ressentimentos e, portanto, acirrar injustiças em termos de reconhecimento, razão pela qual defende os remédios transformadores, com o socialismo na economia e a desconstrução na cultura, ou seja, o fim das dicotomias.

Todavia, discorda-se da brilhante autora nesse ponto, especificamente quanto às cotas raciais, que, por certo, não são excludentes de outras políticas (universais ou não, de resdistribuição ou de reconhecimento) ou exaustivas em si mesmas. Até se concorda que o estabelecimento de cotas raciais pode gerar, inicialmente, um ressentimento entre grupos sociais e que o fim da dicotomia hierarquizada ou não negro-branco seria o ideal a ser perseguido. E até acredita-se que o é. Não obstante, há, de plano, dois óbices ao entendimento em questão, que refutam as medidas afirmativas como passíveis de atender tanto às justiças redistributivas quanto às de reconhecimento.

Primeiramente, o tipo de transformação colocada por Fraser leva tempo, mudança de mentalidade, de identidade cultural, o que não acontece do dia para a noite, mantendo intactas situações de injustiças até a ruptura estrutural almejada. E injustiças, acredita-se, devem ser analisadas primordialmente do ponto de vista do "injustiçado", que demanda alterações imediatas em seu mundo real, em seu dia a dia.

Ademais, apesar da inevitável imbricação entre economia e cultura, essa reforma econômica estrutural não dever ser vista como pressuposto do reconhecimento e igualdade ou mesmo como necessária, pois, *desconsidera-se a liberdade que deve ser a base de cada esfera, cabendo a escolha aos grupos envolvidos, inclusive aos próprios grupos vulneráveis*. Portanto, redistribuição e reconhecimento, apesar de relacionadas, são esferas independentes, com objetos distintos, não redutíveis uma à outra, cuja transformação demandaria

---

28   *Op. cit.*

um consenso entre os grupos sociais, que não pode ser impeditivo da eliminação de injustiças existentes.

Ademais, no que toca às cotas raciais, há um grande efeito simbólico que resulta dessa política redistributiva. Se o objetivo primário é a redistribuição, as consequências da política se voltam tanto à esfera econômica como também à cultural, simbólica, de reconhecimento. Esse alegado conflito entre os pressupostos das políticas de redistribuição e reconhecimento se mostra muitas vezes aparente, pois não impede que uma política redistributiva também tenha um efeito favorável na esfera cultural.

Nesse sentido, quando se critica que a diversidade é uma questão qualitativa e não quantitativa[29], se olvida que essas políticas, particularmente as cotas raciais, têm um efeito direto almejado, como consignado, mas também um indireto, qual seja, o efeito simbólico das cotas, o que subjaz a sua criação pelo Estado, com a valorização do negro, de seu necessário pertencimento e integração em todos os níveis de nossa sociedade, e com o reconhecimento das injustiças historicamente perpetradas. Isso tem reflexos muito grandes não só no grupo beneficiado pela política, como também atinge o capital simbólico da sociedade como um todo. E somente com a mudança desses padrões inculcados, "naturalizados", que passam despercebidos, mas que estão presentes, haverá uma efetiva mudança em nossa sociedade.

Pertinente destacar trecho de Bauman[30], também utilizado no voto do Relator da ADPF 186:

> Quanto mais as pessoas permanecem num ambiente uniforme – na companhia de outras 'como elas' com as quais podem ter superficialmente uma 'vida social' praticamente sem correrem o risco da incompreensão e sem enfrentarem a perturbadora necessidade de traduzir diferentes universos de significado -, mais é provável que 'desaprendam' a arte de negociar significados compartilhados e um modus operandi agradável. Uma vez que esqueceram ou não se preocuparam em adquirir as habilidades para uma vida satisfatória em meio à diferença, não é de esperar que os indivíduos que buscam e praticam a terapia da fuga encarem com horror cada vez maior a perspectiva de se confrontarem cara a cara com estranhos. Estes tendem a parecer mais e mais assustadores à medida que se tornam cada vez mais exóticos, desconhecidos e incompreensíveis, e conforme o diálogo e a interação que poderiam acabar assimilando sua 'alteridade' ao mundo de alguém se desvanecem, ou sequer conseguem ter início. A tendência a um ambiente homogêneo, territorialmente isolado, pode ser deflagrada pela mixofobia. Mas praticar a separação territorial é colete salva-vidas e o abastecedor da mixofobia; e se torna gradualmente seu principal reforço. (...) A 'fusão' exigida pela compreensão mútua só pode resultar da experiência

---

29   Vitorelli, Edilson. *Op. cit.*, p. 308.
30   BAUMAN, Zygmunt. Tempos Líquidos. Rio de Janeiro: Jorge Zahar, 2007, p. 94-97.

compartilhada. E compartilhar a experiência é inconcebível sem um espaço comum.

Quanto ao efeito simbólico ações afirmativas diretamente em relação ao grupo beneficiado, é nítido o componente psicológico multiplicador da inclusão social nessas políticas, impactando na baixa estima, esta gerada pela discriminação e exclusão. Uma criança negra que vê um negro ocupar um lugar de evidência na sociedade projeta-se naquela liderança e alarga o âmbito de possibilidades de seus planos de vida, diminuindo a consciência de inferioridade e a aceitação da "inevitável" falta de perspectiva.

Ainda, quanto a não terem sido abrangidas outras minorias, como os índios, tal fato não deve servir como fundamento para o fim da política, já que nada impede que novas normas garantam também semelhantes direitos a outros grupos também vulneráveis. Ou seja, embora a Lei 12.990/14 seja direcionada à população negra, não impede que outros regramentos surjam.

Analisa-se então, continuando a discussão dessa temática, inconstitucionalidade material, o fundamento utilizado na RTOrd 0131622-23.2015.5.13.0025, da 8ª Vara do Trabalho de João Pessoa, TRT/13ª., antes mencionada, em que se sustentou que não existe direito humano ou fundamental garantindo cargo ou emprego público aos cidadãos, até porque a matriz constitucional brasileira é pautada na economia de mercado (artigo 173).

Quanto à questão, indaga-se: por que em relação às cotas nas universidades estar-se-ia protegendo o direito fundamental à educação e no caso das cotas no serviço público não haveria direito fundamental a proteger? E a igualdade material e o caráter plural da sociedade brasileira, com *status* constitucional, arts. 215 e 216 (proteção às manifestações culturais e à diversidade de grupos)?

Na verdade, o mero fato de não se "enxergar" que a norma da Lei 12.990/14 objetiva a concretização de princípios constitucionais, demonstra que por detrás dos discursos que negam as cotas no serviço público subjaz flagrante ideologia de manutenção do *status quo*.

Registre-se que em nossa Constituição, art. 208, I, há garantia apenas da educação básica obrigatória e gratuita dos 4 (quatro) aos 17 (dezessete) anos de idade, não havendo tal previsão de acesso, como direito público subjetivo (§ 1º.), responsabilidade estatal (§ 2º), para os níveis mais elevados de ensino, como as universidades. Diante disso, com mais razão, se sustenta a fragilidade da fundamentação ora criticada.

Ainda, conforme consignado no voto do Desembargador do TJES, Samuel Meira Brasil Jr., no bojo da Ação Direta de Inconstitucionalidade 0002354-58.2007.8.08.0000 (100.07.002354-2), *"o art. 170 estabelece o princípio da livre iniciativa, mas destaca a necessidade de valorização do trabalho humano, com o escopo de 'assegurar a todos a existência digna, conforme os ditames da justiça social, observados os seguintes princípios; (...) VII – redução das desigualdades regionais e soiais.'[...] Por último, o art. 203, III, impõe "a promoção da integração ao mercado de trabalho".*

Por fim, é de colocar o princípio da igualdade em um outro aspecto importante, que é o de sua auto-aplicabilidade, conforme art. 5º., § 1º, da CF: *"As normas definidoras dos direitos e garantias fundamentais têm aplicação imediata."*

O que se entende por essa aplicação imediata? Essa característica demanda ações que promovam uma igualdade agora? A resposta deve ser positiva.

Há os que defendem as políticas exclusivamente universalistas, não obstante suas notórias insuficiências no combate à desigualdade racial. Tome-se como exemplo a melhoria na qualidade da educação pública, que demanda tempo, vontades políticas conjugadas em nível federal, estadual e municipal, padecendo o Brasil, atualmente, de uma péssima qualidade educacional, posicionando-se entre os piores do mundo, quando submetidos a testes de nível internacional, como o PISA. Tal situação só estimula a permanência das desigualdades social e racial.

É possível, então, a par da necessária mudança e melhoria de nosso sistema educacional, a instituição de políticas que possam, de forma mais imediata, concretizar a igualdade prevista no texto constitucional. As cotas são um exemplo que devem militar ao lado de políticas universalitas.

Entende-se que os direitos e garantias cosntitucionais, sempre devem ser analisados do ponto de vista do consumidor da Justiça. Como se revela o princípio da igualdade para a população negra? Através de medidas exclusivamente universalistas na educação, por exemplo, que importarão numa inclusão gradual, com uma possível inserção nas eferas sociais mais elevadas em algumas gerações? Ou conjugadas com medidas de inclusão, como as cotas, que trarão um impacto mais rápido, sobremaneira em nível de reconhecimento, à população negra? Por certo, a segunda hipótese atende a autoaplicabilidade prevista em nossa CF, sob o ponto de vista da população negra.

07. QUEM É O NEGRO NO BRASIL

A Lei no. 12.990/14 estabelece que seus benefícios alcançarão pretos e pardos[31] e se utiliza, inicialmente, do critério da autodeclaração para fins de identificação dos candidatos cotistas.

Todavia, num país de grande mestiçagem como o Brasil, muitas

---

31   Art. 2º Poderão concorrer às vagas reservadas a candidatos negros aqueles que se autodeclararem pretos ou pardos no ato da inscrição no concurso público, conforme o quesito cor ou raça utilizado pela Fundação Instituto Brasileiro de Geografia e Estatística - IBGE.

vezes essa identificação não é tão evidente dentro do grupo que se autodeclara pardo. Vale ressaltar que se formos considerar a ascendência, em termos de genótipo, haverá, em nosso país um percentual de negro – pretos e partdos - muito maior que os 50,74% da população como nos últimos dados do IBGE[32]. Entretanto, é fato que o preconceito e discriminação em nosso país se volta sim mais diretamente à cor da pele e outras características ligadas à 'raça' negra, ou seja, ao fenótipo, mais que a ascendência propriamente dita, diferentemente dos Estados Unidos, não obstante, por certo, outros fatores possam influenciar na identificação a gerar a classificação racial.[33]

Nesse contexto, o que deve prevalecer: a auto-identificação, a hetero-identificação, aquela feita por terceiros? É possível se sustentar a falsidade de uma declaração de identidade racial realizada por autodeclaração?

De plano, consigna-se que a dificuldade eventualmente enfrentada na definição da identidade racial não deve colocar em risco a aplicação da ação, a prejudicar todo um grupo beneficiário da política.

Em seu art. 2°., *caput*, dispõe a lei em comento: *"Poderão concorrer às vagas reservadas a candidatos negros aqueles que se autodeclararem pretos ou pardos no ato da inscrição no concurso público, conforme o quesito cor ou raça utilizado pela Fundação Instituto Brasileiro de Geografia e Estatística - IBGE."*

O Instituto Brasileiro de Geografia e Estatística – IBGE – é o órgão responsável pelos censos populacionais e tem como categorias raciais: branco, pardo, preto, amarelo e indígena.

Conforme esclarece Telles[34]:

> Seguindo a prática internacional, no Brasil, o Instituto Brasileiro de Geografia e Estatística – IBGE treina entrevistadores para que classifiquem a raça nos censos decenais segundo a declaração do entrevistado. No entanto às vezes os entrevistadores respondem eles mesmos às perguntas. [...] Logo, o censo brasileiro, na verdade, utiliza uma combinação de auto-classificação e classificação por terceiros no processo de coleta de dados sobre raça.

---

32   PENA, Sergio D. J.; BORTOLINI, Maria Cátira. Pode a genética definir quem deve se beneficiar das cotas universitárias e demais ações afirmativas? *In: Estudos Avançados*, v. 18, no. 50, São Paulo, 2004.

33   TELLES, Edward. *Racismo à Brasileira: uma nova perspectiva sociológica*. Rio de Janeiro: Relume Dumará: Fundação Ford, 2003, p. 113/133. Como por exemplo nível social e de escolaridade. Depende, inclusive, de quem faz a Classifiação. Telles reconhece, em dado momento, analisando dados estatísticos, a figura do "embraquecimento" que costuma ocorre no momento da classificação, destacando em um trecho: *"Em outras palavras, o embranquecimento é mais comum entre pessoas de pele escura com alta escolaridade, especialmente mulheres".*

34   *Op. cit.*, p. 113/114.

E a Lei 12.990/14 adotou o critério da autodeclaração como regra. No entanto, efetivamente existe uma ambiguidade racial no Brasil, voltada particularmente à categoria do pardo, cuja classificação pode gerar dúvidas, ao menos, no que toca à heteroidentificação fenotípica exclusiva.

E realmente incide a impossibilidade de identificação por critérios objetivos dos pardos no Brasil, até porque a classificação de "raça" envolve uma *questão de identidade,* que pode resultar da aparência, da ascendência, da cultura. Ou seja, se funda em *direito individual de pertencimento ao um grupo, não podendo ser atribuído a terceiros.*

Todavia, não tem sido incomum a alegação de fraudes no que toca à identificação racial, a desvirtuar o objetivo da política, redistribuição e reconhecimento de grupo específico vulnerável socialmente, razão pela qual algumas universidades, em sua política de cotas, vêm instituindo comissões de heteroidentificação, centro também de acirrados debates quanto à constitucionalidade. Tais comissões também vêm sendo instituídas, após o advento da Lei 12.990/14, em processos seletivos para cargos públicos.

Vale dizer que essas comissões têm sido defendidas por integrantes do próprio movimento negro, como restou consignado em audiência pública no Espírito Santo, em que se discutiu a questão, ato realizado pelo Ministério Público Federal, em 11/11/2016, com apoio da Universidade Federal do Espírito Santo – UFES. Pelo Movimento Coletivo Negrada foi sustentado que a identificação do negro é fenotípica, sendo possível sua determinação por terceiros para coibir fraudes que acabam por desvirtuar a política em detrimento de reais beneficiários.

E diante dessa possibilidade de fraude, a Lei 12.990/14 prevê, no parágrafo único do art. 2º., que *na hipótese de constatação de declaração falsa, o candidato será eliminado do concurso e, se houver sido nomeado, ficará sujeito à anulação da sua admissão ao serviço ou emprego público, após procedimento administrativo em que lhe sejam assegurados o contraditório e a ampla defesa, sem prejuízo de outras sanções cabíveis.*

Nessa norma não resta claro se as comissões[35] serão prévias, "validadoras" de raça e analisarão todos os pedidos de cotistas ou somente serão instadas a funcionar em caso de alegação de falsidade. Esta última hipótese parece ser a mais condizente com a ideia do *direito à identidade como um direito individual personalíssimo,* não aferível exclusivamente pela aparência, embora seja certo que o preconceito e a discriminação no Brasil se voltem, como já registrado, menos à ascedência ou cultura e mais ao fenótipo ligado ao negro.

Assim, essas comissões, fundadas no direito de petição, de ampla defesa, devem servir apenas para decidir os casos chamados "difíceis", em

---

35   Chamadas por alguns de "tribunais raciais", numa clara crítica e referência aos tribunais nazistas do período da Segunda Guerra Mundial.

que há alegação de fraude, com *atuação provocada* por interessados que se sintam prejudicados, não como uma instância aferidora da correção da identidade alheia.

Ainda que só atuando nesses casos, remanesce a questão: quais seriam os critérios a serem usados por essas comissões? Fenótipo, ascendência, cultura? Será uma análise difícil, pois envolve também questões subjetivas ligadas ao pertencimento. Contudo, ainda que não se possa definir objetivamente quais parâmetros a seguir, certo é que essa análise deve se dar presencialmente, através de entrevistas orais e por escrito, de forma a serem verificadas as razões da identidade, em conjunto, de forma inter-relacionadas, seja a aparência, o pertencimento cultural e a ascendência, cabendo a exclusão do candidato somente nas hipóteses em não remanesça qualquer dúvida por parte de todos os membros da comissão, em que não reste comprovada qualquer relação entre os fatos e a declaração feita.

E, na dúvida, sempre deverá prevalecer a autoatribuição, sob pena de se ferir um bem cuja proteção foi de difícil conquista, ou seja, o *direito de livre identificação*, identificação essa, por certo, não destituída de razões e fundamentos em nível subjetivo, mas que extrapolam o movimento negro, atingindo outros grupos que demandam igual proteção, como os que lutam pela liberdade na identidade de gênero, por exemplo.

08. CONCLUSÃO

As cotas raciais são instrumentos que promovem a autoaplicabilidade do *princípio da igualdade* como um direito humano constitucionalmente previsto, mostrando-se adequadas aos objetivos a que se propõem, quais sejam, a efetivação da justiça distributiva e da diversidade/reconhecimento.

Resta assente o preconceito e a discriminação racial existente em nosso país, caracterizando a dita democracia racial brasileira como mero mito, a exigir respostas específicas do Estado no combate ao racismo.

Relembra-se que a Constituição de 1988 adotou o chamado Estado Social, que tem a obrigação de atuar positivamente no combate às desigualdades de qualquer natureza, objetivo consignado, em especial, no art. 3º, III e IV, do Texto Magno. E que a justiça social não tem somente uma faceta, mas além de exigir a justiça distributiva, em termos materiais, impõe também a justiça enquanto reconhecimento imprescindível para uma sociedade efetivamente igualitária.

Espera-se, com o julgamento da ADC 41 - DF, que seja reconhecida a constitucionalidade da Lei 12.990/14, consagrando que, ao lado do direito à igualdade, existe o direito à diferença, o qual não pode ser utilizado para aniquilar direitos, devendo, ao revés, servir para afirmá-los e promovê-los[36]. Ademais, as cotas ora debatidas não ferem a essência do concurso público, fundada na impessoalidade e na eficiência.

REFERÊNCIAS

BARROSO, Luis Roberto. *Cotas raciais são legítimas com parâmetros razoáveis. In:* CONJUR, 25/04/2012.

BAUMAN, Zygmunt. *Tempos Líquidos.* Rio de Janeiro: Jorge Zahar, 2007.

FLORES, Joaquin Herrera. *Teoria Crítica dos Direitos Humans*: os Direitos Humanos como produtos culturais. Rio de Janeiro: Editora Lumen Juris, 2009.

FRASER, Nancy. *From redistribution to recognition? Dilemas of Justice in a 'post-socialist' age. In:* https://newleftreview.org/I/212/nancy-fraser-from-redistribution-to-recognition-dilemmas-of-justice-in-a-post-socialist-age

GOMES, Joaquim Barbosa. *Ações afirmativas e o princípio constitucional da igualdade. – O direito como isntrumento de transformação social. A experiência dos EUA.* Rio de Janeiro: renovar, 2001.

GUIMARÃES, Antonio Sergio Alfredo. *Raça e racismo no Brasil. In:* Novos Estudos, no. 43, nov/1995.

IKAWA, Daniela. *Ações afirmativas em universidades.* Rio de Janeiro: Lumen Juris, 2008.

KAUFMANN, Roberta Fragoso Menezes. *Ações afirmativas à Brasileira: necessidade ou mito? Uma análise histórico-jurídico-comparativa do negro nos Estados Unidos da América e no Brasil.* Porto Alegre: Livraria do Advogado Editora, 2007.

MATTOS, Patricia Castro. *A sociologia política do reconhecimento: as contribuições de Charles Taylor, Axel Honneth e Nancy Fraser.* São Paulo: Annalube, 2006.

MUNANGA, Kabengale. Políticas de Ação Afirmativa em Benefício da População Negra no Brasil – Um Ponto de Vista em Defesa de Cotas. *In:*

---

36   PIOVESAN, Flávia. Ações afirmativas no Brasil: desafios e perspectivas. *In: Revista de Estudos Feministas.* Vol. 16/3, Florianópolis, 200, p. 888.

Revista Espaço Acadêmico, Ano II, no. 22, março de 2003. https://www.espacoacademico.com.br/022/22cmunan

PENA, Sergio D. J.; BORTOLINI, Maria Cátira. Pode a genética definir quem deve se beneficiar das cotas universitárias e demais ações afirmativas? *In: Estudos Avançados*, v. 18, no. 50, São Paulo, 2004.

PIOVESAN, Flávia. Ações afirmativas no Brasil: desafios e perspectivas. *In: Revista de Estudos Feministas.* Vol. 16/3, Florianópolis, 2008.

SANTOS, Boaventura de Sousa. A construção multicultural de igualdade e da diferença. *In: Oficina do CES* no. 135, janeiro de 1999.

TELLES, Edward. *Racismo à Brasileira: uma nova perspectiva sociológica.* Rio de Janeiro: Relume Dumará: Fundação Ford, 2003.

VITORELLI, Edilson. *Estatuto da Igualdade Racial e Comunidades Quilombolas.* Lei n 12.228/2010 e Decreto n 4.887/2003. 3. ed. Salvador: Ed. *Jus Podium,* 2016.
_____. O equívoco brasileiro: cotas raciais em concursos públicos. *In: RDA* – *Revista de Direito Administrativo,* v. 271, p281-315, jan/abril 2016.

WERLE, Denilson. *Os limites da tolerância: uma questão da justiça de da democracia. In:*
https://periodicos.ufpel.edu.br/ojs2/index.php/dissertatio/article/viewFil e/8684/5728

2

DOUTRINAS RIVAIS OU SUPERAÇÃO DE PARADIGMAS? OS PRINCÍPIOS DA JUSTIÇA NA ÓTICA DA TEORIA DA JUSTIÇA DE JOHN RAWLS E SEUS CRÍTICOS CONTEMPORÂNEOS

Pedro Henrique Nascimento Zanon

1. INTRODUÇÃO

Em sua obra, *Uma Teoria da Justiça*, Rawls (2002) defende que somente a organização e a eficiência em instituições básicas de uma sociedade não bastam, pois acima de tudo elas devem ser justas, e denomina essa premissa como "primeira virtude das instituições sociais". Ideia que pode ser considerada não somente como primeira virtude, mas como a principal e a mais importante em sua obra. Essa defesa, aspecto central na teoria de John Rawls, representou divisor de águas na história do pensamento contemporâneo. Publicada nos Estados Unidos em 1973, anos depois teve repercussão e assumiu dimensão mundial. "A obra mais importante da filosofa política do pós-guerra, e impregnou profundamente a reflexão sobre a ideia de justiça" (WERLE, 2010, p. 153).

No entanto, a partir dessa dimensão da obra de John Rawls, Gargarella (2008) concebe que para se chegar a uma "teoria da justiça" como alternativa viável a outras doutrinas que dominaram a tradição filosófica durante muito tempo, seria necessário a análise de duas doutrinas que podem ser consideradas como "doutrinas rivais": a utilitarista e a intuicista. Gargarella (2008) explica que o intuicionismo é caracterizado como a existência de mais de um princípio, diferentemente do utilitarismo em que há um princípio que é considerado como o único princípio moral a ser defendido. Como no intuicionismo há a presença de mais de um princípio moral, é de se imaginar, segundo o autor, que como consequência haja conflitos sobre qual deles se utilizar.

Assim, gera a dúvida problema do presente trabalho: qual método objetivo deve ser utilizado para a escolha de um deles em caso de dúvidas e do estabelecimento de regras de prioridade entre eles?. Ou seja, se não há uma regra determinante para orientar essa escolha, como dizer qual princípio deverá ser aplicado e qual deles deve ser desprezado nessa situação? Em um primeiro momento do trabalho nos detalharemos as principais posições do pensamento político de John Rawls para, em um segundo momento, dialoga-lo com a observações feitas pelos seus críticos mais ferrenhos, em especial o filosofo político Robert Nozick. O objetivo deste trabalho é produzir um ensaio teórico com a finalidade de dialogar as ideias sobre os princípios da justiça na teria da justiça de John Rawls. A dialética será empregada como instrumental metodológico que guiará o desenvolvimento do trabalho.

2. A ANAMNESE POLÍTICA DA TEORIA DA JUSTIÇA DE JOHN RAWLS

No âmbito do intuicionismo, a recomendação é que nesses casos de dúvida deve-se seguir a intuição pessoal para determinação de qual princípio será aplicado em cada caso. No entanto, essa é uma prática que gera insegurança, pois basear-se em palpites e ou impressões não quer dizer necessariamente que se chegaria uma decisão mais justa a ser aplicada num determinado momento. Mesmo que John Rawls admita que em alguns casos não seja possível se escapar do intuicionismo, e que o intuicionismo deveria ser encarado como algo mais generalizado, talvez fosse melhor falar do intuicionismo, no sentido amplo, como pluralismo: uma concepção de justiça que possa ser pluralista sem a necessidade de análise de seus princípios por intuição, pois ela pode conter normas de prioridades necessárias (GARGARELLA, 2008).

Nesse encadeamento, no entanto, Gargarella (2008) levanta o questionamento de se não seria mais viável, em um caso de pluralidade de princípios, a ponderação de qual princípio utilizar deve observar as necessidades da sociedade e, de forma a atender tais necessidades equitativamente, levar em consideração normas de prioridade necessária do que, por intuição, estabelecer qual princípio utilizar? Por intuição, poder-se-ia levar em consideração, por exemplo, que em questões de salários desiguais fosse observado que alguns recebem mais pois têm uma formação melhor ou são especialistas em alguma área. Por isso recebem melhor salário. Mas, isso não implica em analisar se aqueles que recebem menor salário tiveram as mesmas oportunidades. Seria assim justo ponderar, levando em consideração que aqueles que são especializados e tem melhor formação, merecem maior salário? Ou que seria mais justo dar igual oportunidade de aprimoramento àqueles que não possuem tanta qualificação? Provavelmente, por intuição, escolheríamos a primeira hipótese, mesmo que ela não seja a mais justa.

Em um primeiro momento, pode o utilitarismo parecer mais interessante que o intuicionismo: o utilitarismo apresenta, dentre várias opções, aquela que melhor atenda ao bem-estar geral, algo que o intuicionismo não consegue fazer. Ainda assim, o utilitarismo é afastado e criticado por John Rawls, que descarta a possibilidade de se valer do utilitarismo, por ser considerado teleológico, ou seja, define-se o bem independentemente do justo como aquilo que eleva o bem ao máximo. O contrário é a deontologia, que preza primeiramente pelo justo, independentemente do bem. Por poder ser considerado consequencialista, o utilitarismo vai valorizar a análise do bem, quando se trata do bem geral, principalmente quando não se sabe qual decisão tomar. Assim, leva-se em consideração que olhar qual opção maximize o bem-estar de forma generalizada, consequentemente, será a opção mais justa. No entanto, não é o que acontece quando analisadas outras questões.

Por exemplo, o utilitarismo pode passar uma ideia de que ele é justo por não levar em conta posicionamentos individualizados. Que o interessante é que ele, obviamente, teria um caráter igualitário. O que poderia ser verdade, mas uma das principais críticas ao utilitarismo é a consideração da sociedade como um corpo no qual seria possível sacrificar algumas partes em virtude de outras. E que o utilitarismo, ao valorizar desejos, ou seja, um caráter subjetivo e não objetivo no momento de distribuição dos recursos de uma sociedade, acarretaria como consequência a geração de injustiça.

Uma outra análise negativa do utilitarismo é que, ao mesmo tempo que ele pode respeitar opiniões consideradas gerais, mas podem ter cunho discriminatório, preconceituoso, excludente de diversas minorias, por levar em consideração a maioria. Em outras palavras, no utilitarismo, pode haver ações de forma injusta baseadas na ideia de que esteja se atendendo a maximização da felicidade geral, o que, segundo Dworkin, frustraria sua pretensão de ideia igualitária original.

Rawls (2002) chama atenção para se considerar o que é mais viável olhar para uma sociedade e buscar tentar suprir de forma igualitária algumas deficiências, ainda que essas deficiências estejam inseridas em minorias. Isso porque, se for levado em consideração o utilitarismo, essas minorias seriam aceitavelmente prejudicadas com o objetivo de suprir a necessidade geral. O justo, o mais justo, na visão Rawls (2002), seria buscar atendimento tanto da maioria quanto da minoria, observando-se sempre o que de fato levará a uma ideia de justiça como equidade.

3. O EMBATE ENTRE OS CONTRATUALISTAS E UTILITARISTAS SOB A PERPESCTIVA DA TEORIA DA JUSTIÇA DE RAWLS.

O questionamento do porquê levar a ideia de um contratualismo, em primeiro lugar, deve-se atentar para algumas questões de qualquer teoria moral, tais como: "o que a moral exige de nós? E porque devemos obedecer essas regras?" A buscas de respostas para essas perguntas, parece viável buscar explicações no contratualismo, ele nele reside respostas à primeira pergunta: "a moral exige que cumpramos aquelas obrigações que nos comprometemos a cumprir". Quanto à segunda pergunta, a resposta dada pelo contratualismo é uma afirmação que a razão pela qual devemos obedecer a certas regras é porque nos comprometemos a isso. Como dito, é mais viável respondê-las desta maneira do que buscar explicações religiosas sanando alguns vazios deixados por explicações metafísicas.

É importante salientar que Rawls (2002) traz uma ideia de contrato hipotético, e isso é o que o difere de outros contratualistas. Filósofos contratualistas como Hobbes, Locke e Rousseau, tentaram tornar possível, por meio do estabelecimento de um contrato social, uma convivência saudável entre os indivíduos. Para Hobbes (2003), essa sociabilidade passava pela obtenção da paz e da segurança. Já para Locke e Rousseau, a sociabilidade passava pela legitimação de um conjunto de direitos naturais básicos, como o direito à vida, à liberdade, à igualdade e à propriedade, porém, como se tratava de um contrato real, indaga-se quem firmou o contrato, e onde ele está registrado.

Como foi dito, John Rawls é igualmente um filósofo contratualista, mas a sua concepção de contrato social é bem diferente da de Hobbes, Locke e Rousseau. Rawls tenta conciliar dois conceitos que, para muitos pensadores, são dificilmente compatíveis: a liberdade individual e a justiça social. Rawls (2002) não admite que a afirmação de um destes conceitos implique a negação do outro. A aspiração à liberdade, assim como a vontade por justiça social (de igualdade), são tendências igualmente legítimas. Se apenas houver liberdade, coloca-se em causa a justiça social (porque necessariamente uns indivíduos possuirão sempre mais bens do que outros e os que possuem mais possuirão sempre mais — a riqueza gera riqueza). De outro lado, se apenas houver justiça social, coloca-se em causa a liberdade (porque limita-se a liberdade dos indivíduos para poderem possuir mais bens do que o número de bens que possuem). Assim, no pensamento de Rawls (2002), torna-se necessário a conjugação da liberdade e da justiça social como condição para que uma sociedade possa ser justa.

Isso diz respeito a um reconhecimento dos traços próprios do peculiar contrato hipotético. Porém, antes de se adentrar nesses traços, parece preciso levar em consideração questões vinculadas ao contrato hipotético, como por exemplo, a questão de que o referido contrato tem como objetivo último estabelecer certos princípios básicos de justiça que destinam a aplicação à estrutura básica da sociedade. Ou seja, como a sociedade busca distribuir direitos e deveres e como determina as vantagens que provêm da cooperação social. É preciso salientar que a aplicação desses princípios dar-se-á em sociedades bem organizadas que têm o intuito de promover o bem. Mais uma vez, Rawls (2002) bate na tecla de que em uma sociedade justa as pessoas são mais ou menos iguais entre si. Em se tratando da escolha de princípios, essa escolha deveria ser imparcial (através da posição original) para possibilitar o alcance de uma "justiça como equidade".

Como deve organizar-se uma sociedade para que o seu funcionamento seja justo, isto é, para que os mais desfavorecidos não sejam sacrificados em nome da eficácia económica e os mais favorecidos não sejam sacrificados em nome do igualitarismo, por outras palavras: como gerar um contrato no qual todos os indivíduos desejem a promoção simultânea na sociedade da liberdade e da justiça social? Segundo Rawls, o contrato social tem de ser estabelecido com base numa total imparcialidade por parte de todos os indivíduos, ou seja, tem de ser estabelecido sem que os indivíduos tenham nele qualquer interesse particular. Os futuros membros da sociedade que resultaram do contrato originário devem escolher as instituições e as normas sem ter em conta os seus interesses, desejos, capacidades e planos de vida.

Para responder como isso seria possível, Rawls (2002) argumenta sobre uma "posição original": de uma situação imaginária de total imparcialidade. Porém, para que essa imparcialidade aconteça, as pessoas devem estar cobertas por um "véu de ignorância" que consiste no desconhecimento, por parte de cada indivíduo, da sua condição social e econômica no momento do estabelecimento do contrato social.

A vantagem dessa situação hipotética (desse "véu de ignorância") segundo Rawls (2002), ao ignorar tudo acerca da sua futura condição social, é que cada indivíduo considerará como possível que no futuro lhe corresponda a posição social menos favorável. E é justamente perante essa possibilidade que cada um desejará muito razoavelmente organizar uma sociedade que se caracterize pela equidade e imparcialidade na distribuição de deveres e direitos. Assim como pela liberdade e igualdade real de oportunidades e por bens materiais e culturais indispensáveis para manutenção da autoestima.

Trata-se de constituir uma sociedade livre e mais igualitária possível. Constituir uma sociedade que compense ao máximo as inevitáveis diferenças que surgirão entre os diversos seres humanos. Em resumo, devido ao desconhecimento ou ignorância da sua situação social e econômica futura, os sujeitos vão exigir uma organização da sociedade que seja, dentro dos possíveis, a mais vantajosa e melhor para todos. Vão querer que a sociedade promova os valores básicos que permitam a todos uma vida aceitável: a mesma liberdade para todos; e o mínimo de desigualdades sociais e econômicas.

4. A ESCOLHA DOS PRINCÍPIOS DA JUSTIÇA

Como reflete Gargarella (2008), Rawls traz a ideia da escolha de princípios de uma forma imparcial e de como deve-se agir em caso de se ficar confuso em quais sobre qual princípio ou quais princípios escolher. Ele traz assim a ideia de "regra maximin", que afirma que nesses momentos de incerteza as alternativas devem ser hierarquizadas levando em consideração afastar aquelas que ensejarem nos piores resultados. Por exemplo, se uma alternativa pode levar a uma escravidão, essa alternativa deverá ser imediatamente afastada, ainda que acarrete grandes benefícios à maioria restante.

Dessa forma, Rawls traz dois princípios que deveriam ser escolhidos em situações muito peculiares, em que aqueles que se encontram na "posição original" adotariam por deliberação. O primeiro princípio diz respeito à ideia de que cada pessoa deve ter um direito igual ao esquema mais abrangente de liberdades básicas iguais que for compatível com um esquema semelhante de liberdades para os demais. Sendo que liberdades, nesse caso, devem ser entendida como liberdades civis, liberdades políticas, como, por exemplo, o direito ao voto, à liberdade de expressão etc.

Primeiro: cada pessoa deve ter um direito igual ao sistema mais extenso de iguais liberdades fundamentais que seja compatível com um sistema similar de liberdades para as outras pessoas. (RAWLS, 2002, p. 73)

Já o segundo princípio diz respeito ao pensamento de que as desigualdades sociais e econômicas devem ser constituídas de tal modo que ao mesmo tempo em que se espera que sejam razoavelmente vantajosas para todos, também estejam vinculadas a empregos e cargos acessíveis a todos. Acrescente-se a isso a ideia de que esses dois princípios só trariam oportunidades a todos se fossem analisados por meio do "véu da ignorância", como já exposto.

Segundo: as desigualdades sociais e econômicas devem estar dispostas de tal modo que tanto (a) se possa razoavelmente esperar que se estabeleçam em benefício de todos como (b) estejam vinculadas a cargos e posições acessíveis a todos. (RAWLS, 2002, p. 73)

Ato contínuo, é possível anuir que Rawls (2002) preza o tempo todo pela busca por situações igualitárias. Os dois princípios acima citados ilustram tal concepção. Mas há de se falar em uma seleção natural, ou roda dos afortunados, que diz respeito àqueles que por motivos alheios as suas vontades são agraciadas com algumas circunstâncias que tornam situações e oportunidades a eles mais favoráveis do que aos demais. Levando em consideração esse aspecto, ele seria justificável somente se fosse levado em consideração em caso de fazerem parte de um esquema que melhora as expectativas dos membros menos favorecidos da sociedade. Dessa forma, seria justo levar em consideração uma ideia de desigualdade desde que tal ideia desse aos menos favorecidos condições para alcançarem iguais oportunidades, e nunca as diminuísse.

Para Rawls (2002), há a existência de dois grupos. O primeiro daqueles que não escolheram serem afortunados e possuem de forma natural melhores oportunidades. No segundo grupo estão aqueles que por força de uma vontade individual buscam circunstâncias que ensejam seu desfavorecimento em relação aos demais. Tanto os liberais mais igualitários, como os mais conservadores, têm a consciência da existência dessa "loteria da natureza", ou "acasos" que fazem com que a vida de alguns seja muito mais afortunada que a dos outros. Mas discordam no quesito de como uma sociedade justa deve agir mediante a tais circunstâncias. Para os libertários, mesmo assumindo o risco da situação gerar desigualdade entre as pessoas e as oportunidades ofertadas a elas, não é função da sociedade interferir. Rawls (2002), vai de encontro a esse posicionamento, ao admitir que não há controle humano sobre as preleções naturais e que essas preleções não podem ser consideras injustas ou justas. O que se pode considerar injustas ou justas é a forma com que as instituições processam esses fatos da natureza. E daí, então, surge que a "primeira virtude" de qualquer sistema institucional deve ser a justiça.

A única coisa que nos permite aceitar uma teoria errônea é a falta de uma teoria melhor; de forma análoga, uma injustiça é tolerável somente quando é necessária para evitar uma injustiça ainda maior. Sendo virtudes primeiras das atividades humanas; a verdade e a justiça são indisponíveis. (RAWLS, 2002, p. 4)

Sintetizando esta visão igualitária que busca distinguir fatos circunstanciais e fatos pelos quais somos responsáveis, uma sociedade justa deveria buscar a compensação entre os efeitos de boa e má sorte, e de um arranjo individual que pregue que as pessoas acabem com os resultados de seus atos voluntários. Segundo Thomas Negal (2001), existem três fatores externos as vontades individuais: a discriminação, a classe e os talentos e que nenhum desses fatores deveriam constituir elementos para dar maior a oportunidade a um grupo em desfavorecimento de outro. O que é mais provável é que pessoas se revoltem com leis de cunho discriminatório, mas, ao mesmo tempo essas mesmas pessoas podem tender a discordar mais comumente quanto ao tratamento de sujeitos que nascem cercados de diferentes circunstâncias materiais.

Assim, os autores Igualitários, de forma unânime, tratam tal concepção como uma dimensão na qual os indivíduos devem ser igualados. Mas mesmo que se apregoe ideais igualitárias é preciso atentar para o que Rawls (2002), assim como outros autores, não é avesso à ideia de que cada indivíduo possui uma liberdade que lhe é resguardada e respeitada. Isto porque as pessoas têm consciência da diferenciação entre circunstâncias e escolhas.

5. UMA REVISÃO DA TEORIA DA JUSTIÇA DE RAWLS PELOS PENSADORES POLÍTICOS CONTEM-PORÂNEOS

Principais críticas à teoria da justiça de Rawls vem de Robert Nozick, que foi companheiro de Rawls em Harvard. Apesar das diversas críticas o autor destaca que "os filósofos políticos têm agora ou de trabalhar com a teoria de Rawls ou explicar por que não o fazem" (NOZICK, 1991, p. 202). Essa posição demonstra apesar de distintas, é possível dialogar o autor, considerado de matriz anarquista, com a teoria de Rawls.

Como vimos no capítulo anterior uma sociedade mais justa precisaria de um estado muito participativo, ou melhor, um estado ativista, onde o estado deveria contribuir com a tarefa de igualar as pessoas. Nozick em "Anarquia, Estado e Utopia", faz uma crítica à teoria de Rawls. Nozick diz que se deve ter um estado menos ambicioso e sim um estado mínimo que deve dedicar-se exclusivamente a proteção dos indivíduos que a compõe, exemplificada em casos como roubo, emprego ilegítimo da força e também amparar o cumprimento dos contratos celebrados entre tais indivíduos. A principal preocupação de Nozick é restringir ao mínimo as intervenções estatais, defendendo uma sociedade organizada como um "Ambiente para Utopia" onde você teria normas liberais, conservadoras, comunistas, socialistas, desde que um saiba respeitar o direito dos demais. Robert se preocupa em mostrar que tal estado mínimo nunca violaria direitos.

Assim como Rawls, Nozick defende uma teoria deontológica, assegurando a inviolabilidade de direitos básicos e também individuais em favor de um maior bem-estar dos outros. A princípio as teorias tanto de Rawls quanto a de Nozick em matéria de direito aproximam-se bastante.

Nozick acredita no direito natural que desrespeitam a cada um dos indivíduos, que nos remete uma noção de um literal livre-arbítrio onde o indivíduo é dono de si mesmo.

Apesar de algumas coincidências iniciais as teorias chegam a um ponto de conflito, quando passamos a entender o liberalismo de Nozick para o igualitarismo de Rawls. Assim não é de se estranhar que para Rawls é um sistema justo, para Nozick é um sistema temível. Nozick acredita que o igualitarismo de Rawls pode levar a uma versão deturpada de escravidão, pois ele acredita que quando uma parte do esforço de alguns é destinada a melhorar o destino de outros.

Thomas Scanlon apresenta uma valiosa defesa à teoria de Rawls, falando em direito de propriedade, como, por exemplo, a distinção entre gozo e posse da propriedade, e o direito ao usufruto dela. A partir dessa base ele explana que Rawls não quer privar os indivíduos da propriedade de seus talentos e capacidades pessoais, mas sim, proteger os frutos gerados de tais talentos. Will Kymlicka (1995) amplia essa análise para retomar uma ofensiva contra o liberalismo de Nozick (1991). Afirmando que Nozick equivoca-se ao pensar que o único regime compatível com a auto propriedade é o que consagra a possibilidade de direitos de propriedade ilimitados.

Nozick (1991) acredita na criação de um estado mínimo sem a violação de nenhum direito, sendo esta uma melhor situação que o estado de natureza. Pois Locke descrevia o estado de natureza com aspectos preocupantes, onde não haveria uma autoridade mediadora entre elas, não havendo uma forma de resolver as disputas efetivamente.

Figurando assim, a criação do estado, e como traço marcante de tal criação, a perda da autotutela, criando um conceito de uso legítimo da força, onde o estado violaria o direito de autodefesa de seus integrantes, passando então a tutelar os conflitos de seus indivíduos. Paralelamente um segundo traço que marcaria a criação de tal estado seria a proteção de seus integrantes sem qualquer tipo de discriminação, sendo elas de classes, cores e etc.

Nesse segundo traço se levanta uma questão importante quando se vai proteger ricos e pobres da mesma forma quem custearia essa proteção? No caso o primeiro, que deste modo verão seus direitos de propriedade violados? Nozick (1991) acredita em um modelo de estado mínimo, sendo que este, só poderia surgir por meio de um processo que ele denomina de "mão invisível" progredindo suave e respeitosamente ante os direitos de cada um. Acreditando ainda na criação de "sociedades" que lentamente e mediante a necessidade das pessoas se uniriam cada vez mais em busca de proteção e se tornariam mais fortes.

Em princípio, Nozick (1991) não se impõe à ideia de igualdade, mas ao estabelecimento de normas que pretende impô-la. Não há nada de mal em as pessoas se organizarem e formarem uma sociedade de iguais, o que parece incorreto é que sejam impostas aos outros, contra sua vontade, normas igualitárias. Nesse ponto é que residem os males do Estado igualitário pois ultrapassariam os limites do Estado mínimo.

Nozick (1991) diz que a igualdade provida conta a vontade de alguém já é moralmente contestável, constituindo um esforço em vão. Seguindo Hume, Robert afirma que as pessoas são diferentes entre si, por isso qualquer empreendimento destinado a igualá-las acaba frustrando-se. A liberdade, declara, quebra, qualquer norma igualitária. Se for permitido que aflore as diferenças que distinguem as pessoas, nenhuma norma será capaz de se manter.

Falaremos agora sobre um dos alicerces fundamentais do livro de Nozick (1991), onde ele defende sobre a validade das apropriações dos capitalistas. Defendendo assim que por exemplo: se uma pessoa vende 10 hectares de terra a uma outra pessoa, porém essas terras não lhe pertencem, a transferência não pode ser considerada válida. Dependendo assim de uma aquisição prévia legítima, do contrário todas os acordos entre adultos ficariam ameaçados.

Nozick (1991) dedicou parte de seu trabalho a desenvolver uma teoria da aquisição justa como a requerida. E o passo que pretendeu dar nesse ponto surgiu como especialmente significativo, sobretudo pensando na importância de justificar o capitalismo. Sendo a teoria mais tradicional a apresentado por Locke. Como veremos Nozick (1991) se baseia na na visão de Locke, mas apenas em parte. Em primeiro lugar para entendermos a posição de Nozick cabe dividir a teoria da apropriação justa de Locke em duas partes. Um núcleo básico, referente as consequências normativas que surgiriam de combinar o trabalho com o objeto externo; e uma cláusula adicional ou "condição", que qualifica a primeira afirmação. Resumindo pode-se dizer que Nozick rejeita o núcleo da teoria de Locke, para ficar com a versão essencialmente modificada e mencionada pela cláusula.

Mas antes vamos aos argumentos de Locke, por um lado admite que a pessoa é dona de seu próprio corpo e, por conseguinte, de seu próprio trabalho. Por outro lado, admite que o mundo externo originalmente não era possuído por ninguém. A ideia é que se a pessoa combina inextrincavelmente algo que pertence a penas a si própria (como exemplo, o próprio trabalho) com algo que não pertence a ninguém, logo, essa pessoa se torna proprietário desse objeto. Sendo assim, a pessoa que se apropria desse objeto se torna dona dele, podendo assim, excluir os outros. Mediante isso entende-se que, o direito sobre si é tão importante quanto o de direito que se adquire. Fundamentando essa afirmação na mencionada cláusula supramencionada, segundo a qual a apropriação é considerada válida desde que deixe tanto quanto bom para os demais.

Nozick (1991) acredita que o núcleo da teoria de Locke é implausível mediante seguinte argumento: qual é o significado de "misturar" o trabalho de uma pessoa a certo objeto. Por exemplo se um astronauta vai até Marte deve-se entender que a partir desse ato ele se apropria do universo, de Marte? Vamos nos concentrar agora no que se transformou, de fato, no núcleo da justificação da apropriação: a condição sugerida por Locke.

Como vimos, segundo Locke, toda aquisição válida deveria deixar tão e tão bom do objeto adquirido para os demais. "Porém como interpretar a ideia de tanto e tão bom"? A interpretação que surge de modo mais imediato nos revela que todos os outros que assim desejem devem contar com a possibilidade de se apropriar da mesma coisa que eu adquiri, em quantidade e em qualidade. O que é duramente rebatido por Nozick pois voltando ao exemplo de A à Z quando chegar a vez de Z escolher ele não terá tido nem mesmo a oportunidade de escolher uma propriedade melhor que Y e assim sucessivamente até chegar novamente em A. ou seja nenhuma apropriação, em suma, poderia ter sido considerada legítima.

Diante disso Nozick (1991) propõe uma cláusula de interpretação menos exigente que Lockiana, no sentido de interpretar o "tanto e tão bom" como significado que a condição dos demais "fique piorada" (re)traduzindo a linguagem liberal tradicional: "cada pessoa pode tomar para si quantidades ilimitadas de recursos naturais se, desse modo, não prejudica ninguém."

Antes de finalizar esse trabalho, é importante mencionar uma tentativa de "blindar" feita por Nozick à sua teoria o chamado "princípio da retificação". Tal como se apresenta, parece que o princípio da retificação, vem dar a consistência final à sua teoria. A ideia é a seguinte: Nozick reconhece a possibilidade de algumas transferências ou apropriações terem sido realizadas de modo inadequado, e admite que essas situações precisam de reparação, se é que se trata de apresenta uma teoria da justiça coerente. O princípio da retificação é o que exige reparação das possíveis injustiças cometidas por meio de prévias aquisições e transferências.

A ideia é que esse princípio permita justificar o desenvolvimento do restante da teoria, ou seja o princípio da retificação aparece destinado a "apagar" aqueles vestígios de possíveis injustiças, para depois "seguir a diante" com o sistema de apropriações e transferências libertárias. Porém, indo contra tudo proposto por Nozick até agora a injustiça poderia ser grande o bastante para chegar a justificar um estado fortemente intervencionista. Ele admite, então, que talvez, temporariamente, seja necessário e exigível organizar a sociedade de tal modo, que se maximize a situação dos grupos que acabaram ocupando posições mais desvantajosas. Ou seja, o próprio Nozick admite a possível justificabilidade de esquemas de justiça redistributivas como aquele contra os quais, e suma, parecia estar direcionada sua teoria.

6. REFERÊNCIAS

GARGARELLA, Roberto. **As teorias da justiça depois de Rawls**. Um breve manual de filosofia política. São Paulo: WMF Martins Fontes, 2008.

HOBBES, Thomas. **Leviatã**. Tradução de João Paulo Monteiro; Maria Beatriz Nizza da Silva. Imprensa Nacional Casa da Moeda, 2003.

KYMLICKA, Will; GARGARELLA, Roberto. **Filosofía política contemporánea**. Editorial Ariel, 1995.

NOZICK, Robert. **Anarquia, Estado e utopia**. Rio de Janeiro: J. 1991.

RAWLS, John. **Uma teoria da justiça**. Tradução de Almiro Pisetta e Lenita Maria Rímoli Esteves. 2002.

SCANLON, Thomas. **What we owe to each other**. Harvard University Press, 1998.

NAGEL, Thomas. **Uma breve introdução à filosofia**. Martins Fontes, 2001.

WERLE, Denílson Luis. **A ideia de justiça e a prática da democracia**. Novos estud. - CEBRAP, São Paulo, n. 92, p. 153-161, Mar. 2012

3

UMA PERSPECTIVA ECONÔMICA DE JUSTIÇA: O BRASIL DURANTE A DITADURA MILITAR

João Paulo Pádua de Souza Botelho

Sumário: 1. Introdução; 2. Democracia e Economia. 2.1. Contexto inicial da Ditadura Militar brasileira. 2.2. O período militar. 2.3. O contexto final da Ditadura Militar brasileira. 3. A fragilidade da democracia e seu viés econômico. 3.1. A economia como um princípio de justiça. 4.Conclusão.

RESUMO: A presente dissertação busca verificar a influência econômica sobre a sociedade e suas decisões políticas, realizando, para tanto, uma análise histórica no período do Regime Militar brasileiro. Discute-se a fragilidade da democracia e em como a "ideologia de mercado" tem se sobreposto a valores éticos e morais em momentos de crise econômica. Não obstante, é questionada a utilização do cálculo utilitarista e o papel do mercado em nossa sociedade.

1. INTRODUÇÃO

Há algum tempo, ao menos na cultura ocidental, a democracia se tornou o regime político ideal a ser seguido pelos países. Muito embora sua origem nos remeta a Grécia Antiga, na era moderna tal forma de governo tem se firmado graças as experiências negativas, de muitos Estados, com governos absolutistas e ditatoriais.

No caso brasileiro, por exemplo, a democracia se firmou apenas no final da década de 80, em uma história de muita luta contra a chamada "Ditadura Militar", que permaneceu por vinte e um anos no poder.

Apesar experiência trágica, marcada pelas atrocidades cometidas pelo próprio Estado, não é incomum ouvirmos hoje palavras de apoio ao regime militar superado e, também, contra a própria democracia.

Segundo pesquisas1, entre 2016 e 2017, o apoio a Democracia no Brasil caiu de 54% para 32% em apenas um ano, sendo apontado como possível causa a crise econômica e política vivida pelo país nos meses que antecederam o impeachment da Presidente Dilma Roussef.

A realidade é que, em muitos casos, a história se repete, fato que nos faz questionar e refletir sobre os momentos de ruptura política do país. Questiona- se até que ponto estes momentos são ocasionados por questões morais, éticas e políticas.

Neste sentido, é possível constatar grandes coincidências nos ditos momentos históricos: o fator econômico. Por tal motivo é que se busca, no presente trabalho, investigar a influência da economia sobre a sobre a sociedade e suas decisões.

2. DEMOCRACIA E ECONOMIA

Conforme citado, em razão das experiências passadas, marcadas pela falta de representatividade, a democracia tem se apresentado como principal forma de governo dos países ocidentais.

Sobre o tema, KELSEN (200X, p. 139) aduz:

> A ideia política do século XIX, nascida das revoluções americana e francesa do século XVIII, foi a democracia. Sem dúvida, também existiam na civilização ocidental forças extraordinárias a serviço da manutenção do princípio autocrático. Seus representantes, porém, foram estigmatizados como reacionários. O futuro pertencia a um governo pelo povo. Essa era a esperança de todos, os que acreditavam no progresso, que defendia padrões mais elevados de vida social.

Importante destacar que, a história e a afirmação da democracia como sistema político ideal está intimamente ligado aos movimentos sociais e a luta contra regimes ditatoriais ou governos sem representatividade. No Brasil, por exemplo, foram anos de luta exigindo o processo de redemocratização durante a Ditadura Militar.

Sobre este período, valioso é o ensinamento de REIS (2014, p. 4):

> A ditadura fora escura noite, um tempo de trevas, mas vencera a manhã [...]. Numa arquitetura simplificado, muitos se confortavam com raciocínios polarizados. Opressão e Liberdade. Ditadura e Democracia. Repressão e Resistência. Esta última palavra tornou-se um mote, repetido à exaustão.
> A sociedade fora silenciada pela força e pelo medo da repressão. Mas resistira. Por diferentes meios e caminhos, inúmeras vezes em silêncio, articulando os mais diferentes setores.

Neste sentido, por muito tempo, tornou-se quase que impensável outra forma de governo que não pela via democrática. Segundo dados do Estudo Eleitoral Brasileiro (apud PAIVA, 2004, p. 372), em pesquisa realizada no ano de 2002, a democracia era percebida por 80,4% dos entrevistados, como "mesmo com problemas, a melhor forma de governo".

No entanto, é curioso observar que, nos dias atuais, o apoio ao referido sistema político tem diminuído de forma significante. Até 2016, em pesquisa realizada pelo Latino Barômetro, o apoio à democracia mostrava com a adesão de 54% dos entrevistados. Entretanto, somente no intervalo de 2016-2017, o apoio caiu (surpreendentemente) para 32%.

Interessante lembrar, que, segundo dados do Instituto Brasileiro de Geografia e Estatística (IBGE, 2016), o Brasil, na época, se mostrava com a pior recessão econômica da história do país. Tal fato é que nos faz questionar, ao menos em um primeiro momento, a influência da economia sobre as decisões políticas da sociedade.

Não obstante, a intensificação da crise econômica e insatisfação com a classe política brasileira, trouxe, para alguns, o debate sobre o retorno da ditadura militar. Conforme dados do Pesquisa de Opinião Pública Latino-Americana (LAPOP), o apoio a ideia de intervenção militar tem crescido no país desde 2012.

2.1.   Contexto Inicial Da Ditadura Militar Brasileira

No intuito de investigar a relação da economia nas decisões políticas da sociedade, é que se pretende, neste capítulo, verificar os contextos históricos do país no período ditatorial.

Embora a figura do regime militar, para grande parte da sociedade atual, tenha sido demonizada, muitos se esquecem que a ascensão dos mesmos se deu com grande apoio popular.

No que tange ao fato, imperioso se faz destacar, mais uma vez, o momento econômico pelo qual o país passara nos anos que antecederam o golpe. Segundo REIS (2000, p. 11) o governo de Jânio Quadros, presidente eleito em outubro de 1960, mal começara e já teve de enfrentar diversos problemas na linha econômica:

> A política econômica, na linha da ortodoxia monetarista, desagradava o setor industrial acostumado ao crédito fácil, sem conseguir segurar a inflação. A política externa independente irritava os setores conservadores sem angariar os apoios das esquerdas, desprezadas por Jânio. Quanto aos trabalhadores, frente à inflação crescente, recebiam promessas de austeridade... Enquanto isso, as reformas vagamente anunciadas e tão desejadas não se concretizavam, nem mesmo na forma de projetos consistentes.
>
> O presidente parecia apostar apenas no diálogo direto com a sociedade, exercitando seu inegável carisma. Reclamava de restrições e alegava carecer de plenos poderes, embora não estivesse evidente para ninguém, e provavelmente sequer para ele mesmo, o que faria com eles. Contudo, foi com essa perspectiva que renunciou, em agosto de 1961, em um golpe bem urdido, que surpreendeu a todos, mas pessimamente executado, posto que não havia nenhuma organização acompanhando o desfecho da trama.

Com a renúncia de Jânio Quadros, João Goulart, então vice-presidente, entrava em cena, assumindo com a promessa de executar as chamadas "reformas de base" (REIS, 2000, p.20). O novo presidente, com o referido programa, pretendia realizar as seguintes reformas: agrária, bancária, tributária, eleitoral, entre outras.

Com temor do que fora proposto, a resposta de parte da sociedade foi imediata, conforme ainda explica REIS (2000, p. 21):

> A reação veio mediata. No dia 19, em São Paulo, desenrolou-se uma primeira Marcha da Família com Deus pela Liberdade. As direitas unidas, alarmadas, aparentando decisão, também foram às ruas, cerca de 500 mil pessoas. Outras marchas se seguiram em várias cidades.

A partir daí, formou-se uma grande frente para derrubar o até então presidente e consolidar o "golpe", conforme assevera o autor (2000, p. 18):

> [...] formara-se, para derrubar o governo de Jango, uma ampla e diferenciada frente, com denominadores comuns muito genéricos: salvar o país da subversão e do comunismo, da corrupção e do populismo. E restabelecer a democracia. Funcionando como cimento, unindo a todos,

o Medo de que um processo radical de distribuição de renda e de poder pudesse sair dos controles e levar o país a desordem e ao caos.

Neste sentido, é possível perceber que, ao contrário do que se comumente imagina, o regime não foi imposto de cima para baixo, mas sim de baixo para cima, com grande clamor popular.

Para se ter ideia, enquanto as "Diretas já" (famosas manifestações que pediam a redemocratização do país durante o período ditatorial) reuniram, aproximadamente, 300 (trezentas) mil pessoas (SOUSA, 2017, p. 1), a Marcha da Família com Deus pela Liberdade reuniu cerca de 500 (quinhentas) mil pessoas, ou seja, quase o dobro.

Sobre os dados econômicos do país na época, segue o gráfico do IBGE:

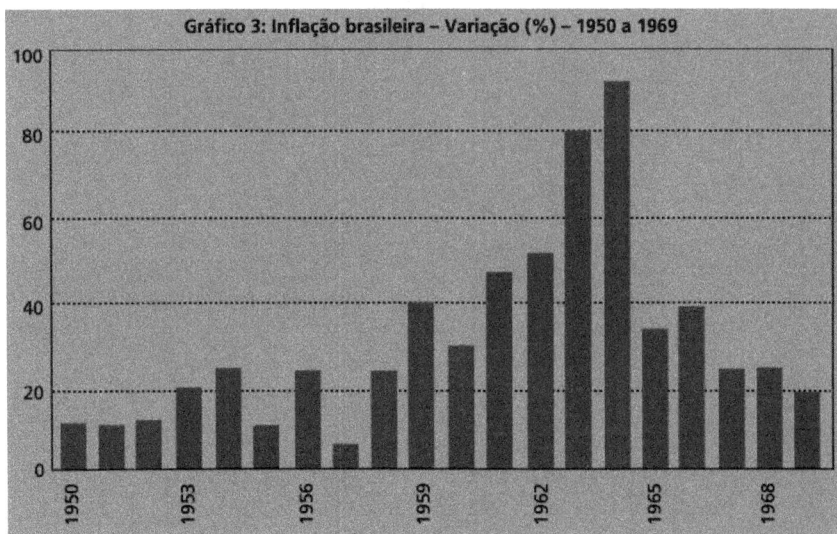

Gráfico 3: Inflação brasileira – Variação (%) – 1950 a 1969

Deste modo, é possível observar que no ano que culminou o "golpe militar" o país alcançava níveis recordes de inflação, o que corrobora com a tese levantada de uma possível motivação (ou influência) econômica sobre a decisão política adotada.

2. 2. O Período Militar (1964-1985)

Com a crise instalada no país, a política econômica, segundo MARCARINI (2000, p. 3) teve prioridade explícita e enfática no governo.

> Em sua primeira fase, durante o governo Castello Branco, a política econômica teve, na prioridade explícita e enfática conferida ao combate à inflação, o seu traço distintivo. Na ótica do PAEG (1964/66), a crise econômica com que o país se defrontava, manifestada com força em 1963 e inícios de 1964, tinha a sua raiz na inflação. Retomar uma trajetória de desenvolvimento sustentado estaria na dependência de êxito na reversão firme do processo inflacionário: somente assim um acúmulo de disfunções responsáveis pelo declínio da atividade econômica seriam eliminadas, recriando-se as condições adequadas à maturação plena do potencial de crescimento de uma economia de livre iniciativa.

Fato é, que, ao menos no papel, a economia brasileira respondeu ao plano proposto pelos militares, época em que ficou conhecida como "milagre econômico" (1968-1973). Sobre o período, VELOSO (2008, p.1) destaca:

> O período 1968-1973 é conhecido como "milagre" econômico brasileiro, em função das extraordinárias taxas de crescimento do Produto Interno Bruto (PIB) então verificadas, de 11,1% ao ano (a.a.).
> Uma característica notável do "milagre" é que o rápido crescimento veio acompanhado de inflação declinante e relativamente baixa para os padrões brasileiros, além de superávits no balanço de pagamentos.

Interessante notar, que, esta fase econômica ocorreu paralelamente aos "anos de chumbo", fase de maior repressão da ditadura militar brasileira, conforme assinala TOJA (2016, p.1):

> [...] esta fase estável da economia, defendida por Delfim Netto com o slogan "primeiro fazer o 'bolo' crescer, para depois dividi-lo", ocorreu paralelamente aos chamados "anos de chumbo". Este fora o período mais repressivo da ditadura, iniciado pela edição do AI-5, no fim de 1968.

Ainda segundo o autor, foi neste ambiente de repressão que se permitiu o "arrocho salarial", conforme assinala (TOJA, 2016, p. 1):

> O ambiente de repressão política e de sindicatos sufocados favoreceu o arrocho salarial, especialmente do salário mínimo, colaborando para o crescimento do "bolo" de Delfim: o setor privado fazia grandes investimentos, financiados pela folga financeira proporcionada pela redução de custos da folha de pagamento, além de usufruírem dos favores concedidos pelos militares a determinados setores econômicos. Esse arrocho foi um vetor importante do modelo econômico implantado

Neste contexto, enquanto parte da população conseguia ver e sentir a melhora econômica, a outra parcela (menos favorecida) se mostrava ainda mais pobre, segundo ensina REIS (2000, p. 67):

> A verdade é que o milagre, embora gerando desigualdades de todo o tipo, sociais e regionais, fora capaz de beneficiar, de modo substantivo, muitos setores modernos. Consideráveis estratos das classes médias, por exemplo, com acesso ao crédito farto e fácil, puderam adquirir, em massa, a casa própria e o primeiro automóvel. Os funcionários públicos, principalmente os das estatais, viveram também um período bastante favorável, apoiados em toda uma série de planos assistenciais, como se para eles não tivessem desaparecido as tradições e as benesses típicas da tradição nacional-estatista.
> [...] Havia, é claro, enormes sombras na paisagem, que os holofotes da publicidade não conseguiam esconder. Os pequenos posseiros e proprietários de terra, que perderam sua pouca terra no processo terrível da concentração fundiária [...] Os trabalhadores sem qualificação adaptada à sede de lucro dos capitais, que ficavam à margem, desabrigados e desprotegidos no ambiente cada vez mais esgarçado de um tecido social cujas redes de proteção (saúde e educação públicas) se deterioravam cada vez mais.

Assim, como resultado das políticas adotadas, obteve-se um aumento expressivo da desigualdade social, conforme indica pesquisa abaixo:

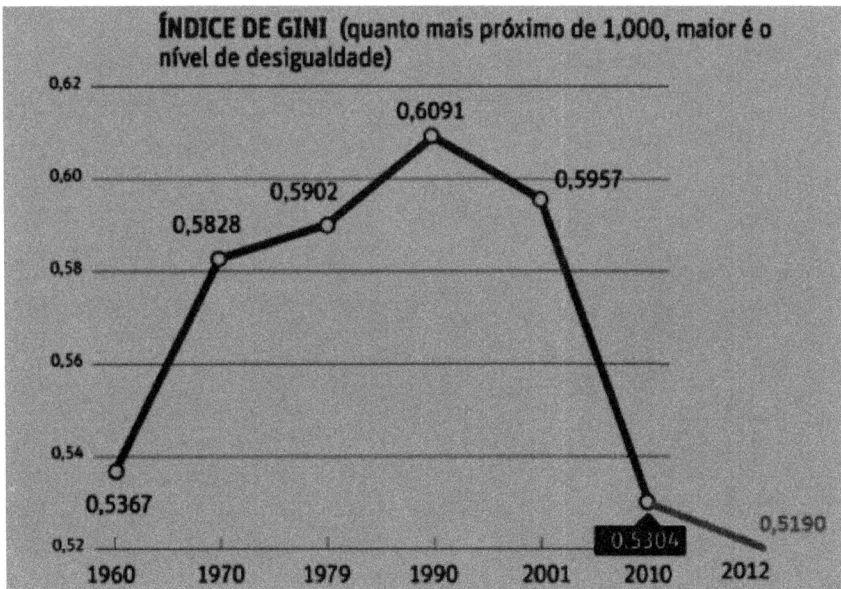

ÍNDICE DE GINI (quanto mais próximo de 1,000, maior é o nível de desigualdade)

Fonte: Fundação Getúlio Vargas

Dito isso, com a crise mundial do petróleo em 1973 e o fim do "milagre econômico", iniciava-se a derrocada do regime militar brasileiro.

2.3. O Contexto Final da Ditadura Militar Brasileira

O final da década de 70 e o início da década de 80 não foi nada fácil para os militares. A queda de seu principal pilar, a economia, aliada à forte repressão (que já não mais se justificava), abria brecha para grade insatisfação popular.

Sobre a realidade econômica da época, MUNHOZ (1997, p.1) indica:

> Ao ingressar na década de 80, o Brasil já havia acumulado uma das mais longas experiências de instabilidade monetária registradas na economia mundial do pós-guerra; e, diante das elevadas taxas de inflação vindas como herança dos anos 70, não seria ilusório esperar que a partir daí o país pudesse vir a reencontrar o caminho da estabilidade. Mas não foi o que ocorreu, pois em realidade os preços dispararam, a despeito das medidas de contenção implantadas ainda em 1980 (prefixação da taxa de câmbio e da correção monetária, e introdução de um redutor sobre as taxas de juros), chegando ainda em 1981 e 1982 ao patamar de 100%; em 1983-85 as taxas de inflação dobrariam, superando o patamar de 200% ao ano, inaugurando, assim, o ciclo de inflação mensal representada por dois dígitos. E, após algumas experiências frustradas de estabilização (em 1986, 1987 e 1989), o Brasil, depois de ingressar na faixa de inflação anual de quatro dígitos (com 1.037,6% nos doze meses de 1988), registraria, ao final de 1989, uma variação global de preços da ordem de 1.800% (tabela 1 e gráfico 5), tendo chegado a registrar uma inflação próxima de 50% num único mês — dezembro de 1989

Não obstante, a dívida externa ainda alcançava patamares preocupantes, como confirma o gráfico:

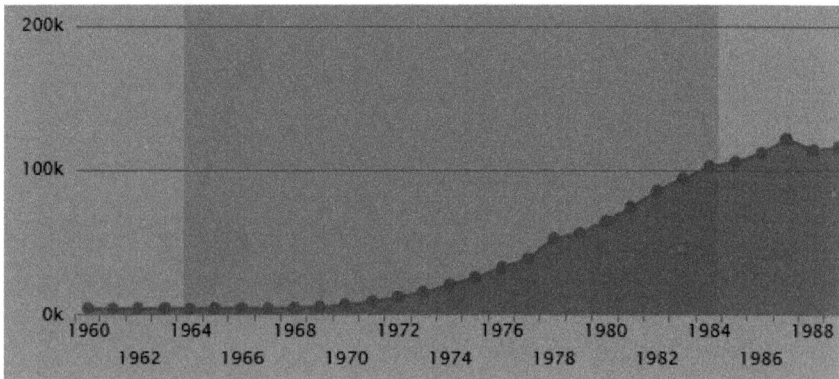

Fonte: IBGE, FGV apud FOLHA.

Assim, com o desastre econômico, Ernesto Geisel já preparava uma abertura do governo (transição para o governo civil), o que se chamou de "abertura lenta, segura e gradual" (REIS, 2000, p. 71).

Entretanto, por abertura "lenta, segura e gradual", na verdade, verificou-se uma maior repressão estatal aos órgãos de imprensa e alguns setores da população, o que intensificou os movimentos sociais.

Em 1985, então, chegou ao fim à Ditadura Militar Brasileira, momento em que a democracia se apresentava como única forma de governo possível para a população em geral.

3. A FRAGILIDADE DA DEMOCRACIA E SEU VIÉS ECONÔMICO

É curioso observar a reconstrução histórica, após o fim do regime militar, de que a sociedade, supostamente, sempre se opôs à ditadura. Criou-se um mito de que forças conservadoras impuseram, de cima para baixo, o novo sistema político.

Não devemos nos esquecer, jamais, dos movimentos sociais que criaram um ambiente favorável a realização e manutenção do golpe. Pertinente é a frase do pensador francês Ernest Renan (apud REIS, 2000, p. 78), que dizia, "com agudo

senso prático e sem nenhum cinismo, que, frequentemente, para boa coesão e harmonia sociais, mas vale construir o esquecimento do que exercitar a memória".

No entanto, muitas vezes este reconhecimento é importante, até para sua própria compreensão. E isso, segundo REIS (2000, p. 79), "não diz respeito só ao passado, mas ao presente e, sobretudo, ao futuro".

A instabilidade e crise política no Brasil são notórias. A contar da revolução de 1930 até 1964 temos seis golpes de Estado, como bem lembra BARROS (2011, p.2):

> Dos cinco presidentes eleitos pelo voto direto no período (Júlio Prestes ñ que nem assumiu. Dutra, Vargas, Kubitschek e Jânio Quadros), apenas dois terminaram seus mandatos. Os dois vice-presidentes que assumiram (Café Filho, no lugar de Vargas, em 1954 e João Goulart, no lugar de Jânio Quadros, em 1961) não conseguiram completar o tempo restante dos seus respectivos mandatos.

Nesta seara, é interessante notar que muitos destes golpes ocorreram sob a justificativa de proteção da própria democracia. No caso da ditadura, por exemplo, o "processo toda fora consumado não em nome de uma revolução, mas no dos valores da civilização cristã e da democracia" (REIS, 2000, p. 35).

Fato é, que, nos momentos de crise econômica, observamos valores como a democracia, moral e ética sendo questionados, ou até mesmo ignorados, na busca por melhores condições de vida.

Na Alemanha Nazista, por exemplo, quando Hitler chegou ao poder, em um cenário de alta inflação e desemprego, o "ditador alemão conseguiu por meio da propaganda disseminar uma campanha implacável contra o povo judeu, que deveria ser responsabilizado pelos fracassos do país nos anos pós Primeira Guerra Mundial (FONSECA, 2014, p. 1).

3.1. A Economia Como um Princípio de Justiça

Por todo o exposto, é possível observar que, em nome da economia, permitiu- se que as ideologias mais radicais (seja de esquerda ou direita) se instalasse nos governos e cometesse as políticas mais absurdas.

Nesta seara, parece claro que o comportamento da sociedade brasileira (como diversas outras), ao longo da história, tem se mostrado alinhado aos princípios da lógica utilitarista.

Sobre esta corrente, SANDEL (2014, p. 44) nos ensina:

> Sua ideia central é formulada de maneira simples e tem apelo intuitivo: o mais elevado objetivo da moral é maximizar a felicidade, assegurando a hegemonia do prazer sobre a dor. De acordo com Bentham, a coisa certa a fazer é aquela que maximizará a utilidade. Como "utilidade" ele define qualquer coisa que produza prazer ou felicidade e que evite a dor ou sofrimento.

Todo o argumento moral, portanto, deve implicitamente inspirar-se na ideia de maximizar a felicidade. Assim, através de um cálculo puramente utilitarista, observa-se que a sociedade brasileira, em uma relação entre custo e benefício, viu que naquele momento histórico um regime não democrático aparentava ser mais vantajoso.

Ocorre que, em nome de uma "maximização de felicidade" (ou melhora econômica), permitiu-se as mais variadas políticas repressivas contra as ditas minorias. Segundo SANDEL (2014, p. 51), aí reside a mais flagrante vulnerabilidade do utilitarismo:

> A vulnerabilidade mais flagrante do utilitarismo, muitos argumentam, é que ele não consegue respeitar os direitos individuais. Ao considerar apenas a soma das satisfações, pode ser muito cruel com o indivíduo isolado. Para o utilitarista, os indivíduos têm importância, mas apenas enquanto as preferências de cada um forem consideradas em conjunto com as de todos os demais.

Neste contexto, a lógica utilitarista, se aplicada de forma consistente (SANDEL, p. 51), pode sancionar a violação do que consideramos normas fundamentais da decência e do respeito no trato humano.

Será que estas condições seriam moralmente aceitáveis? Seria justo ignorar a tortura, os assassinatos, exílios em nome de um "bem comum"? É, no mínimo, questionável a utilização dessa "ciência de moralidade baseada na quantificação" (SANDEL, 2014, p. 55).

Aparentemente, o utilitarismo, tal como proposto por Bentham, não parece atribuir nenhum valor à dignidade humana e aos direitos fundamentais, o que talvez explique a grande rejeição da teoria por parte de outros filósofos.

Não obstante, outro ponto questionável seriam os valores morais dos próprios cidadãos. Se por um lado o utilitarismo visa a "maximização de felicidade", por outro são os próprios cidadãos que dizem o que é esta felicidade.

Constata-se uma grande falha moral social ao permitir que, em nome da economia, se promova as políticas mais absurdas. Neste ponto, valioso são os questionamentos de SANDEL (2013, p. 16):

> O grande debate que está faltando na política contemporânea diz respeito ao papel e ao alcance dos mercados. Queremos uma economia de mercado ou uma sociedade de mercado? Que papel os mercados devem desempenhar na vida pública e nas relações pessoais? [...] Onde não deve prevalecer a lei do dinheiro?

O autor, em sua obra "O que o dinheiro não compra" ainda demonstra como o mercado tem descartado a moral e assumido papel central em nossa sociedade.

Assim, não resta dúvida sobre a importância do mercado na sociedade e sua capacidade de influenciar nas decisões racionais da população. É hora de questionarmos, no entanto, se há algum limite moral para sua imposição e, ainda, tal como indaga SANDEL (2013, p.11) "se queremos viver assim".

4. CONCLUSÃO

A partir do exposto, utilizando-se como objeto de estudo o regime militar brasileiro, é possível verificar as influências do fator econômico sobre a sociedade e suas decisões políticas.

Ao contrário do que se costuma afirmar, de que o golpe fora imposto de cima para baixo, constatou-se, na verdade, que a ascensão dos militares só se tornou possível graças ao grande apoio popular.

Neste contexto, o cenário econômico vivido corroborou com a tese apontada. O principal pilar econômico da Ditadura era a própria economia e, no momento em que esta começou a ruir, já não havia mais justificativas ou pretextos para as políticas repressivas adotadas.

Não obstante, é curioso observar a fragilidade da própria democracia. Embora os valores democráticos se apresentem como absolutos, o apoio a esta se mostra intimamente ligado a realidade econômica do país.

No Brasil, por exemplo, com a recente crise, notou-se uma grande queda no apoio ao sistema democrático e, ainda, o fortalecimento da ideia de uma possível intervenção militar.

Destaca-se que o comportamento da sociedade tem se mostrado alinhado aos princípios utilitaristas e, que, em nome da economia (entendida por maximização da felicidade), tem se permitido a instalação das ideologias mais radicias e suas práticas absurdas.

Por fim, é possível não só concluir pela influência econômica nas decisões políticas, como também, constata-se, em como o mercado tem descartado a moral e assumido papel central em nossa sociedade.

Em perspectiva futura, se não rompermos com esta lógica de mercado utilitarista, entende-se como perfeitamente possível a ascensão de novos regimes ditatoriais, totalitários ou radicais (próximo até, quem sabe, uma Alemanha Nazista), que se apresentarão como única via possível em um cenário de grande crise.

REFERÊNCIAS

BARROS, Cesar Mangolin de. A ditadura militar no Brasil: processo, sentido e desdobramentos. 2011. Visto em: <10 jan. 2018>. Disponível em: <https://cesarmangolin.files.wordpress.com/2010/02/cesar-mangolin-de-barros-a-ditadura- militar-no-brasil-2011.pdf>.

DW. 2016. Democracy in Latin America is on the defensive. Visto em: <10 jan. 2018>. Disponível em: <http://www.dw.com/en/democracy-in-latin-america- is-on-the-defensive/a-19526469>

Folha de São Paulo. Tudo sobre a Ditadura Militar: A Economia. Visto em: <10 jan. 2018>. Disponível em: < http://arte.folha.uol.com.br/especiais/2014/03/23/o-golpe-e-a-ditadura-militar/a- economia.html>

FONSECA, Marcelo da. Pelo menos 6 milhões de judeus foram exterminados pelo nazismo. 2014. Visto em: <10 jan. 2018>. Disponível em: <https://www.em.com.br/app/noticia/nacional/2014/11/23/interna

_nacional,5926   61/pelo-menos-6-milhoes-de-judeus-foram-exterminados-pelo-nazismo.shtml>

LOPES, Denise Mercedes Nuñez Nascimento. Para pensar a Confiança e a Cultura Política na América Latina. 2004. Visto em: <10 jan. 2018>. Disponível em: <http://www.scielo.br/pdf/op/v10n1/20319.pdf>

MARCARINI, José Pedro. A política econômica da ditadura militar no limiar do "milagre" brasileiro: 1967/69. 2000. Visto em: <10 jan. 2018>. Disponível em: <http://www.eco.unicamp.br/docprod/downarq.php?id=1729&tp=a>

O Globo. Os números da economia no regime militar. Visto em: <10 jan. 2018>. Disponível em: <https://infograficos.oglobo.globo.com/economia/entenda-os-numeros-da- economia-no-regime-militar.html>.

PAIVA, DENISE. As Percepções sobre Democracia, Cidadania e Direitos. 2004. Visto em: <8 jan. 2018> Acesso em: <http://www.scielo.br/pdf/op/v10n2/22022.pdf>.

REIS, Daniel Aarão. Ditadura e democracia no Brasil: do golpe de 1964 à Constituição de 1988. Rio de Janeiro: Zahar, 2014.

_____. Ditadura Militar, Esquerdas e Sociedades. Rio de Janeiro: Zahar, 2000.

SANDEL, Michael. Justiça: O que é fazer a coisa certa. Rio de Janeiro: Civilização Brasileira, 2014.

_____. O que o dinheiro não compra: os limites morais do mercado. Rio de Janeiro: Civilização Brasileira, 2013.

Séries Econômicas, Demográficas e Sociais. Estatísticas históricas do Brasil. 2. ed. Rio de Janeiro: IBGE, 1990, p. 118 e 177. "25 anos de economia brasileira – estatísticas básicas". Rio de Janeiro, v. 26, nov. 72.

SORANO, Vitor. Apoio a golpe militar cresce no Brasil desde 2012. 2015. Visto em: <10 jan. 2018>. Disponível em: <http://ultimosegundo.ig.com.br/brasil/2015-03-28/apoio-a-golpe-militar-cresce- no-brasil-desde-2012-mostra-pesquisa.html>

VELOSO, FERNANDO. Determinantes do "milagre" econômico

brasileiro (1968-1973): uma análise empírica. 2008. Visto em: <10 jan. 2018>. Disponível em: <http://www.scielo.br/scielo.php?script =sci_arttext&pid=S0034-71402008000200006>.

4

ANÁLISE DAS NORMAS DE EXTINÇÃO DA PUBLICIDADE INFANTIL PELAS PRINCIPAIS TEORIAS DA JUSTIÇA E DA TEORIA SISTÊMICA: (DES)PROTEÇÃO DAS CRIANÇAS?

Monique LIbardi

SUMÁRIO: Introdução. 1Normas jurídicas sobre o tema da publicidade infantil no Brasil. 2 O tema analisado pelos conceitos da Teoria da Justiça. 3 As consequências empíricas após a publicação da Resolução CONANDA 163/2014 e da decisão do RESP 1558.086-SP do STJ e a teoria sistêmica. Considerações Finais. Referências.

RESUMO

O intuito do presente artigo é abordar a temática da publicidade infantil contextualizando as normas jurídicas que participaram da sua regulamentação, bem como por meio da Resolução do Conselho Nacional dos Direitos da Criança e do Adolescente - CONANDA 163/2014 e reflexos da matéria em decisão do Superior Tribunal de Justiça (RESP 1558.086-SP). A análise da questão sob a perspectiva das teorias da justiça de Aristóteles, Bentham, Kant e Rawls, bem como da teoria sistêmica de Luhmann, tem como proposta refletir se a finalidade da autorregulação da publicidade infantil atende aos seus ideais e proporciona a proteção às crianças/adolescentes e oportuniza liberdade de expressão, respeita a vedação à censura e confere aos pais/tutores exercer o seu direito parental. Quais as consequências dessa política de proibição da propaganda infantil?

Palavras-chaves: Publicidade Infantil. Teorias da Justiça. Teoria sistêmica.

INTRODUÇÃO

A interferência estatal por meio da Resolução 163/2014 do Conselho Nacional dos Direitos da Criança-CONANDA, bem como por meio da decisão do RESP 1558086-SP foi justa ao proibir a publicidade infantil direcionada a crianças e permitir a mesma direcionada a adultos?

A programação infantil na TV aberta, desde 2014, ano da publicação da resolução, foi reduzida drasticamente, devido ao fato da publicidade constituir o principal instrumento financiador e mantenedor da programação infantil nas emissoras de TV aberta. O intuito na autorregulação seria diminuir o consumo de produtos alimentícios não saudáveis, mas será que a população infantil está mais saudável após essas medidas?

Dados publicados na mídia[37] informam que após a publicação da resolução, em abril de 2014, o número de emissoras em TV aberta que oferecem programação infantil reduziu a apenas duas durante os dias de semana. Já aos finais de semana, ofertam algumas poucas horas. O resultado é devido ao fim das propagandas infantis nos horários matutinos, principais fomentadoras da desse tipo de entretenimento.

Outro aspecto que apresenta também uma relação com a ingerência estatal na regulação da publicidade infantil, surge com a decisão da Ação Civil Pública do Ministério Público de São Paulo(originada pela denúncia de Instituto Alana, membro do CONANDA) julgada pela 2ª Turma do Superior Tribunal de Justiça no RESP 1558.086-SP, tendo como relator o Ministro Humberto Martins, em março de 2016, que decidiu como abusiva, e, portanto, ilegal a publicidade dirigida às crianças durante o julgamento da campanha de uma marca de bolachas.

A empresa em questão foi condenada ao pagamento de R$ 300.000,00 (trezentos mil reais) de indenização pelos danos causados à sociedade pela campanha publicitária de 2007. Ocorre que observando o objetivo da

---

[37] Notícia publicada no jornal Folha de São Paulo em 21 de junho de 2015. Disponível em: <http://www1.folha.uol.com.br/ilustrada/2015/06/1645333-programacao-infantil-vive-queda-na-televisao-aberta.shtml>

propositura da ação: proibir campanhas publicitárias direcionada às crianças e que lhe atribuem maus hábitos alimentares, vendas casadas, etc., leva a questionarmos, essa decisão melhorou os hábitos alimentares das crianças? As crianças deixaram de desejar produtos de marcas famosas? O artigo 220, §2º, da Constituição Federal, que trata da liberdade expressão e veda a censura foi observado?

Importante fato que deve ser levado em conta é que o número de brasileiros que assiste a TV aberta no Brasil ainda supera em grandes proporções a TV por assinatura, que oferece aos seus assinantes programação infantil ilimitado, assim, a consequência direta da norma do CONANDA e do STJ é a imediata supressão de publicidades e indireta a quase extinção da programação infantil. A questão que se apresenta é que o CONANDA ao intentar proteger crianças e adolescentes contra "abusivas" publicidades pode ter gerado uma violação a outros direitos como do acesso à programação infantil aberta e gratuita, vedação da censura, liberdade de expressão das empresas publicitárias, bem como ao direito dos pais de exercer seu pátrio poder e decidir se concede ao filho ou não o direito a adquirir o produto publicitário.

Assim sendo, dividiremos o trabalho em três partes, na primeira apresentaremos uma revisão da literatura de normas jurídicas sobre o tema da publicidade infantil. Em segundo momento, trazendo a questão aos conceitos de justiça dos principais filósofos ocidentais e teoria sistêmica luhmanniana. Na terceira parte, analisaremos e refletiremos se tanto a Resolução 163/2014 do Conanda, quanto à polêmica decisão do Excelso Tribunal da Cidadania, alcançaram a redução da obesidade infantil, um dos seus objetivos com a extinção da comunicação mercadológica.

1 Normas jurídicas sobre o tema da publicidade infantil no Brasil
O Conselho Nacional dos Direitos da Criança e do Adolescente (CONANDA), órgão vinculado à Secretaria Especial de Direitos Humanos da Presidência da República e composto por entidades da sociedade civil e do governo federal[38].
Foi criado pela Lei 8.242 de 1991, que estabelece suas diretrizes gerais como a instituição de um fundo próprio, Conselhos Tutelares em todos os Municípios da Federação para o acompanhamento e direcionamento de políticas sociais voltadas a crianças e adolescentes, bem como capacita o CONANDA como um representante do Executivo para desenvolver

---

[38] Instituída essa vinculação à Secretaria Especial de Direitos Humanos da Presidência da República, nos termos do seu Regimento Interno, Resolução nº 121 de 20 de dezembro de 2006.

políticas sociais nacionais para crianças e adolescentes. A referida Lei ordinária é regulamentada pelo Decreto de nº 5.089 de 2004, que vem estruturar e instruir a composição e competência do CONANDA, vinculando à sua integração à Secretaria Especial de Direitos Humanos do Executivo Federal.

Insta informar que essa legislação tem como embasamento e é aliada às disposições do Estatuto da Criança e do Adolescente, Lei 8.906 de 1990, em seus artigos 86 e 87, disciplina a política de atendimento a crianças e adolescentes.

Outro fator que destacamos na composição do CONANDA é que é constituído por 14 (quatorze) membros de Ministérios do Executivo Federal e a mesma quantidade de representantes de Organizações civis, ou seja, não apresenta representatividade nenhuma do Legislativo que tem legitimidade conferida pelas eleições para representar interesses do povo.

O critério de escolha das Organizações civis não se apresenta claro, conforme consultamos o Decreto de nº 5.089 de 2004, mesmo se o fosse, essas instituições não representam os interesses da população, vez que são divididos em interesses dos mais diversos, bem como são frequentemente substituídas gerando instabilidade política.

Prova disso é que atua como membro atuante do CONANDA o Instituto Alana, Organização social sem fins lucrativos criada em 1994, participa da condução das políticas públicas deste Conselho desde 2013, sendo eleito novamente para o biênio 2017-2018[39]. Apresenta como fim social a defesa dos interesses da criança por meio de projetos de proteção a crianças em risco, no entanto, o que se vê em sua atuação é a sua interferência em políticas públicas para crianças, como o fim da propaganda infantil sob a alegação de defesa dos interesses alimentícios e da autoridade dos pais[40]. Dessa forma, presencia-se grande influência deste instituto na direção do CONANDA.

Por meio da Resolução de nº163, publicada no Diário Oficial da União em abril de 2014, o CONANDA impôs uma medida que proibiu toda e qualquer publicidade direcionada a crianças e adolescentes, vez que em análise do CONANDA são consideradas abusivas.

---

[39] Portaria nº 29 de 10 de janeiro de 2017 que nomeia os membros integrantes do CONANDA na gestão de 2017-2018. Disponível em: < http://alana.org.br/wp-content/uploads/2017/01/Portaria-de-Designac%CC%A7a%CC%83o.pdf> Acesso em 20 de janeiro de 2017.

[40] Destacamos essa matéria veiculada na Revista Veja em 24 de janeiro de 2013, onde representantes do Instituto Alana provocaram a Assembleia Legislativa Paulista, bem como o governador de São Paulo à época para alterar legislação publicitária, mas foram impedidos por se tratar de matéria de competência federal. Daí, podemos dizer que não foi por coincidência que a Resolução nº 163/2014 do CONANDA fora editada meses após esse esclarecimento. Disponível em: < http://veja.abril.com.br/blog/reinaldo/cuidado-leitores-uma-ong-pretende-estatizar-seus-filhos-porque-acha-que-voce-e-idiota-demais-para-educa-los/> Acesso em: 20 de janeiro de 2017.

Contextualizando a relevância e a grande responsabilidade que as legislações federais oferecem a esse órgão colegiado, como criador de política nacional para crianças e adolescentes, nos deparamos com uma matéria bastante polêmica que vem trazendo repercussão direta nas famílias brasileiras, a interferência estatal, por meio do CONANDA, na publicidade infantil, trazendo como consequência imediata a escassez da programação infantil nas redes de TV aberta brasileiras, é legítimo? É justo? Alinha-se a outros direitos como a livre manifestação de pensamento, de expressão e de criação garantida pelo Estado Democrático de Direito?

Nos termos da Resolução, a propaganda de produtos infantis pode continuar existindo, mas deverá ter a mensagem dirigida aos adultos, algo que se demonstra muito sensível, considerando que propagandas e programas de teor inapropriado para adultos são transmitidos em horários de acesso aos menores. O texto da norma em seu artigo 1º assim disciplina o que vem a ser abusividade:

Art. 1º Esta Resolução dispõe sobre a abusividade do direcionamento de publicidade e de comunicação mercadológica à criança e ao adolescente, em conformidade com a política nacional de atendimento da criança e do adolescente prevista nos arts. 86 e 87, incisos I, III, V, da Lei nº 8.069, de 13 de julho de 1990.

Segundo o artigo 2º dessa mesma Resolução é considerada abusiva qualquer comunicação e publicidade mercadológica dentro de creches e escolas de educação, incluindo cartazes, rádios, anúncios impressos, comerciais televisivos, banners e sites, promoções, embalagens, merchandising, ações em shows, apresentações e pontos de vendas[41].

Para o CONANDA, a publicidade infantil fere a Constituição, o Estatuto da Criança e do Adolescente (ECA — Lei 8.069/1990) e o Código de Defesa do Consumidor (CDC — Lei 8.078/1990). Para embasar seus argumentos contra-propaganda, utiliza-se do artigo 37 do CDC, que disciplina que será abusiva "a publicidade que se aproveite da deficiência de julgamento e de experiência da criança ou que seja capaz de induzir o consumidor a se comportar de forma prejudicial ou perigosa à saúde".

---

[41] Art. 2º da Resolução 163/2014: Considera-se abusiva, em razão da política nacional de atendimento da criança e do adolescente, a prática do direcionamento de publicidade e de comunicação mercadológica à criança, com a intenção de persuadi-la para o consumo de qualquer produto ou serviço e utilizando-se, dentre outros, dos seguintes aspectos: I - linguagem infantil, efeitos especiais e excesso de cores;II - trilhas sonoras de músicas infantis ou cantadas por vozes de criança;III - representação de criança; IV - pessoas ou celebridades com apelo ao público infantil; V - personagens ou apresentadores infantis;VI - desenho animado ou de animação;VII - bonecos ou similares. VIII - promoção com distribuição de prêmios ou de brindes colecionáveis ou com apelos ao público infantil; e IX - promoção com competições ou jogos com apelo ao público infantil.

Já na Constituição, o artigo 227 diz que "é dever da família, da sociedade e do Estado" assegurar à criança, ao adolescente e ao jovem, com absoluta prioridade, seus direitos e colocá-los a salvo de toda forma de negligência, discriminação, exploração, violência, crueldade e opressão. Por fim, o artigo 17 do ECA prevê o direito ao respeito, abrangendo, entre outros, a inviolabilidade da integridade física, psíquica e moral.

Por fim, visando interpretar as normas citadas, o que se percebe é que em nenhum momento se exemplifica um caso real que ocorra tal vil direcionamento. Lembrando que a propaganda oferece o produto, mas não obriga a ninguém comprar, é direito do consumidor adquirir ou não determinado produto, e o argumento de que a criança não tem discernimento é vencido, pois os pais ou responsáveis são os detentores do poder sobre essa classe etária e compete a eles decidir sobre a aquisição ou não de determinado produto.

Assim, a ingerência do CONANDA, como de qualquer outro organismo que produz a política pública no que se refere a propaganda infantil, é exemplo claro de censura ao direito da liberdade de expressão, bem como do direito de exercício do pátrio poder num exemplo de ingerência estatal que ofende os princípios e conceitos de justiça.

Não obstante a questão da Resolução do CONANDA, como uma ingerência em política pública importante, que mereceria uma consulta popular nos termos da Lei 9.709/1998 já que não tem representação legislativa (política social de crianças e adolescentes é um direito fundamental, assunto que exige representatividade popular, algo que o CONANDA não representa), outra situação que nos deparamos e merece ser discutida é o acórdão do Tribunal da Cidadania a respeito da publicidade infantil: RESP 1558.086-SP julgado em 10 (dez) de março de 2016.

O acórdão julgado pelo Superior Tribunal de Justiça (STJ) decidiu pela ilegalidade do direcionamento da publicidade para as crianças durante o julgamento da campanha "É Hora
de Shrek", de 2007, da empresa Pandurata, detentora da marca Bauducco. Os ministros mantiveram a decisão do Tribunal de Justiça do Estado de São Paulo que condenou a empresa a pagar a indenização de trezentos mil reais por direcionar publicidade a crianças e por promover venda casada de biscoitos com relógios.

A decisão é relevante porque pela primeira vez o tema da abusividade de publicidade voltada ao público infantil chegou a um tribunal superior e foi analisado com base no que está estabelecido na legislação brasileira, especialmente no Código de Defesa do Consumidor (Lei nº 8.078 de 1990), mais precisamente no artigo 37, §2º, ou seja, interpretação literal da lei.

Além disso, a decisão do Superior Tribunal de Justiça (STJ) é preocupante, pois serve para orientar a interpretação da Lei por outros juízes e tribunais em outros casos de publicidades abusivas que se dirigem às crianças.

Outro argumento que se destaca na decisão do STJ é que os ministros reconheceram a criança como prioridade absoluta, inclusive nas relações de consumo. As crianças são sujeitos de direitos e titulares de proteção especial em razão de sua peculiar fase de desenvolvimento cognitivo, emocional e psíquico. A decisão conclui, portanto, que "o mercado não pode se aproveitar da criança para vender, e que os pais devem ser os destinatários da publicidade, já que são detentores de capacidade jurídica, autoridade e bom senso para adquirir ou não determinado produto e/ou serviço dentro de suas casas".(grifos nossos)

Mas, ao mencionar o argumento de que a autoridade é dos próprios pais, por qual motivo proibir a publicidade? A mesma publicidade que deve ser autorregulada pelo próprio mercado e que financia o pluralismo e a liberdade de expressão da imprensa.

Dando continuidade à análise do acórdão, o Ministro Humberto Martins, relator do Resp, destacou, no voto, que "o consumidor não pode ser obrigado a adquirir um produto que não deseja". E foi acompanhado pelos demais colegas da 2ª Turma, em especial, citamos o voto do Ministro Herman Benjamin:

Temos publicidade abusiva duas vezes: por ser dirigida à criança e de produtos alimentícios. Não se trata de paternalismo sufocante nem moralismo demais, é o contrário: significa reconhecer que a autoridade para decidir sobre a dieta dos filhos é dos pais. E nenhuma empresa comercial e nem mesmo outras que não tenham interesse comercial direto, têm o direito constitucional ou legal assegurado de tolher a autoridade e bom senso dos pais. Este acórdão recoloca a autoridade nos pais. (grifos nossos)[42]

Ao se apresentar a decisão, alguns questionamentos são realizados, estaria essa decisão em dissonância com os princípios presentes e protegidos pela Carta Magna no artigo 220, §2°, da Constituição Federal [43] como a liberdade de expressão e a vedação à censura, bem como ao direito que têm os pais de educar seus filhos?

Outro aspecto interessante no polêmico acórdão foi a presença de um *amicus curiae* suspeito, o Instituto Alana, membro do CONANDA, e interessado no destino da decisão manifestou-se no sentido de afirmar que "a propaganda

---

[42]Acórdão do RESP 1.558.086-SP. Disponível em: <http://criancaeconsumo.org.br/wp-content/uploads/2007/07/Transcri%C3%A7%C3%A3o-do-Voto-do-Ministro-Herman-Benjamin-10.3.2016.pdf>.Acesso em 20 janeiro de 2017.

[43] Art. 220. A manifestação do pensamento, a criação, a expressão e a informação, sob qualquer forma, processo ou veículo não sofrerão qualquer restrição, observado o disposto nesta Constituição. (...) § 2° É vedada toda e qualquer censura de natureza política, ideológica e artística.

que se dirige a uma criança de cinco anos, que condiciona a venda do relógio à compra de biscoitos, seria abusiva.(...) "O Tribunal da Cidadania deve mandar um recado em alto e bom som, que as crianças serão, sim, protegidas." Mas, a final qual é a função social[44] deste instituto?

A seguir, apresentaremos a questão embasando em alguns conceitos da Teoria da Justiça dos principais filósofos ocidentais, buscando refletir se na interpretação e no processo de argumentação e ponderação entre os princípios envolvidos podemos alcançar resultados justos que possam atender a todos os atores envolvidos.

2 O tema analisado pelos conceitos da Teoria da Justiça.

O mestre Estagirita Aristóteles (384 - 322 a.C) ao conceituar "justiça" no Livro V de Ética a Nicomacos, define a "justiça, e somente ela entre todas as formas de excelência moral, é o bem dos outros, de fato, ela se relaciona com o próximo, pois faz o que é vantajoso para os outros, quer se trate de um governante, quer se trate de um companheiro de comunidade."(ARISTÓTELES, p. 93)

A primeira vista ao se analisar a interpretação realizada tanto pelo CONANDA, como no acórdão que decidiu o RESP 1558.680-SP, o que observamos é uma tentativa de visão utilitarista de justiça, em que se baseia a Constituição e as demais normas que regem a publicidade infantil(Estatuto da Criança e Adolescente, Código de Defesa do Consumidor, Resoluções, etc) em impor a algumas pessoas os valores de outras(publicidade infantil é ruim a qualquer custo).

Dessa forma, para o pai do utilitarismo, Jeremy Bentham(1748-1832), a norma não atenderia os seus critérios de justiça, pois defende que para ser justa a medida deverá atender ao maior número de pessoas com prazer em detrimento da dor. A maioria das crianças brasileiras depende de TV aberta para assistir sua programação, com o fim da publicidade que fomenta a transmissão da programação para essa faixa etária, a dor é maior que o prazer dessas crianças que foram destituídas da principal forma de entretenimento em seus lares.

Se Immanuel Kant (1724-1804) analisasse a questão, afirmaria que cada

---

[44] A organização possui um site onde apresenta seus projetos sociais e informa suas atuações. Ocorre que segundo informações no site do Instituto seu objetivo principal é atender crianças em risco social, não o de interferir em frentes que envolvam o interesse coletivo e políticas públicas que interfiram em direitos fundamentais. Disponível em: http://alana.org.br/ Acesso em 20 de janeiro de 2017.

indivíduo "deve buscar sua felicidade da maneira que achar conveniente, desde que não infrinja a liberdade dos outros de fazer o mesmo".(KANT, apud, SANDEL, 2014, p.171)

Outro ponto interessante na teoria do mestre austríaco, é o fato de afirmar que entende haver entre cidadãos e Estado um contrato social imaginário, em que vai dizer "o simples fato de um grupo de pessoas ter elaborado uma Constituição no passado não basta para que seja essa Constituição ser considerada justa. Esse ato imaginário de consenso coletivo é "o teste de legitimidade de todas as leis públicas." (KANT, *apud* SANDEL, 2014, p.172)

Ora, se aplica perfeitamente na análise da nossa Carta Constituição ou na legitimidade do CONANDA em tratar de políticas públicas para crianças e adolescentes, interpretando as normas do CDC e do ECA em nome do seu entendimento utilitarista de coletividade. Kant, portanto, lança a ideia da racionalidade desse contrato social, mas não elucida como seriam as diretrizes desse contrato ou os princípios de justiça que o embasariam.

John Rawls(1921-2002), filósofo político americano, se propôs a apresentar essa diretrizes da seguinte forma: que deixando de lado as convicções religiosas e morais, e se dispondo a não se ver na classe social que ocupa, nos perguntássemos quais os princípios em uma situação ideal de equidade, aí passaríamos a entender o que é justiça. A ideia de Rawls é bastante interessante no sentido de querer o melhor resultado justo para todos sem gerar desvantagem a ninguém, um resultado que seja ideal e justo para todos. (RAWLS, apud SANDEL, 2014, p.177-178)

Utilizando-nos do artifício do "véu da ignorância"[45] de John Rawls, ou seja, ao analisar a questão da publicidade infantil ignorando a moralidade construída por interesses de organismos sociais ilegítimos do CONANDA ao compreender a igualdade distributiva visando atender a todos os interesses envolvidos da melhor maneira, o que nos levaria a pensar nos *hard cases* de Ronald Dworkin e invocar a integridade do direito por meio do juiz Hércules[46], mas ainda, assim o resultado justo não se apresentaria.

---

[45] Terminologia criada por John Rawls ((1921-2002), filósofo político americano, para desenvolver sua teoria da justiça baseada na sua tese do princípio da diferença por meio de um argumento moral da igualdade por distribuição. Ver Teoria da Justiça (1971).

[46] Juiz Hércules foi um personagem criado pelo filósofo político americano Ronald Dworkin que possuiria capacidade e inteligência extraordinárias para julgar os *hard cases,* casos complexos, e deles auferir o melhor resultado possível se embasando no critério da integridade do direito, visto como um sistema em que princípios e regras convivem de forma a produzir o direito que melhor satisfaça em busca de um resultado justo de igualdade, que para ele, se projetaria nos recursos.

As questões de equidade e direitos, conforme visualizamos, para as Teorias modernas de justiça são tratadas de forma separada, enquanto para Aristóteles na sua visão do que é justo não se pode tratar de forma separada a honra, a virtude, o mérito e amoral, todos são elementos da natureza de uma vida boa. A busca da felicidade como fim do que é justo para o mestre grego necessita de prática e que todos os elementos que compõem a justiça em aspectos teleológico e honorífico caminham juntos.

Assim, a finalidade aristotélica de justiça do CONANDA, para se criar regras para uma verdadeira comunidade política, deve criar um modo de vida em comum com regras que moldem o caráter dos participantes. (ARISTÓTELES apud SANDEL, p.241)

O cerne que discutimos é trazer para a questão o resultado justo que atenda a todos os envolvidos sem ofender o direito de nenhum dos envolvidos. As teorias liberais de Kant e Rawls trazem os papeis sociais frutos de escolhas, em contrapartida, Aristóteles defende a justiça como adequação na sua ideia de cidadania para a comunidade política. Afinal que conceito de justiça prevalece?
No caso em tela, nos deparamos com conflito de alguns princípios: a proteção à criança e ao adolescente em uma política social de controle comunicação mercadológica; a liberdade econômica e de expressão de empresas publicitárias; o direito parental de responsáveis decidirem sobre os interesses de seus tutelados e a vedação à censura. Todos sem discussão são direitos fundamentais previsto na Carta Magna do nosso Estado Democrático de Direito.

Em primeiro lugar, devemos entender que a segurança jurídica deve prevalecer, não podemos na justificativa de se garantir direitos de proteção a crianças, violar outros tão importantes quanto, como a liberdade de expressão, vedação à censura e o pátrio poder parental. Ocorre que para garantir essa segurança na análise dos conflitos entre os citados princípios, importante se utilizar de uma metodologia que se baseie em critérios legitimados no ordenamento jurídico.

A teoria da decisão tradicional apresenta o critério do postulado da proporcionalidade ou da vedação do excesso, tendo como elementos: a adequação, a necessidade e a proporcionalidade em sentido estrito. Neste último, a ponderação entre os princípios estaria inserida.
Os métodos de ponderação internacionais mais conhecidos são o de Heinrich Hubmann, o de Alexander Peczenik e de Robert Alexy. Aplicado a um contexto de justiça, interessante aplicarmos a ponderação como método para um processo de resultados justos como ensina BRASIL Jr.(2007, p.111), no

caso de haver colisão entre duas ou mais normas jurídicas "o juiz irá necessariamente ponderar ente os valores ou princípios que regem cada norma, seja a processual ou a substancial. Logo, a ponderação é o método mais adequado para assegurar a efetividade de um processo de resultado justo, principalmente nas hipóteses de casos difíceis (*hard cases*)."

Brasil Jr. acrescenta ainda que não basta reconhecermos que as decisões são obtidas através de uma ponderação. É necessário estabelecermos um método para controlar (reconstruir e prever a probabilidade pelo senso comum) a ponderação, daí em busca de adequação da tutela jurisdicional ao resultado justo pretendido pelas partes, invoca o que denomina "princípio do resultado justo" "a ser considerado pelo interprete em todo e qualquer provimento judicial. O magistrado deve indagar se o resultado é justo e équo."(BRASIL Jr., p.148)

Seja qual for o método de escolha para a ponderação, importa que se respeite ao postulado de um processo de resultados justos, havendo uma correspondência da certeza previsível do direito com o conteúdo material dos princípios envolvidos. (BRASIL Jr., p.117-118)

Assim, o que percebemos no caso das normas do CONANDA que tratam da publicidade infantil é o desafio do Judiciário, no campo dos direitos sociais, vem sendo utilizado (RESP 1558.086-SP) como um instrumento para produzir eficácia a um programa de ação do Estado, no caso uma política pública. No entanto, o que se omitiu nessa condução é que direitos fundamentais foram claramente violados: vedação à censura, liberdade de expressão, acesso à programação infantil e o exercício do livre pátrio poder.

Ao defender a importância da democracia e de um Judiciário e dos demais poderes antenados ao seu tempo, CAMPILONGO em artigo publicado em 1991 ainda fala de forma bastante atual para a questão que vivenciamos nesse trabalho: "a multiplicação de subsistemas jurídicos diferenciados e que rejeitam a intervenção do direito estatal traz uma contradição expressa, pois a todo tempo recorrem ao Estado para regulamentar o que deveria ser regulamentado", como é o caso da publicidade infantil.

Assim, a universalização dos direitos sociais é trocada pelo favorecimento de setores sociais específicos. Se a ordem jurídica aspirar à supressão de vazios de eficácia, longe do caminho da regulação auto-referencial, poderá encontrar no resgate da norma jurídica importante critério objetivo de redistribuição de direitos e de justiça social. (CAMPILONGO, p.125)

3 As consequências empíricas após a publicação da Resolução CONANDA nº 163/2014 do e da decisão do RESP 1558.086-SP do STJ

e a teoria sistêmica

Ao analisarmos o inteiro teor da Resolução CONANDA n° 163/2014 da, bem como do RESP 1558.086-SP, contextualizados na ponderação de princípios em um ordenamento jurídico protegido pelo Estado Democrático de Direito, trazemos os questionamentos de que se estaria sendo igualitário e equitativo o resultado do impedimento da publicidade infantil? A consequência da quase extinção da programação infantil em TV aberta foi considerada? Como estão os índices de obesidade infantil após essas medidas?

Buscando alcançar dados empíricos e oficiais, o que efetivamente alterou-se após a edição das normas que visam proteger a criança, no que tange por exemplo aos índices de órgãos oficiais, como o IBGE – Instituto Brasileiro de Geografia e Estatística sobre a quantidade de brasileiros que tem acesso à TV aberta, os números são expressivos, o que nos faz pensar que é na TV aberta que a formação de opinião ocorre.

Acesso à TV no Brasil

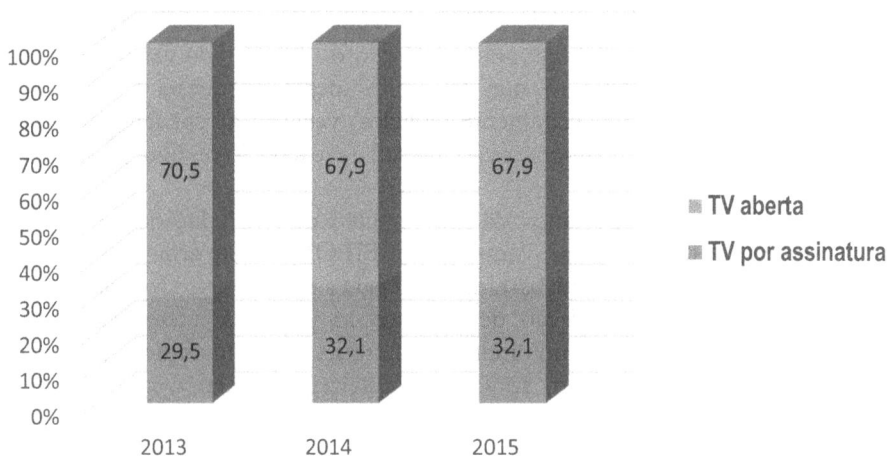

Domicílios pesquisados: 2013(63,2 mi); 2014 (65 mi); 2015(66mi) - Fonte: IBGE

Conforme podemos observar no gráfico é realmente uma perda do direito às crianças que somente possuem acesso à TV aberta de assistirem a programação infantil, o que representa um prejuízo ao desenvolvimento de seu imaginário. Ficam desde 2014, expostas a programação de adultos como entrevistas e utilidades domésticas, algo que não as interessa e as desmotiva a exercerem comportamentos de sua idade.

Outro fator bastante relevante para apresentar como forma de se discutir a eficácia da Resolução CONANDA nº163/2014, bem como da decisão do Tribunal da Cidadania é o fato indiscutível de que o número de crianças obesas a cada ano vem aumentando. A fonte dos dados é o Sistema de Vigilância Alimentar Nutricional – SISVAN vinculado ao Ministério da Saúde, conforme gráfico abaixo:

% de crianças acima do peso

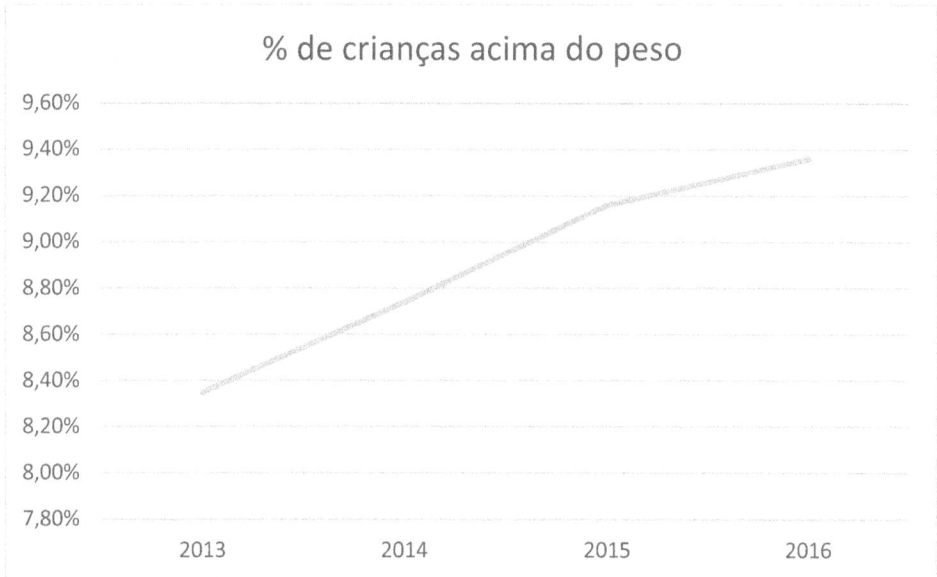

Dados por amostragem: 2013(3mi);2014(3,4mi);2015(3,4mi);2016(2,5mi) - Fonte: SISVAN

Dessa forma, invocamos para análise a teoria sistêmica do pensador alemão Luhmann, já que estamos diante de um problema - a comunicação mercadológica direcionada a crianças - que envolve elementos que pertencem a diversas ciências (direito, sociologia, biologia, economia, medicina, entre outras). Segundo Luhmann, existem quatro sistemas, três são autopoieticos, ou seja, reproduzem seus próprios elementos: vivos, psíquicos e sociais. Fatores que se apresentam fora do sistema são denominados de ambiente. E esse ambiente irrita(estimula) o sistema podendo alterá-lo ou não. Assim, podemos dizer que o sistema físico e vivo constituem ambiente de um sistema social qualquer. (KUNZLER, p.127)

Na publicidade infantil, estamos diante de um sistema social, composto de comunicação mercadológico, o ambiente (as consequências que são geradas pelas normas como a obesidade infantil e a restrição de programação infantil)

gera o ruído e irrita o sistema social (composto com as normas criadas pelo CONANDA e a decisão do STJ).

Ao aplicarmos a teoria dos sistemas de Luhmann associada aos conceitos de justiça visando se alcançar processos de resultados justos na problemática das ações de extinção da publicidade infantil, observa-se que a pretensão de criar microssistemas(CDC, ECA, Resoluções do CONANDA) em um sistema global só cria mais desordem e desorganização. O simples é complexo, portanto, ao se editar inúmeras normas que necessitam de um "selo" de eficácia do Poder Judiciário, o Poder Executivo por meio do CONANDA sentencia a sua crise, o seu ruído, o seu desespero e a sua dificuldade em cumprir a sua função constitucional alvejando o maior instrumento democrático da nossa nação: os princípios de liberdade consagrados em direitos fundamentais na Carta Constitucional brasileira.

CONSIDERAÇÕES FINAIS

Ao identificarmos o ruído ou crise do Estado (sistema do Poder Executivo) quando cria Resoluções (Resolução CONANDA163/2014) que necessitam de uma certificação de eficácia por meio do sistema Judiciário (RESP 1558.086-SP) configura-se o estado de caos que Edgar Morin descreve no seu jogo de ordem/desordem/organização. (PESSIS-PASTERNAK, p.87)

Assim, é nesse contexto de caos que extraímos a noção de que a simplicidade é complexa (Karl Popper). E é nessa transdisciplinariedade(elementos jurídicos, sociais, biológicos,etc) dos sistemas sociais que constituem a sociedade global, que devemos analisar a (des)organização do direito (sistema social) dinâmico e que não se limita à moldura kelseniana, nem às irritações dos ambientes (anseios da sociedade, política, economia, etc), é seu entendimento como um sistema complexo que apesar de toda desordem, deve atender ao seu fim que é o resultado justo.

Por fim, encerrando por ora o assunto, que não se esgota nos elementos aqui tratados, face a infinidade de argumentos passíveis ao debate da questão, o que se percebeu com a extinção da publicidade infantil fora uma ofensa a direitos fundamentais: censura ao mercado de publicidade, à liberdade de expressão, e ao direito dos pais de decidir sobre os interesses dos filhos. E, principalmente, que o objetivo de alcançar a redução da obesidade infantil com a censura mercadológica de propagandas infantis, teve o efeito inverso, temos crianças mais obesas e sem o direito de acesso ao seu entretenimento infantil.

REFERÊNCIAS

ARISTÓSTELES. **Ética a Nicômacos**. Tradução de Mário da Gama Kury. Editora UnB. Brasília, 3ª ed.

BRASIL. **Constituição da República Federativa do Brasil de 1988**. Brasília. Disponível em: <http://www.planalto.gov.br/ccivil_03/constituicao/constituicao.htm>Acesso em 20 janeiro de 2017.
_____. **Lei 8.069 de 13 de julho de 1990**. Brasília. Disponível em: < https://www.planalto.gov.br/ccivil_03/LEIS/L8069.htm>. Acesso em 20 janeiro de 2017.

_____. **Lei 8.078 de 11 de setembro de 1990**. Brasília. Disponível em: < https://www.planalto.gov.br/ccivil_03/LEIS/L8078.htm>. Acesso em 20 janeiro de 2017.

_____. **Lei 8.242 de 12 de outubro de 1991**. Brasília. Disponível em: < https://www.planalto.gov.br/ccivil_03/LEIS/L8242.htm>. Acesso em 20 janeiro de 2017.

_____. **Decreto 5.089 de 20 de maio de 2004**. Brasília. Disponível em: < https://www.planalto.gov.br/ccivil_03/_Ato2004-2006/2004/Decreto/D5089.htm>Acesso em 20 janeiro de 2017.
_____. **Resolução 121 de 20 de dezembro de 2006**. Regimento Interno do CONANDA. Brasília. Disponível em: < http://dh.sdh.gov.br/download/resolucoes-conanda/res-121.pdf>. Acesso em 20 janeiro de 2017.

_____. **Resolução 163 de 04 de abril de 2014**. Brasília. Disponível em: < https://www.legisweb.com.br/legislacao/?id=268725>Acesso em 20 janeiro de 2017.

BRASIL Jr, Samuel M. **Justiça, Direito e Processo**. A argumentação e o Direito Processual de Resultados Justos. Coleção Atlas de Processo Civil. São Paulo, 2007.

CAMPILONGO, Celso Fernandes; FARIA, José Eduardo Campos de Oliveira. **A sociologia jurídica no Brasil**. São Paulo: Sérgio Antonio Fabris Editor, 1991.

KUNZLER, Carolina de Morais. **A teoria dos sistemas de Niklas Luhmann**. Estudos de Sociologia, Araraquara, 16, 123-136, 2004.

PESSIS-PASTERNAK, Guitta. **Do caos à inteligência artificial**. Quando os cientistas se interrogam. Tradução de Luiz Paulo Rouanet. São Paulo: Editora Unesp,1993.
SANDEL, Michael J. **Justiça:** O que é Fazer a Coisa Certa. 13ª ed. Rio de Janeiro: Civilização Brasileira, 2014.

5

HACKERATIVISMO E TEORIAS DA JUSTIÇA: UMA INDAGAÇÃO A RESPEITO DA DESOBEDIÊNCIA CIVIL NO CIBERESPAÇO

Ronaldo Félix Moreira Júnior

Resumo: O trabalho em questão tem como objeto de estudo o fenômeno conhecido como *hackerativismo* que, muito embora seja considerado pelos seus autores uma forma de protesto contra violações a direitos, tem sido rotulado por órgãos de poder (como estados e grandes corporações) como ações criminosas e até mesmo terroristas. Conforme os grupos que realizam essas ações, trata-se de uma espécie de desobediência civil realizada

75

no âmbito virtual. Com efeito, o escopo do presente artigo é fazer uma análise do mencionado fenômeno sob o olhar da teoria da Justiça proposta por John Rawls no intuito de averiguar se a noção de "não obedecer às leis injustas", conforme trabalhada pelo autor mencionado, pode ser explicada com base nas ações dos movimentos hackers nos dias atuais.

1. Considerações iniciais

O presente trabalho lida com dois temas de amplo debate. O primeiro, mais recente, diz respeito às ações chamadas de "hackerativismo" ou "hacktivismo" – que se trata do uso de instrumentos tecnológicos como formas de manifestação de descontentamento com determinadas ações praticadas por órgãos de poder, como por exemplo, a criação de normas consideradas injustas. O segundo tema se trata da constante e tradicional discussão a respeito dos diferentes conceitos de justiça, apresentados por diversos autores no decorrer dos séculos. No que pese a existência das mais diversas Teorias da Justiça, o artigo limitar-se-á a utilizar as noções de justiça e deveres na obra "Uma Teoria da Justiça", de John Rawls, com o objetivo de compreender se o fenômeno estudado pode se aproximar do que se entende como desobediência civil inserido dentro do contexto da máxima "não obedecer às leis injustas".

O tópico do trabalho se mostra relevante e atual, já que o ciberespaço se tornou uma realidade apenas no início da década de 1990 e se transformou em algo totalmente diverso de sua concepção – tanto que hoje se discute a criação de novos direitos ligados a esse campo das tecnologias de informação como também o surgimento de novas perspectivas de direitos já existentes – como privacidade e intimidade. Como mencionado, com o advento de novos direitos houve também novas formas de violações que são praticadas não apenas por particulares, mas também pelos próprios estados e por grandes corporações. O objetivo do presente trabalho será, portanto, analisar a ação de determinados grupos que surgiram nesse ambiente virtual em resposta a essas violações para que se possa compreender o fenômeno conhecido como "hackerativismo" que se diz engajado em um processo de luta pela efetivação de direitos e de denúncia de suas violações.

Para que se consiga chegar ao resultado pretendido, o artigo será responsável por apresentar o ambiente virtual como um espaço para o qual todos os hábitos e costumes atuais tendem a ser direcionados e mostrar como isso tem favorecido o surgimento do que alguns autores nomeiam de "cibercultura".

Também será necessário, para que se possa responder à indagação principal do trabalho, analisar relevantes teorias da Justiça apresentadas no último século, bem como apontar os principais conceitos trazidos pelo autor em foco.

O surgimento do "movimento hacker" será então abordado – não somente como grupos rotulados como criminosos– mas também como movimentos que surgiram em resposta a certas condutas realizadas por órgãos de poder. Dessa forma, pela dialética composta por "criminalidade" e "ativismo" – a parte final do texto buscará responder à indagação apontada a respeito da (im)possibilidade de se tratar a atuação desse movimento como justas segundo as perspectivas apresentadas.

2. O Virtual e o Nascimento da Cibercultura

Antes que se possa entrar no objetivo principal do texto, é preciso apontar a importância do advento da internet e do ciberespaço na discussão, principalmente devido ao fato de que tais inovações alteraram até mesmo a forma como determinados direitos têm sido tratados nas últimas décadas.

A internet surgiu inicialmente como uma tentativa de unificar a linguagem informática, permitindo que aparatos e redes pudessem ser interligadas entre si, o que ocorreu inicialmente no ano de 1969, nos Estados Unidos, com um experimento militar chamado ARPANET (*Advance Research Projects Agency Network*). Essa experiência, surgida no limiar da guerra fria, permitia que diversos computadores de centros de pesquisa pudessem compartilhar os mesmos recursos sem grandes riscos de que as informações contidas nesses lugares pudessem ser perdidas devido a um possível ataque soviético. Houve então uma difusão de grande quantidade de informações sem que houvesse apenas um centro estratégico que pudesse ser atacado e destruído, levando a total perda daqueles dados (SYDOW, 2013, p. 31).

Anos depois, já na década de 1980, a rede existente foi fragmentada em duas redes diversas, a ARPANET e a Milnet (ou rede militar), voltada exclusivamente para a troca de informações bélicas e estratégicas. A primeira rede (ARPANET) acabou por ser integrada aos supercomputadores da NSF (*National Science Foundation*) em 1986, o que formou um *backbone* (ou espinha dorsal da rede) composta por computadores superpotentes, permitindo uma expansão muito maior do que a existente nas décadas anteriores. Essa grande rede funcionou como um canal de troca de informações escritas e programas simples, até que em 1989, o cientista inglês Tim Berners-Lee, da CERN (*Conseil Européen pour la Recherche Nucléaire*), na Suíça, desenvolveu um sistema de documentos interligados capaz de suportar textos, imagens e sons, além de se inter-relacionar por ligações (*links*) que permitiam o usuário a trafegar por ambientes diferentes em diferentes plataformas. Essa tecnologia, lançada em 1992, recebeu o nome de WWW – *World Wide Web*.

Contudo, o que mais caracteriza o que se chama de era da informação é o nascimento do ciberespaço que, ainda que não tenha uma característica física, é o local para onde a vida cotidiana do cidadão nos últimos anos foi direcionada, o que também foi possível graças à difusão da rede mundial de computadores. André Lemos (2004) bem salienta que os computadores pessoais comuns durante a década de 1980 (chamados até o dia de hoje de *personal computers*) se tornaram com o advento da *World Wide Web*, verdadeiros *collective computers*. Pode-se dizer assim que o ciberespaço não é apenas uma infraestrutura pertencente ao ambiente virtual, mas ele também é composto por todas as informações que existem na rede e também pelas pessoas que a ela estão conectadas.

Esse complexo de técnicas, práticas, atitudes e pensamentos que foi desenvolvido conforme o ciberespaço foi amadurecendo acabou por se tornar uma espécie de cultura não vinculada a qualquer país, região ou grupo étnico ou social, mas ligada, em verdade, a todos os indivíduos que compartilham dessas características dentro desse espaço imaterial. Esse conjunto de qualidades é chamado de cibercultura (CARDOSO; RAMOS, 2014, p. 152).

Um dos programas da cibercultura (e um de seus princípios) é apontado por Pierre Lévy como a inteligência coletiva (1999, p. 130). Segundo o autor, um grupo humano seria capaz de se interessar em se constituir como uma verdadeira comunidade virtual para se aproximar de um ideal do coletivo inteligente, mais imaginativo, rápido, capaz de aprender e inventar.

Importante abrir um espaço para Manuel Castells (2005, p. 20), que trata da chamada "sociedade em rede" – que ele entende por ser uma estrutura social baseada em redes operadas por tecnologias de comunicação e informação que são fundamentadas na microeletrônica e em redes digitais de computadores responsáveis por gerar, processar e distribuir informação a partir do conhecimento acumulado dentro desse sistema. Com uma visão mais otimista que muitos autores, entende que há uma alteração nas novas formas de sociabilidade, mas que ela não está ligada necessariamente ao desaparecimento da interação frente a frente das pessoas ou mesmo ao isolamento delas diante dos computadores.

Uma das características centrais dessa sociedade de rede é a transformação da área da comunicação, que constitui o espaço público em que as mentes dos indivíduos recebem informação e formam seus pontos de vista por meio do processamento de sinais da sociedade no seu conjunto (CASTELS, 2005, p. 22). De qualquer maneira, a ascensão da era da informação (e da cibercultura) não alterou drasticamente apenas as relações existentes entre os diversos indivíduos e grupos existentes, mas também os aproximou. Entretanto, essa mesma era da informação também exerceu um importante papel na forma de reger do Estado e na forma com que ele se relaciona com a sociedade ao seu redor. Não apenas como um ambiente de inclusão, o ciberespaço também pode ser analisado como um ambiente de exclusão.

O processo de vigilância já antes praticado por órgãos de poder teve uma nova e importante característica. O panóptico estudado por Foucault rompeu com antigos paradigmas. Hoje não é mais necessário que um inspetor possua uma presença física. A rede mundial de computadores, um lar de novos direitos também se tornou palco para a violação de direitos.

3. Hackerativismo, Rotulação e Desobediência Civil Eletrônica

3.1. O Ciberespaço como Palco de Conflito d Normas "Injustas"

O ciberespaço pode ser visto como um ambiente em constante conflito com os órgãos de poder que até os dias atuais ainda realiza diversas tentativas de regulamentar a rede da mesma forma como tem ocorrido fora da seara virtual, o que pode ser exemplificado por instrumentos legislativos criados com base em interesses de corporações ligadas a direitos autorais – alguns dos mais evidentes foram o: SOPA (*Stop Online Piracy Act*) e PIPA (*Protect Intellectual Property act*), capazes de dar a *Hollywood* o poder de restrição a acesso de empresas online, bem como a capacidade de censurar determinados aspectos da internet (ASSANGE, 2013, p. 85).

Importante mencionar que no dia 23 de abril do ano de 2014 ocorreu em São Paulo o NETmundial, um encontro global a respeito do futuro da governança da Internet. Foi durante a abertura do mencionado evento que o texto do Marco Civil – legislação a respeito da regulamentação da rede mundial de computadores no país – foi sancionado pela então Presidente da República, Dilma Rousseff. O documento oficial redigido no evento, entre diversos outros pontos, propôs a necessidade da desvinculação do IANA[47] com o governo dos Estados Unidos.

Não obstante, no que diz respeito à vigilância em massa, o governo norte-americano mostrou-se como o adversário principal às suas críticas, principalmente após os escândalos de espionagem ocorridos nos últimos anos. Informações derivadas de tais espionagens vieram ao público graças à atuação do grupo conhecido como *WikiLeaks*[48], repreendido posteriormente

---

[47] IANA (*Internet Assigned Numbers Authority*) é a organização mundial responsável pela atribuição dos números das portas e Protocolos de Internet. Disponível em: <http://iana.org/>. Acesso em: 27 de jul. de 2014.

[48] *WikiLeaks* é uma organização transnacional sem fins lucrativos, sediada na Suécia, que publica, em sua página, postagens de fontes anônimas, documentos, fotos e informações confidenciais, vazadas de governos ou empresas, sobre assuntos sensíveis. Em 2 de fevereiro de 2011, o WikiLeaks foi indicado ao Prêmio Nobel da Paz pelo parlamentar norueguês Snorre Valen. O autor da proposta disse que o WikiLeaks é "uma das contribuições mais importantes para a liberdade de expressão e transparência" no século XXI. "Ao divulgar informações sobre

por estados nacionais e até mesmo grandes organizações por ter liberado a qualquer um com acesso à Internet documentos considerados confidenciais pelo governo dos Estados Unidos da América que demonstravam, entre outros pontos, uma série de violação de direitos praticados pelo país em questão. Assange (2013, p. 37) ainda menciona que, em 2010, o *WikiLeaks* se envolveu em uma notória divulgação que revelou o abuso sistemático do sigilo oficial por parte do governo e das Forças Armadas americanas. Essas publicações ficaram conhecidas como *"Collateral Murder"*, *"War Logs"* e *"Cablegate"*.

Em 2011, o próprio governo brasileiro sofreu uma série de ataques em páginas como a da Presidência da República; Receita Federal; e IBGE. Entre os grupos que se consideraram responsáveis pela invasão estão o *Anonymous* e o *LulzSecBrazil* (UOL TECNOLOGIA, 2011), grupos formados por *hackers*[49] dos mais diversos lugares do globo e que possuem entre seus objetivos a defesa dos cidadãos contra governos opressores e políticas de *copyright*[50]. Além dos mencionados exemplos, no Brasil e no restante do globo cada vez mais é comum vislumbrar ações de "hackerativismo" sendo realizadas em resposta ao surgimento de diversas legislações e outros instrumentos normativos considerados por uma grande parcela da sociedade como "ferramentas injustas".

Essas ações acabaram por ser consideradas em diversos países como atos criminosos ou até mesmo como terrorismo, o que foi declarado por senadores americanos em relação a Julian Assange, membro do conselho consultivo do *WikiLeaks* (ASSANGE, 2013, p. 38):

> "[...] caracterizaram o *WikiLeaks* como uma 'organização terrorista' e classificaram Assange como um 'terrorista *high-tech*' e um 'combatente inimigo' envolvido na 'ciberguerra'."

Certamente, o ciberterrorismo vai muito além disso, mas a rotulação desses atos certamente explica o ponto de vista dos órgãos de poder em relação à rede mundial de computadores, conforme explicado por Andy Müller-Maghun, membro da associação *Chaos Computer Club* – sediada na

---

corrupção, violações dos direitos humanos e crimes de guerra, o WikiLeaks é um candidato natural ao Prêmio Nobel da Paz". Disponível em <http://www.cbc.ca/news/world/wikileaks-nominated-for-nobel-peace-prize-1.1029738>. Acesso em 15 de jul. de 2014.

[49] Segundo o dicionário Michaelis: "Pessoa viciada em computadores, com conhecimentos de informática, que utiliza esse conhecimento para o benefício de pessoas que usam o sistema, ou contra elas". No decorrer da dissertação, o termo será melhor trabalhado, de uma forma a analisar o termo sem que se recorra a terminologias trazidas pelo senso comum ou indivíduos não especializados. Disponível em: <http://www.tiespecialistas.com.br/2010/11/hacker-o-que-e/>. Acesso em 16 de jul. de 2014.

[50] Trata-se do direito de proteção da obra baseado no Common Law. Disponível em: <http://www.copyright.gov/>. Acesso em 27 de jul. de 2014.

Alemanha[51] (ASSANGE, 2013, p. 44), pois essas entidades têm a visão da internet como uma doença que afeta sua capacidade de definição da realidade, o que é utilizado para definir posteriormente o que as pessoas sabem sobre o que está acontecendo e a capacidade delas de interagir com essa realidade.

No Brasil, o projeto de Lei 2016/15, aprovado pela Câmara dos Deputados, tipifica como terrorismo atos como usar, ameaçar, transportar e guardar: explosivos, gases tóxicos, conteúdos químicos e nucleares, além de condutas como: incendiar, depredar meios de transporte públicos ou privados ou qualquer bem público, bem como sabotar sistemas de informática, o funcionamento de meios de comunicação ou de transporte, portos, aeroportos, estações ferroviárias ou rodoviárias, hospitais e locais onde funcionam serviços públicos. Muito embora haja grande preocupação em relação à criminalização de movimentos sociais (CARTA CAPITAL, 2015), é certo que há também a preocupação de que manifestações de grupos realizadas na internet, principalmente com a prática de ataques de DDoS contra sites de órgãos de governo e partidos políticos, também se enquadrem em condutas consideradas não apenas criminosas, mas terroristas.

Conforme já demonstrado no decorrer do trabalho, por mais que a internet seja apresentada muitas vezes como um cenário para fruição de diversos direitos e liberdades, foi possível apresentar uma face que aponta exatamente para um sentido oposto, um sentido em que desvela a criação cada vez maior de políticas voltadas ao seu controle e à violação dos direitos daqueles que dela fazem uso. Muitas vezes isso ocorre de forma velada e mascarada na ideia sempre presente da insegurança: órgãos criam o discurso da segurança para que possam vender a segurança por meio de políticas criminais que, tal como salientado, tem como objetivo a autoafirmação do poder punitivo.

Contudo, a regulamentação da rede mundial de computadores por órgãos de poder (o que inclui o uso de legislações e outros atos normativos) é algo que tem sido debatido desde a formação do ciberespaço e continua criando forma ainda nos dias de hoje, como pode ser claramente visto no debate em relação a instrumentos como o Marco Civil da Internet, que conta com apoiadores e opositores pelos mais diferentes motivos.

Ainda assim, o ideal de liberdade apresentado pela internet não se trata totalmente de alguma forma de engodo, pois há também um papel claro para manifestações de várias espécies, especialmente de cunho político, que são apresentadas por diferentes grupos a todo momento. Certamente algumas dessas manifestações contrariam atos e interesses de governos e pessoas jurídicas privadas de grande influência de determinadas formas, o que

---

[51] O CCC (ou *Chaos Computer Club*), é um grupo associativo aberto, sediado na Alemanha, de *hackers* e especialistas em computação criado no intuito de relatar e compartilhar as atividades envolvendo assuntos como a liberdade de expressão e acesso à informação. Foi criado ainda em 1981. Disponível em: <https://www.ccc.de/en/>. Acesso em: 07 set. 2015.

faz com que esses discursos de insegurança se mantenham sempre presentes e aliados a instrumentos de criminalização.

3.2.   Desobediência Civil no Ciberespaço

Em 2016, após o presidente da Agência Nacional de Telecomunicações (ANATEL) ter se manifestado a favor de uma norma que permitisse a adoção de franquias de dados para os planos de banda larga fixa, foi possível perceber que o próprio site da agência sofreu "ataques" de negação de serviço (G1 TECNOLOGIA, 2016). O grupo hacker "Anonymous" havia publicado um vídeo em que demonstrava passo-a-passo como realizar essas ações de negação de serviço distribuída (DDoS), uma forma de direcionar grande volume de acessos para um determinado possível para que ele fique congestionado de modo que não possa ser acessado. A ideia do grupo era manifestar total descontentamento com uma possível norma que estabelecesse a adoção da medida citada.

Muitos são os grupos que podem ser considerados "hackerativistas", como um grupo de indivíduos que se utilizam de conhecimentos específicos de computação para a realização de atos de protesto (o que é diferente do que é chamado de "ciberativismo", que apesar de se utilizar do ciberespaço, não parte de ações diretas contra páginas e sistemas governamentais por meio de ações como o DDoS).

Um dos primeiros grupos a se utilizar de ações de DDoS para fins políticos foi o EDT (*Electronic Disturbance Theater*) no início da década de 1990 para apoiar a causa Zapatista no México. Criado por Brett Stalbaum e Ricardo Dominguez, o grupo fez uso de uma ferramenta para facilitar as ações DDoS, chamada *FloodNet*. O EDT se referiu às suas ações como "*sit-ins* virtuais[52]" e o *FloodNet* nunca chegou a causar grandes perdas às páginas atacadas, pois o objetivo principal era chamar a atenção da mídia para suas manifestações. Em outubro de 1998, o *New York Times* rotulou o grupo de "*Hacktivists*" e considerou o uso do *FloodNet* a algo equivalente a um "*graffiti* virtual". Outros grupos, como o *Christian Science Monitor*, rotularam o grupo de "ciberterroristas" acusados de iniciarem o que se tornaria uma "ciberguerra" (SAUTER, 2014, p. 61).

Obviamente o termo "ciberterrorista" carrega um aspecto pejorativo ao grupo, mas da mesma forma o termo "*hacker*" também carrega esse valor, pois, segundo Sauter (2014, p. 62), é um termo que também tem a capacidade de tirar o caráter político do ato e enquadrá-lo em ações consideradas

---

[52] Um sit-in é uma forma de protesto direto que envolve diversas pessoas ocupando uma área para promover mudanças políticas, econômicas ou sociais.

criminais e transgressivas.

Vale lembrar que, consoante a pesquisadora de mídias sociais do MIT (*Massachusetts Institute of Technology*) Molly Sauter (2014, p. 59), muito embora as ações de DDoS permitem que seus atuantes interajam diretamente com sistemas de opressão, a desabilitação das páginas "atacadas" não é, em si, o objetivo primário dos hackerativistas. Essas ações são normalmente utilizadas para que a atenção da mídia seja dirigida às questões relacionadas aos objetos de preocupação desses ativistas, normalmente as violações que são realizadas na rede.

Para o Professor de Antropologia Jeffrey S. Juris (2007, p. 2), *"sit-ins"* virtuais, como os mencionados, fazem parte de uma onda emergente de resistência contra atuação não apenas de normas estatais, mas também condutas de entes privados (globalização corporativa), na forma de uma desobediência civil eletrônica (ECD – *Electronic Civil Disobedience*), incluída dentro do fenômeno do *"hacktivismo"* ou *"hackerativismo"*.

Segundo o autor (2007, p. 4), o fenômeno é visto como o uso de tecnologias da computação para fins políticos, o que também pode identificar uma certa "ética *hacker*" que deixou de ser uma ideia apenas no domínio tecnológico e passou a ser uma filosofia geral. Trata-se de um aspecto da cibercultura que hoje faz parte da maioria das pessoas que fazem uso de sistemas de informática, buscando informações mais livres e descentralizadas.

Assim, a desobediência civil eletrônica tem como objetivo não apenas o desenvolvimento de novas formas de ações diretas no ciberespaço, pois não envolve apenas o uso pragmático da tecnologia, mas também uma adaptação criativa dela para expressar fins políticos (JURIS, 2007, p. 6). Tem-se como objetivo também gerar novas formas de organização e normas políticas.

4. Teorias da Justiça – Leis Justas e Injustas

4.1. Justiça e Coletividade

Características como "justo" ou "injusto" são debatidas e atribuídas a diferentes ações, em diferentes épocas e diferentes sociedades. O debate em relação ao que é justiça certamente não é recente, mas não deixa de ser atual. Para que se possa discutir desobediência civil, o trabalho deve necessariamente abordar diferentes conceitos de justiça dados por diferentes autores, muito embora não se trata do debate principal.

Segundo a máxima kantiana, o imperativo categórico é algo que determina que o sujeito enquanto moral, para que possa ser justo, deve agir de um modo que suas ações possam ser vistas como uma espécie de lei geral – que possam ser vistas como obrigatórias para todos. Entretanto, Kelsen indaga quais são as normas que devem ser vistas como "genericamente obrigatórias"? Para o autor, é uma questão decisiva para que se compreenda o que é justiça, o que torna a noção kantiana insuficiente para uma resposta satisfatória (KELSEN, 2001, p. 12).

Ainda na perspectiva de Kelsen, a justiça pode ser vista como o eterno anseio do indivíduo por felicidade, mas que, incapaz de ser vista de forma isolada, deve se encontrar dentro de uma sociedade, podendo ser considerada a felicidade garantida por uma ordem social, voltada a defender interesses da maioria daqueles subordinados a ela (KELSEN, 2001, p. 4).

A coletividade é sem dúvida um dos alicerces para a definição de justiça em diversos pensamentos. Para Jürgen Habermas, o direito legítimo dependerá do constante exercício do poder comunicativo que se encontre na base do poder administrativo de um Estado. Trata-se da substituição da razão prática pela comunicativa (HABERMAS, 1997, p. 19).

Pode-se, assim, dizer, que, para o autor, deve haver uma substituição da chamada razão prática, baseada em um ser que chega à norma pela sua própria consciência, por uma razão comunicativa, baseada em uma pluralidade de indivíduos capazes de se orientar por meio de procedimentos discursivos para que se chegue a uma determinada norma.
De qualquer forma, o artigo não pretende esgotar as diversas concepções de justiça apresentadas pelos principais autores da área, concentrando-se em estudar uma possibilidade de se estabelecer uma ligação entre o fenômeno objeto do artigo e as noções presentes em "Uma teoria da justiça", de John Rawls.

Segundo Rawls, a sociedade é um tipo de associação autossuficiente de certa maneira entre pessoas que reconhecem a existência de certas regras de condutas que devem ser cumpridas e obedecidas em um sistema de cooperação social com o escopo do bem comum. Há um conjunto de princípios que deve ser escolhido entre as várias formas de ordenação social existentes que vão determinar a divisão de vantagens e selar um acordo sobre as partes distributivas adequadas. Trata-se dos princípios da justiça social, que fornecem um modo de atribuir direitos e deveres nas instituições básicas da sociedade e definir, assim, a distribuição apropriada de benefícios e encargos de uma cooperação social (RAWLS, 2000, p. 5).

Para tanto, há duas importantes premissas: 1) Cada indivíduo deve ter um direito igual ao mais abrangente sistema de liberdades básicas iguais que seja compatível com um similar sistema de liberdade para outros; 2) Deve haver uma ordenação das desigualdades sociais e econômicas de uma forma que possam ser consideradas tanto como vantajosas para todos entro de um razoável limite e também vinculadas a posições e cargos que sejam a todos acessíveis (RAWLS, 2000, p. 64).

Com efeito, pode-se dizer que o principal objetivo da justiça na perspectiva de Rawls é uma preocupação com a estrutura básica da sociedade e a maneira pela qual as instituições sociais distribuem os direitos e deveres fundamentais, determinando a divisão das vantagens provenientes de uma cooperação social (RAWLS, 200, p. 66).

Ainda assim é necessário que se tenha uma escolha de quais princípios os indivíduos precisam concordar, sendo necessário, portanto, chegar a um consenso que os determine. Nesse ponto o autor define o que é chamado de "véu da ignorância" – responsável por estabelecer a base da escolha entre os princípios sem que os responsáveis saibam das vantagens e desvantagens em que se encontram, estando em posição de igualdade[53].

Dessa forma, as instituições serão justas quando não realizarem distinções arbitrárias entre pessoas que estão na atribuição de direitos e deveres básicos e quando as regras determinarem alguma espécie de equilíbrio adequado entre as reivindicações concorrentes das vantagens da vida social (RAWLS, 2002, p. 6).

Tais princípios devem ser capazes de regular todos os acordos subsequentes, especificando os tipos de cooperação social que podem assumir e as formas de governos que devem se estabelecer (RAWLS, 2002, p. 12). Pode-se entender assim que, não havendo esse discernimento em relação aos indivíduos responsáveis pela criação, tem-se, no lugar, uma instituição responsável pela criação de leis e medidas políticas injustas.

4.2. Desobediência Civil e Teoria da Justiça

Com base no que foi apontado no tópico anterior, tem-se a noção de que a justiça possui como seu principal objeto a promoção e apoio à criação de instituições justas, no intuito de distribuírem direitos e deveres fundamentais. Trata-se da estrutura básica da sociedade.

Em relação aos deveres e obrigações também mencionados, é destacado (FRIZON, 2009, p. 23) que o dever natural de maior relevância é o dever de apoio e promoção de instituições justas. De qualquer forma, ainda que uma sociedade possa ser considerada democrática e bem ordenada, ela não está isenta de distorções e injustiças que possam ser elaboradas por suas leis e políticas.

O princípio da equidade irá se apresentar quando as obrigações forem contraídas voluntariamente, desde que façam parte de uma instituição justa, ou ao menos justa na medida do que for razoável em determinados casos concretos (RAWLS, 2002, p. 380). Nesse caso, instituições ou leis injustas, ainda que aceitas pelas partes, não possuem o condão de gerar

---

[53] Em relação ao véu da ignorância, para Rawls (2002, p. 147), ninguém sabe, inicialmente, o seu lugar na sociedade e sua posição de classe ou mesmo status social. Não há também qualquer conhecimento em relação a dotes e habilidades naturais, não há tampouco conhecimento de uma concepção de bem, particularidades do plano de vida racional ou mesmo traços característicos da psicologia.

obrigações, pois não se trata de uma obrigação racionalmente correta observada a partir da posição original.

O surgimento de injustiças surgirá, portanto, quando as ordenações se afastarem dos princípios aceitos e escolhidos publicamente ou quando se conformarem com uma concepção de justiça diversa do que é aceito pela sociedade. Tais formas de injustiças justificam, conforme Frizon (2009, p. 32), o entendimento da existência de uma desobediência civil em Rawls, sendo que uma das condições para que seja possível recorrer a esse fenômeno é justamente o afastamento das leis e políticas dos princípios estabelecidos em uma sociedade.

Segundo o próprio Rawls (2002, p. 403), a questão da desobediência civil se trata de um problema com deveres conflitantes. Há o dever de obedecer às leis estabelecidas por um poder legislativo ou medidas de um poder executivo de uma determinada sociedade, mas até que ponto esse dever deve prevalecer? A desobediência civil é um teste para qualquer teoria de base moral em uma democracia, sendo um ato de caráter público, não violento, consciente e, certamente, político, contrário às medidas no intuito de alterar uma lei ou políticas de governo.

Frizon recorda (2009, p. 46) que o ato político da desobediência civil deve ser público, não somente no sentido dos princípios públicos, mas também uma ação que se faz presente em público – aberto e divulgado – atingindo os cidadãos por meio dos meios de comunicação possíveis.

Pode-se enumerar, assim, certas justificativas para a desobediência civil: 1) a primeira vinculada às injustiças quando ocorrem infrações ao princípio da justiça; 2) a segunda ligada ao esgotamento dos meios legais para a correção de uma situação de injustiça, ou quando eles tenham se mostrado inúteis (FRIZON, 2009, p. 51).

Resta saber, como objetivo central do artigo, se os mencionados movimentos podem ser inseridos dentro dessa perspectiva, de modo que os atos possam ou não ser considerados atos de desobediência civil, ainda que, em determinados casos, tenham sido considerados até mesmo tipos penais.

5. Conclusão

A formação de instituições dotadas de estabelecer legislações e políticas justas pode ser vista como um dos principais escopos em "Uma teoria da justiça", de Rawls. Certamente, ainda que o ciberespaço e a rede mundial de computadores já existissem quando a obra mencionada e outras foram escritas, os movimentos ativistas realizados pela comunidade "hacker" se tornaram mais comuns há poucos anos e pouco tem se teorizado a respeito da relação entre esse fenômeno e a seara teórica jurídica.

Conforme já exposto, ocorre a desobediência civil em momentos nos quais os responsáveis pela criação de leis e políticas se afastam dos princípios aceitos pela sociedade e estabelecidos em uma determinada posição original. Ainda assim, ela deve ser realizada por meio de um ato público – aberto e divulgado – capaz de alcançar os cidadãos pelos meios de comunicação existentes. Estuda-se, portanto, a existência de tais características nos movimentos mencionados.

Jérémie Zimmermann, engenheiro da computação e um dos fundadores da *"La Quadrature du Net"*[54], acrescenta que é interessante ver o poder dos *"hackers"* no sentido original do termo, não no sentido de criminosos como são rotulados atualmente. Um *hacker* é nada mais que um verdadeiro entusiasta da tecnologia, um indivíduo que se interessa no funcionamento das coisas no intuito de fazer do mundo um lugar melhor. Para ele, os *hackers* criaram a internet por várias razões, inclusive porque era algo divertido (ASSANGE, 2013, p. 85).

O que se entende por hackerativismo de fato pode ser considerado como um ato de resistência na forma de desobediência civil quando atua contrariamente a políticas e legislações vistas pela própria população como injustas. Por exemplo, o ato de determinados grupos contra a elaboração por um órgão de poder de uma norma que limite o acesso à internet (por meio das franquias, como já ocorrido) reflete o descontentamento de uma grande parte da sociedade que pode enxergar a medida como uma forma institucional de beneficiar determinado setor privado. O bloqueio ao acesso às páginas dessa entidade governamental pode muito bem se enquadrar dentro do contexto de uma desobediência civil eletrônica, mas é importante frisar que nem toda ação por parte desses grupos necessariamente se adequa nessa perspectiva. Têm-se como exemplo as seguintes situações: 1) nem toda ação desses movimentos têm como alvo algum órgão vinculado ao Estado – gerador de normas ou políticas. Entidades privadas muitas vezes podem ser alvos de ataques de negação de serviço; 2) é possível que o interesse de toda uma comunidade se confunda com o interesse de grupos, como o próprio grupo realizador da ação hacker. Nesse caso não há que se falar em uma violação a princípios estabelecidos em uma posição original, ainda que a norma em questão seja considerada por esse grupo como injusta.

Hackerativismo pode se referir, portanto, a qualquer uso da tecnologia computacional para fins políticos, o que pode incluir diversas práticas online que em determinadas situações podem se adequar ao entendimento de Rawls no que diz respeito ao ato de resistência contra leis injustas. Ainda assim, as condições enumeradas em sua obra não chegam a exaurir todos os argumentos a favor desse processo, ainda mais quando se trata de eventos ocorridos no ciberespaço que, devido ao seu apogeu, têm

---

[54] Grupo que visa ao alerta em relação a projetos governamentais que ameaçam liberdades civis na internet. Disponível em: <http://www.laquadrature.net/>. Acesso em: 27 ago. 2015.

mudado diversas formas de análise de institutos jurídicos e sociais.

6. Referências

ASSANGE, J. (2013). *Cypherpunks*: liberdade e o futuro da internet. Trad. Cristina Yamagami. São Paulo: Boitempo, 2013.

CARDOSO, Monique Fonseca; RAMOS, Anatália Saraiva Martins (2014). Vigilância Eletrônica e Cibercultura: reflexões sobre a visibilidade na Era da Informação. *Revista espaço acadêmico*. Disponível em: <http://www.periodicos.uem.br/ojs/index.php/EspacoAcademico/article/view/11079>. Acesso em: 10 de set. de 2014, p. 15-159.

CARTA CAPITAL (2015). Câmara aprova lei antiterror que pode criminalizar manifestantes. Disponível em: < http://www.cartacapital.com.br/blogs/parlatorio/deputados-aprovam-lei-antiterrorista-que-pode-criminalizar-manifestantes-4848.html>. Acesso em: 08 jul. 2016.

CASTELS, M. (2005). *A Sociedade em Rede*: do conhecimento à acção política. Disponível em: <http://biblio.ual.pt/Downloads/REDE.pdf>. Acesso em: 8 jan. FRIZON, N. *A fundamentação da desobediência civil em uma teoria da justiça de John Rawls*. Dissertação – Universidade Federal de Santa Catarina. Centro de Filosofia e Ciências Humanas. PPGD em Filosofia, Florianópolis, 2009. Disponível em: <https://repositorio.ufsc.br/xmlui/handle/123456789/92723>. Acesso em: 04 fev. 2017.

G1 TECNOLOGIA (2016). *Site da Anatel sai do ar* – Anonymous diz ter hackeado agência. Disponível em: <http://g1.globo.com/tecnologia/noticia/2016/04/site-da-anatel-sai-do-ar.html>. Acesso em: 01 fev. 2017.

HABERMAS, J. *Direito e democracia*: entre facticidade e validade. Rio de Janeiro: Tempo Brasileiro, 1997.

JURIS, J. (2007). *Hacking Global Justice*. Universitá degli Studi di Firenze. Disponível em: <https://www.researchgate.net/profile/Jeffrey_Juris2/publication/228704740_Hacking_Global_Justice/links/53e917cf0cf2fb1b9b64425f.pdf>. Acesso em 01 fev. 2017.

KELSEN, H. *O que é Justiça?*: a justiça, o direito e a política no espelho da ciência. São Paulo: Martins Fontes, 2001, p. 12.

LEMOS, A. (2004). *Cibercultura e Mobilidade*: A Era da Conexão. Revista Razón y Palabra. N. Disponível em: <http://www.razonypalabra.org.mx/anteriores/n41/alemos.html>. Acesso em: 20 de set. de 2014.

LÉVY, P. (1999). *Cibercultura*. Tradução: Carlos Irineu da Costa. São Paulo: Ed. 34.

RAWLS, J. *Uma teoria da Justiça*. São Paulo: Martins Fontes, 2000.

SAUTER, M. (2014). *The Coming Swarm*: DDoS Actions, Hacktivism, and Civil Disobedience on the Internet. New York: Bloomsbury Academic.

SYDOW, S. (2013). *Crimes informáticos e suas vítimas*. IN: BIANCHINI, Alice; MARQUES, Ivan Luis; et. al. (Coord.). São Paulo: Saraiva.

UOL NOTÍCIAS (2011). Grupo hacker Lulzsec anuncia fim das atividades após 50 dias de ataques. Disponível em: <http://tecnologia.uol.com.br/ultimas-noticias/redacao/2011/06/25/grupo-hacker-lulzsec-anuncia-encerramento-das-atividades-apos-50-dias-de-ataques.jhtm> Acesso em: 16 de jul. de 2014.

6

A TEORIA DA JUSTIÇA NOS TRIBUNAIS: A TUTELA JURISDICIONAL NO JULGAMENTO DE AÇÕES AFIRMATIVAS.

Samuel Meira Brasil Jr.

1. INTRODUÇÃO.

Algumas ações afirmativas envolvem os mais difíceis dilemas de uma sociedade democrática, geralmente buscando promover a igualdade, em uma sociedade completamente desigual. Principalmente se for considerada a ideia de igualdade equitativa, em que se busca promover idênticas oportunidades considerando as respectivas diferenças de posição social privilegiada. Em outras palavras, o desafio consiste em conciliar a meritocracia com ações afirmativas que visam à proteção de grupos sociais desfavorecidos

Uma frequente controvérsia, típica de ação afirmativa, encontra-se na árdua tarefa de decidir sobre a constitucionalidade ou não da reserva de vagas (cotas) em concurso público para a população negra.

Mas, poderíamos indagar, como os tribunais poderiam julgar um caso como este? De que modo os tribunais poderiam oferecer uma solução para um problema que aflige toda a sociedade, mobilizando pessoas e grupos que se sentem excluídos ou desfavorecidos socialmente e, ao mesmo tempo, pessoas e grupos mais favorecidos, que se sentem ameaçados?

Qual é a solução mais justa para uma controvérsia como esta, já arraigada no seio social, que mobiliza e desperta paixões e valores, individuais e de grupos sociais?

Em uma pergunta mais simples e direta: como é possível promover a igualdade, em uma sociedade desigual? É possível conciliar a igualdade com a liberdade? É possível conciliar ações afirmativas para compensar desigualdades com a meritocracia, necessária para reconhecer o esforço de quem se destacar?

Nem sempre os tribunais poderão dar uma resposta completamente adequada a esse problema. E, ao mesmo tempo, os tribunais precisam dar uma resposta adequada a esse problema.

A única certeza que se tem é que, quando provocados, os tribunais precisarão responder à indagação, precisarão julgar a demanda. Há a necessidade de se entregar a prestação jurisdicional, seja ela qual for, pois é vedado o *non liquet*. Não há como repetir gestos de algumas casas legislativas, que arquivaram a discussão das cotas, sob o argumento de que "*a matéria não estava ainda amadurecida para uma decisão, seja ela contrária, seja favorável*". Essa possibilidade não existe para o Judiciário que, uma vez provocado, deve decidir, deve julgar.

Sabe-se, em plena consciência, que não é possível oferecer a resposta totalmente adequada, completamente perfeita – tal como a flecha lançada do arco de prata de Ártemis, que sempre acerta o alvo –, de modo a solucionar definitivamente um dilema social dessa magnitude.

Mas os tribunais precisarão trazer a resposta que seja a mais próxima do ideal, que fosse a mais adequada a um resultado justo, embora ciente de da limitação humana dos julgadores, diante de dilema dessa complexidade.

Os tribunais precisarão construir uma solução que promova uma **integração** social, aproximando todos nós que somos integrantes de um mesmo grupo social: o de brasileiros, independentemente de cor, raça ou etnia. Em conflitos dessa natureza, deve-se evitar qualquer decisão que possa romper ou restringir a necessária unidade constitucional. Deve-se procurar não dividir a sociedade ou separá-la em dois grupos distintos, mas apenas reparar as desigualdades sociais, enquanto se procura, ao mesmo tempo, promover a integração dos grupos, sejam favorecidos ou desfavorecidos, para que, ao final do julgamento, todos possam sair abraçados como irmãos, como iguais, como filhos de Deus. Partilhando das mesmas angústias, das mesmas alegrias, dos mesmos sofrimentos e, acima de tudo, com idêntica dignidade.

Mas os tribunais deverão, também, decidir de modo a concretizar os princípios de uma sociedade justa, buscando promover a igualdade de oportunidades e afastar as desigualdades sociais.

Acima de tudo, deve tentar proteger e promover a dignidade, que se traduz no equilíbrio entre a igualdade equitativa e a meritocracia liberal. Afinal, a igualdade surge com a compreensão das diferenças.

Vejamos, então, algumas razões que podem contribuir com o convencimento dos julgadores, quando prestarem tutela jurisdicional visando ao resultado justo.[55]

---

[55] O autor é desembargador de Tribunal Constitucional Estadual, e julgou ação de inconstitucionalidade contra cotas para a população negra em concurso público em 2008. Em verdade, este trabalho é essencialmente o voto que o autor proferiu na referida Ação Direta de Inconstitucionalidade movida pelo Ministério Público Estadual, contra Lei do Município de Vitória que reservou 20% das vagas em concurso público para a população negra. Foi o primeiro julgamento de cotas para população negra em concurso público. O autor reconheceu a constitucionalidade da ação afirmativa, com fundamento nos argumentos utilizados nesse

2. Inconstitucionalidade formal por vício de iniciativa

Em ação de inconstitucionalidade contra lei municipal que promove a reserva de vagas para a população negra em concurso público, o Ministério Público do Estado do Espírito Santo arguiu a inconstitucionalidade formal da Lei nº 6.225/2004, por vício de iniciativa. Aduziu que o processo legislativo decorreu da iniciativa do Vereador Eliezer Albuquerque Tavares, foi aprovado em votação única pela Câmara Municipal e, ainda que tenha sido vetado pelo Chefe do Executivo Municipal, foi promulgada a Lei nº 6.225/2004 pela Câmara Municipal.

O Procurador Geral de Justiça sustentou que houve vício de inconstitucionalidade formal, uma vez que competia privativamente ao Chefe do Executivo Municipal a iniciativa de leis que versassem sobre o regime jurídico dos servidores públicos municipais.

Pediu, assim, fosse declarada a inconstitucionalidade formal da Lei nº 6.225/2004, por vício de iniciativa.

Inicialmente, o relator esclareceu que o vício de iniciativa contagia de tal modo a norma, que até mesmo uma eventual sanção da lei pelo Chefe do Executivo Municipal não tem o condão de convalidar possível inconstitucionalidade formal. Esse é o entendimento consolidado do Supremo Tribunal Federal, conforme se vê na ADI 2867/ES, Relator Ministro CELSO DE MELLO, j. 3.12.2003, DJ 9.2.2007, p. 16.

Portanto, ainda que o Chefe do Executivo pretendesse convalidar a norma, a jurisprudência do Supremo Tribunal Federal não a admite, como meio de sanar eventual vício de iniciativa.

Mas essa reflexão foi, no julgamento do caso mencionado, apenas *obiter dictum*, uma vez que não se discute eventual convalidação da norma por ato do Chefe do Executivo.

No julgamento mencionado, nem mesmo havia como discutir possível convalidação, uma vez que o Chefe do Executivo Municipal, na ocasião, vetou o projeto de lei. O veto foi afastado pela Câmara Municipal, que promulgou a Lei nº 6.225/2004. O relator destacou a impossibilidade de convalidação por posterior sanção, para demonstrar que o vício de iniciativa é repudiado com veemência pelo Supremo Tribunal Federal.

Mas isso não significa que o tribunal estivesse afirmando a inconstitucionalidade formal da Lei nº 6.225/2004. Na verdade, o relator não afirmou, com com esse argumento, que houve vício de iniciativa na edição da Lei nº 6.225/2004.

---

artigo, porém foi voto vencido. Em 2017, o Supremo Tribunal Federal julgou constitucional as cotas para população negra em concurso público, exatamente como o autor do artigo.

Muito pelo contrário.

O relator afirmou que não havia qualquer mácula de inconstitucionalidade formal na Lei impugnada.

É verdade que a iniciativa de leis que versem sobre o regime jurídico dos servidores públicos é de competência privativa do Chefe do Executivo. Isso é inquestionável.

Não obstante, a iniciativa de lei que vise à **concretização de direito fundamental** (v.g., a igualdade equitativa), concernente à forma de acesso ao cargo público **não** é privativa do Chefe do Poder Executivo. Pode ser editada e promulgada pelo Poder Legislativo, que é o representante legitimado diretamente pelo povo, para assegurar os direitos sociais. Ninguém melhor que o legislador para dizer quais são os anseios do povo e para concretizar os direitos fundamentais assegurados pela Constituição. Foi o que ocorreu no caso julgado pelo Tribunal de Justiça do Espírito Santo.

A reserva de vagas para grupos considerados excluídos, como a população negra, não se insere no conceito de "regime jurídico dos servidores públicos", a ponto de submeter-se à cláusula de reserva de iniciativa. Em verdade, o regime jurídico dos servidores continuará intocável. Não haverá qualquer reflexo sobre ele. Os mesmos direitos reconhecidos para uns, incidirão para os demais. Os mesmos critérios de promoção, remuneração, atribuição do cargo, direitos e deveres, assim como quaisquer outros efeitos decorrentes da relação jurídica com a Poder Público, não serão atingidos e permanecerão sem qualquer alteração.

Não haverá nem mesmo qualquer repercussão financeira, como gratificações diferenciadas, faixas salariais distintas, situações jurídicas modificadas *etc.* Se houvesse, então seria flagrante a inconstitucionalidade. Não apenas por vício de iniciativa, mas por absurda e intolerável ofensa ao princípio da igualdade.

Nessa medida, o sistema de cotas não altera, modifica ou sequer atinge reflexamente o regime jurídico dos servidores. Ele visa apenas a concretizar um direito fundamental: o da igualdade equitativa de oportunidades. Esse princípio não se insere no âmbito do regime jurídico, mas a ele antecede. Constitui verdadeiro critério de promoção de uma sociedade justa.

A propósito, o SUPREMO TRIBUNAL FEDERAL, em precedente originário deste Estado, já reconheceu que não há vício de inconstitucionalidade formal, pois não há usurpação de competência privativa do Chefe do Executivo, a fixação em lei de **condicionantes** para se chegar **à investidura em cargo público**. Isso porque a investidura é momento **anterior** ao vínculo com o Estado e, portanto, não afeta o regime jurídico próprio dos servidores. Nesse sentido, destaco o seguinte precedente que, embora não estivesse discutindo cotas em concurso público, pode ser aplicado por analogia, ante a identidade das circunstâncias relevantes:

EMENTA: CONSTITUCIONAL. AÇÃO DIRETA DE INCONSTITUCIONALIDADE. LEI N° 6.663, DE 26 DE ABRIL DE 2001, DO ESTADO DO ESPÍRITO SANTO. O diploma normativo em causa, que estabelece isenção do pagamento de taxa de concurso público, não versa sobre matéria relativa a servidores públicos (§ 1° do art. 61 da CF/88). **Dispõe, isto sim, sobre condição para se chegar à investidura em cargo público, que é um momento anterior ao da caracterização do candidato como servidor público.** Inconstitucionalidade formal não configurada. Noutro giro, não ofende a Carta Magna a utilização do salário mínimo como critério de aferição do nível de pobreza dos aspirantes às carreiras púbicas, para fins de concessão do benefício de que trata a Lei capixaba n° 6.663/01. **Ação direta de inconstitucionalidade julgada improcedente.** (ADI 2672/ES, Relatora Ministra ELLEN GRACIE, Relator p/ Acórdão Ministro CARLOS BRITTO, j. em 22.6.2006, DJ 10.11.2006, p. 49, Tribunal Pleno).

Os argumentos do Ministro AIRES BRITTO são precisos. A segmentação das vagas é critério para se chegar à investidura dos cargos reservados para a população negra. Não alterou, em nada, o regime jurídico próprio dos servidores: não modificou estrutura de cargos, atribuições, remuneração, *etc.*

E não poderia ser diferente. A iniciativa reservada ao chefe do executivo tem, como *ratio*, a sua competência exclusiva para estruturar e gerir a respectiva pessoa jurídica de direito público (União, Estados e Municípios). Por essa razão, ele – e somente ele – poderá propor normas que visem à modificação da remuneração, ao aumento de cargos, etc.

Mas não é exclusivamente dele a competência para concretizar direitos fundamentais que **não** impliquem alterações desse jaez.

Nessa linha de raciocínio, não é possível reconhecer qualquer vício de iniciativa, razão pela qual, com fundamento em precedentes do Supremo Tribunal Federal, e o relator afastou a alegação de inconstitucionalidade formal. Em seguida, foi examinada a alegada inconstitucionalidade material, por ofensa ao princípio da igualdade.

3. Inconstitucionalidade material por violação ao Princípio da Igualdade

O Ministério Público Estadual alegou a inconstitucionalidade **material** da Lei n° 6.225/2004, com fundamento em eventual violação do princípio constitucional da igualdade. Embora a causa de pedir no controle objetivo de constitucionalidade seja "aberta"[56], este é o fundamento jurídico

---

[56] E não poderia ser de outro modo. Segundo nos ensina o Prof. José Rogério Cruz e Tucci na melhor obra sobre o tema já publicada, a causa de pedir é formada pelos **fundamentos de**

aduzido na petição inicial.

No entanto, para solucionar a demanda com um resultado que possa ser considerado socialmente justo, é preciso compreender o sentido normativo que a Constituição empresta ao "Princípio da Igualdade". Para isso, é essencial, antes de qualquer outra coisa, (i) especificar **os métodos** de interpretação da Constituição que serão utilizados; e (ii) identificar **os intérpretes** capazes de extrair o sentido da igualdade constitucional; e (iii) extrair **a interpretação** e compreender o sentido que a Constituição empresta à essa questão.

Vejamos cada um desses aspectos.

4. O sentido da "igualdade" e os métodos de interpretação da Constituição

Não há como pensar a interpretação das normas de modo desvinculado de uma teoria da linguagem, ou seja, da semiótica jurídica. Para compreender a Constituição é preciso em primeiro lugar, ao menos como ponto de partida, compreender o sentido da linguagem. Os métodos tradicionais de interpretação estão, dessa forma, relacionados com os respectivos planos da semiótica[57]. Por conseguinte, os métodos de interpretação gramatical, lógico, sistemático (plano sintático), histórico, evolutivo (plano semântico), teleológico e axiológico (plano pragmático) fixam o ponto de partida para a compreensão da Constituição.

Contudo, não é possível interpretar a Constituição apenas por intermédio das técnicas de linguagem, assim como não é possível ignorar a ruptura dos paradigmas de interpretação que a filosofia de HEIDEGGER e GADAMER produziu no direito. Os métodos de interpretação devem, todos

---

fato (o fato constitutivo e o fato lesivo) e pelos **fundamentos jurídicos**, que formam a qualificação jurídica da controvérsia. Naturalmente que a ação direta não tem o fundamento de fato concreto (mas apenas abstrato), uma vez que não há nenhum fato constitutivo (não existe nenhuma relação jurídica concreta) e nenhum fato lesivo (não há como haver lesão a relação jurídica concreta, se não existe relação jurídica concreta). Por sua vez, os fundamentos jurídicos são compreendidos como (i) a qualificação do **nexo** que une os fundamentos de fato ao pedido (na verdade, é o que se denomina de *warrant*, na estrutura do argumento desenvolvida por Toulmin); e (ii) a justificativa argumentativa desse nexo (que é o *backing*, ainda utilizando a referida estrutura). Como é notório, ao juiz é vedado conhecer de ofício apenas os fundamentos **de fato** que, obviamente, **não existem no controle objetivo** (não há fatos, mas descrições hipotéticas e abstratas de possíveis eventos). Contudo, os fundamentos **jurídicos** podem ser livremente alterados pelo julgador, que não se vincula aos argumentos das partes (*narra mihi facto dabo tibi ius* e *iura novit curia*). Assim, a denominada "causa de pedir aberta" nada mais é do que uma característica natural da técnica processual.

[57] *Cf.* TÉRCIO SAMPAIO FERRAZ JR.,

eles, ser (re)pensados como uma técnica de compreensão do texto normativo constitucional, para se alcançar a necessária compreensão da ontologia fundamental da própria Constituição, enquanto Carta Fundamental de uma sociedade[58].

Para se alcançar essa interpretação característica da Constituição, então precisamos de métodos próprios de interpretação, para que o sentido pleno da Constituição seja satisfatoriamente alcançado. Não podemos esquecer que a Carta Fundamental de uma sociedade constitui-se em texto normativo com características específicas (caráter político, garantidora de direitos fundamentais, reconhecimento de valores sociais e individuais, etc.), que o diferencia das demais normas jurídicas ordinárias.

Nessa linha de raciocínio, a construção de uma hermenêutica material da Constituição – em abandono ao formalismo interpretativo clássico – faz surgir métodos considerados "modernos" para a interpretação constitucional. Vejamos, então, esses métodos, que são necessários e essenciais para a compreensão da Constituição e para a solução da controvérsia que ora julgamos.

No método hierárquico-axiológico denominado **integrativo** ou **científico-espiritual**, de RUDOLF SMEND, os valores (econômico, social, político e cultural) assegurados pela Constituição devem ser compreendidos e aplicados enquanto valores coletivos de interpretação[59]. O Prof. BONAVIDES o descreve apropriadamente no sentido de que "*[o] intérprete constitucional deve prender-se sempre à realidade da vida, à "concretude" da existência, compreendida esta sobretudo pelo que tem de espiritual, enquanto processo unitário e renovador da própria realidade, submetida à lei de sua integração*"[60].

Já no método **tópico**[61], VIEHWEG alerta que a solução satisfatória deve ser obtida através da técnica de "pensar o problema", escolhendo-se os *topoi* adequados e movimentando-se constantemente através da argumentação jurídica. A solução, então, não é dada, mas construída a partir dos *topoi* usados no enfrentamento do problema.

Utilizando esse método e, ainda, a filosofia gadameriana, KONRAD HESSE apresenta o método **concretista**, em que o sentido (*Sinn*) da Constituição somente se completa no ato interpretativo, que materializa a norma constitucional. A concretização pressupõe a pré-compreensão do

---

[58] Vejam, a propósito, o excelente trabalho de LÊNIO STRECK, *cf. Hermenêutica e Constituição: as conseqüências da (indevida) cisão entre easy cases e hard cases no direito, in* Direitos Fundamentais & Justiça, nº 2, jan/mar 2008, p. 197, n. 10.

[59] *Cf.* BONAVIDES, Paulo: Curso de Direito Constitucional. São Paulo, Malheiros, 1994, pág. 436.

[60] *Cf.* BONAVIDES. *Op. Cit.*, p. 437.

[61] O método tópico não foi desenvolvido exclusivamente para a interpretação constitucional como os demais, mas foi idealizado para a filosofia do direito. No entanto, ele constitui a base para diversos métodos de interpretação da Constituição, sendo utilizado até mesmo isoladamente. Por essa razão, foi destacada juntamente com os demais.

intérprete e o problema concreto (concreta situação histórica) a solucionar, pois:

> A interpretação constitucional está submetida ao princípio da ótima concretização da norma ("*Gebot optimaler Verklichung der Norm*"). (...) A interpretação adequada é aquela que consegue concretizar, de forma excelente, o sentido (*Sinn*) da proposição normativa dentro das condições reais dominantes numa determina da situação[62].

Também FRIEDRICH MÜLLER afirma que a normatividade constitucional somente é obtida através de um processo de concretização – ou seja, com a aplicação da norma ao caso concreto –, em que o intérprete procede à análise dos "dados linguisticos (programa normativo)" e a dos "dados reais (domínio normativo)", uma vez que este é contemplado só parcialmente por aquele. Essa interpretação (*rectius*: concretização) formada pelo "programa normativo" e pelo "domínio normativo" transcende os processos hermenêuticos tradicionais do texto jurídico[63].

Por fim, destaque especial deve ser dado ao método de PETER HÄBERLE, que se funda na ampliação dos intérpretes da Constituição (não apenas os formais vinculados a corporações) e o conceito de interpretação em si mesmo, como um processo aberto e público. A Constituição interpretada desse modo reflete a realidade constituída. Nesse contexto, uma importância singular deve ser dada à experiência constitucional vivida pelo povo, que é o intérprete natural da Constituição.

Não podemos esquecer, por fim, o princípio da concordância prática formulado por KONRAD HESSE, que afirma não haver qualquer diferença hierárquica ou de valor entre os bens constitucionais. A interpretação constitucional não pode sacrificar completamente um bem constitucional para concretizar outro. Mas, antes de tudo, deve buscar uma concordância prática (ou harmonização) entre os bens constitucionalmente assegurados.

Pois bem.

Uma controvérsia desta magnitude requer uma delicada e ponderada reflexão para se alcançar o verdadeiro sentido da Constituição. Essa busca de sentido deve utilizar, além dos métodos convencionais da linguagem, as técnicas próprias da interpretação constitucional, como enunciadas acima.

Portanto, (i) uma vez pensado o problema e fixados os *topoi* argumentativos, é preciso buscar a solução (ii) **concretizando** a experiência daqueles que vivem a situação, (iii) identificando os valores constitucionais (sociais, econômicos, políticos, jurídicos e culturais) que predominam e que reclamam proteção no caso em julgamento, (iv) extraindo o sentimento

---

[62] *Cf.* HESSE, Konrad. *A Força Normativa da Constituição. Tradução de Gilmar Ferreira Mendes.* Porto Alegre, Sérgio Antonio Fabris Editor, 1991, pág. 22

[63] *Cf.* BONAVIDES, *op. cit.*, p. 456. Veja, ainda, CANOTILHO, Direito Constitucional. Coimbra, Almedina, 1993, pág. 216.

constitucional através da **integração** dos elementos lingüísticos e normativos, na realidade social ora constituída. E, principalmente, (v) buscando manter o caráter **integrativo** da Constituição, com a assimilação dos grupos sociais em uma unidade, preservando-se, porém, sua identidade e seus valores culturais (pluralismo social e jurídico). A integração dos diversos grupos sociais é um dos escopos primários da Constituição. Porém, isso não significa que a integração deva ocorrer com a **dominação** de um grupo sobre o outro, e sem que a unidade social deve respeitar as características e os valores típicos de cada grupo, preservando-se a identidade e o pluralismo social.

Vejamos, em seguida, quem pode fornecer esses dados interpretativos.

5. Os intérpretes da Constituição

Ao instruir o processo, foi convocada audiência pública para assegurar a participação do o povo, permitindo a participação deste na interpretação constitucional. Essa medida foi tomada com fundamento na tese de PETER HÄBERLE, e utilizou os seguintes argumentos:

> Mas, será possível uma **participação democrática** na interpretação da Constituição?
> Estamos acostumados a considerar apenas a interpretação elaborada pelos órgãos estatais e pelos participantes *formais* do processo constitucional (tribunais, órgãos públicos *etc*). Mas não podemos esquecer – ou sequer excluir – aqueles que são os próprios titulares do poder, independentemente de uma vinculação *formal* ao seu exercício. Nesse sentido, destaco o lúcido argumento de PETER HÄBERLE:

>> A questão da legitimação [dos diferentes intérpretes da Constituição] coloca-se para todos aqueles que não estão formal, oficial ou competencialmente nomeados para exercer a função de intérpretes da Constituição. Competências formais têm apenas aqueles órgãos que estão vinculados à Constituição e que atuam de acordo com um procedimento pré-estabelecido – legitimação mediante procedimento constitucional. São os órgãos estatais (...) (HÄBERLE, *cf.* Hermenêutica Constitucional. A Sociedade Aberta dos Intérpretes da Constituição: Contribuição para a Interpretação Pluralista e "Procedimental" da Constituição. Trad. Gilmar Ferreira Mendes, Porto Alegre: Sérgio Antonio Fabris Editor, 1997, p. 29).

> E, mais adiante, prossegue com o raciocínio:

>> Uma Constituição (...) não pode tratar as **forças sociais e privadas** como meros objetos. Ela deve integrá-las ativamente enquanto sujeitos.
>> Considerando a realidade e a publicidade (*Wirklichkeit und Öffentlichkeit*) estruturadas, nas quais o "povo" atua, inicialmente, de forma difusa, mas, a final, de maneira "concertada", há de se reconhecer que **essas forças, faticamente relevantes, são**

igualmente importantes para a interpretação constitucional. A práxis atua aqui na legitimação da teoria e não a teoria na legitimação da práxis. **Como essas forças compõem uma parte da realidade constitucional** e da publicidade (*konstitutionelle Wirklichkeit und Öffentlichkeit*), **tomam elas parte na interpretação da realidade e da publicidade da Constituição! Elas participam desse processo até mesmo quando são formalmente excluídas** (...). **Limitar a hermenêutica constitucional aos intérpretes "corporativos" ou autorizados jurídica ou funcionalmente pelo Estado significaria um empobrecimento ou um autoengodo.** De resto, um entendimento experimental da ciência do Direito Constitucional como ciência de normas e da realidade não pode renunciar à fantasia e à força criativa dos intérpretes "não corporativos" (*"nicht-zünftige" Interpreten*) (HÄBERLE, *op. cit.,* pp. 33-34 – destaquei).

O emérito professor explica a essência de sua tese com as seguintes palavras:

> Nesse sentido, permite-se colocar a questão sobre os participantes do processo da interpretação: de uma sociedade fechada dos intérpretes da Constituição para uma interpretação constitucional pela e para uma sociedade aberta (*von der geschlossenen Gesellschaft der Verfassungsinte[r]preten zur Verfassungsinterpretation durch und für die offene Gesellschaft*).
>
> Propõe-se, pois, a seguinte tese: no processo de interpretação constitucional estão potencialmente vinculados todos os órgãos estatais, todas as potências públicas, todos os cidadãos e grupos, não sendo possível estabelecer-se um elenco cerrado ou fixado com *numerus clausus* de intérpretes da Constituição.
>
> Interpretação constitucional tem sido, até agora, conscientemente, coisa de uma sociedade fechada. Dela tomam parte apenas os intérpretes jurídicos "vinculados às corporações" (*zünftmässige Interpreten*) e aqueles participantes formais do processo constitucional. A interpretação constitucional é, em realidade, mais um elemento da sociedade aberta. Todas as potências públicas, participantes materiais do processo social, estão nela envolvidas, sendo ela, a um só tempo, elemento constituinte dessa sociedade (... *weil Verfassungsinterpretation diese offene Gesellschaft immer von neuen mitkonstituiert und von ihr konstituiert wird*). Os critérios de interpretação constitucional hão de ser tanto mais abertos quanto mais pluralista for a sociedade. (HÄBERLE, *op. cit.,* pp. 12-13).

Não há como refutar o preciso argumento do ilustre professor titular aposentado da Universidade de Bayreuth. Sem excluir os participantes *formais*, é preciso admitir, indiscutivelmente, a interpretação constitucional por toda a sociedade, por todos os grupos de interesse, por todos os cidadãos. Dentre os legitimados, PETER HÄBERLE ainda inclui:

> (3) a opinião pública democrática e pluralista e o processo político como grandes estimuladores: *media* (imprensa, rádio, televisão) que, em sentido estrito, não são participantes do processo, o jornalismo profissional, de um lado, a expectativa de leitores, as cartas de leitores, de outro, as iniciativas dos cidadãos, as associações, os partidos fora do seu âmbito de atuação organizada (Cf. 2, d), igrejas, teatros, editoras, as escolas da comunidade, os pedagogos, as associações de pais; (*op. cit.,* pp. 22-23).

101

E afirma, com expressivo destaque: *"Na democracia liberal, o cidadão é intérprete da Constituição!"* (*op. cit.*, pp. 36-37). Assim, o debate sobre a interpretação constitucional não pode excluir os membros da sociedade civil, não pode desenvolver-se sem a participação do próprio povo. Este, sim, é o verdadeiro intérprete da Constituição. Nessa linha de raciocínio, é preciso assegurar que a controvérsia seja solucionada com a participação de uma "sociedade aberta", na denominação de HÄBERLE, permitindo a interpretação pluralista da Constituição, por todos os interessados.

Por sua vez, o modo de se obter tanto a participação popular como a democratização da decisão, em processo objetivo de controle de constitucionalidade, será através de uma **audiência pública**, em que todos os argumentos, científicos ou não, serão conhecidos.

(...)

Não podemos esquecer que, geralmente, as minorias não conseguem expressar seus interesses, suas reivindicações, ou mesmo seus argumentos, simplesmente porque, em um regime democrático, a vontade da maioria prevalece. Até mesmo quando atingidos pelos efeitos da decisão, a minoria não tem como influenciar no resultado. Esse fato não escapou a FRIEDRICH MÜLLER, que observou:

> - mesmo em plebiscitos não têm voz: a minoria e os não-participantes ou os que por razões de "restrição social" não podem participar do resultado, embora juridicamente afetados por ele (cf. MÜLLER, *Fragmento (sobre) o poder constituinte do povo*. Trad. Peter Naumann, São Paulo: Revista dos Tribunais, 2004, p. 71).

Em uma audiência pública, os grupos que geralmente "não têm voz" em uma democracia representativa – ou seja, as minorias – podem manifestar-se. Podem aduzir seus argumentos em defesa de seus respectivos interesses, para influenciar e justificar a decisão de um órgão formal de interpretação. Assim, os Tribunais terão como ponderar os argumentos das minorias e – caso prevaleçam – as respectivas pretensões poderão receber a tutela estatal adequada, ainda que o grupo não tenha representatividade política e, em conseqüência, não receba qualquer proteção normativa legislada.

Ao mesmo tempo, é preciso considerar que a atuação dos tribunais atinge **concretamente** as pessoas, que suportarão **diretamente** os efeitos da decisão. Portanto, a norma **concreta** criada pela decisão judicial tem uma intensidade maior que a imposição de um comportamento através de uma norma abstrata. Não digo que a instituição de uma norma jurídica geral e abstrata seja de menor importância. É exatamente o contrário. Cada função estatal tem seu significado político e social. E editar a norma jurídica abstrata – com legitimação democrática – encontra-se dentre as funções mais relevantes que podemos encontrar em um Estado Democrático de Direito. A maior intensidade da decisão judicial (norma concreta), contudo, decorre da sua executividade, ou seja, da possibilidade de o Judiciário impor o seu cumprimento (*enforcement*).

Isso põe em destaque outra importante característica desta demanda. No caso em julgamento, há um pouco dos dois. A decisão atingirá **concretamente** a esfera jurídica de inúmeras pessoas (principalmente aquelas já aprovadas em concurso público e que aguardam o resultado desta demanda), mas manterá um caráter **abstrato,** por se tratar de processo objetivo de controle de constitucionalidade (ADI de lei municipal), que produz *efeitos erga omnes* e eficácia vinculante, pelo menos nos limites do Estado. Há, assim, um misto de norma concreta e de norma abstrata: estabelece um comportamento a ser observado por todos e, ao mesmo tempo, é passível de imposição concreta (*enforcement*) para garantir sua eficácia, caso haja descumprimento.

Dada essa característica do processo objetivo de controle de constitucionalidade, torna-se ainda mais importante assegurar a participação popular como forma de aumentar a legitimação da decisão. Quanto maior for a participação democrática na audiência pública, maior será a legitimação da própria decisão, que considerará os argumentos e as preferências dos participantes ao solucionar a controvérsia.

O escopo da audiência pública, então, é o de compreender as angústias, os sofrimentos e as preocupações de cada grupo social – negros e brancos –, para apreender o sentido **concreto** da igualdade que a Constituição, como texto integrativo da sociedade, atribui à situação.

A Constituição é aquela vivida, não apenas a escrita.

Desse modo, o sentido do princípio constitucional da igualdade deve ser compreendido através (i) do sentido linguístico do termo, em seus diversos planos da linguagem; (ii) da integração e concretização da norma constitucional, através da correlação do sentido com as situações históricas concretas (ainda que generalizadas, uma vez que estamos em sede de controle objetivo); e (iii) com a participação ampla não só dos intérpretes oficiais, mas também da sociedade aberta, resta encontrar esse sentido normativo dado pelos intérpretes oficiais e pelos da sociedade aberta.

6. Os intérpretes *informais* da Constituição (Sociedade Aberta) e a Audiência Pública *Presencial*

Na instrução do processo, conforme mencionado, foi designada audiência pública presencial para obter, dos intérpretes da sociedade aberta e plural, o sentido da igualdade assegurada pela Constituição.

Alguns argumentos utilizados nos debates impressionaram bastante e contribuíram para a compreensão da igualdade esperada. Algumas manifestações dignas de referência foram as seguintes:

ADA PELLEGRINI GRINOVER:

Essa regra da Constituição Federal, que também é reproduzida pela Constituição do Estado do Espírito Santo, pelo art. 32, 2°, mostra o princípio geral de que deve haver um acesso aos cargos ou empregos públicos mediante investidura decorrente de um concurso público de provas ou de provas e títulos que, evidentemente, visa a aferir as condições dos candidatos e a garantir a igualdade de tratamento entre eles. No entanto, é o próprio inciso VIII deste art. 37 da Constituição Federal que abre uma exceção a esse tratamento que, pela dicção do dispositivo se pretende igualitário para permitir igualdade de condições a todos, o inciso VIII abre uma exceção, prescrevendo que a lei reservará percentual dos cargos e empregos públicos para pessoas portadoras de deficiência e definirá os critérios de sua admissão. (...) Mas daí eu tiro uma conclusão, Sr. Presidente, Srs. Desembargadores, Senhoras e Senhores. Que, se o Estado do Espírito Santo quisesse abrir uma nova exceção à regra geral do concurso público e igualdade de condições para provimento de cargos, deveria fazê-lo mediante uma norma da Constituição do Estado. Assim como a regra geral do concurso que visa exatamente a assegurar igualdade de condições, é excepcionada pela CF e pela CE pelo art. 36, qualquer outra exceção que se quisesse abrir à regra geral da igualdade de acesso, a meu ver, também deveria vir na CE, paralelamente ao art. 36. (...) O que pretende a Lei declaradamente é tratar desigualmente os desiguais. Ou seja, dar uma oportunidade a mais para a população afrodescendente, em virtude de notórias deficiências que se somam a deficiências econômicas e, talvez, a deficiências culturais, pelo que, por essa reserva de cargos, se daria a observância do princípio da igualdade material, no sentido de se tratar desigualmente os desiguais. Mas se nós examinarmos o conteúdo da Lei impugnada, vamos verificar que a porcentagem de 30% certamente não é proporcional. Não obedece ao critério da razoabilidade e da proibição do excesso. Se a CF e a CE reservam apenas 5% aos portadores de deficiências em concursos públicos, não há razoabilidade alguma em se reservar 30% para a população afrodescendente. Por outro lado, é certo também que, a partir de dificuldades iniciais, a população afrodescendente pode já ter superado as condições de desigualdade, como, por exemplo, quando já conquistou um diploma de ensino superior. Com as cotas ou sem as cotas das universidades, o cidadão afrodescendente chegou a um diploma universitário. Aí, a razoabilidade nos diz que as diferenças culturais e até econômicas, com relação a outros cidadãos, já foram colmatadas.

FREI DAVID SANTOS OFM:

Entendemos que o Brasil inteiro precisa acolher e dar espaço para ouvir o pulsar do coração do povo, especialmente as vítimas históricas desse Brasil, desse querido Brasil. Nós entendemos que a função integrativa da Constituição. É muito rica e decisiva. Todas as vezes em que, na sociedade, há interesses legítimos em choque, qual deve ser a atitude mais acertada do operador do direito? Perguntar se um dos lados do litígio é vítima de exclusão estrutural gerada no país. (...) ações afirmativas esclarecem a falsa harmonia gerada por uma aparente neutralidade de um concurso público. (...) Ora, um povo, que vem de um cruel processo de escravidão, está em igual condições materiais com outro, que saiu livremente de seu continente, em busca de qualidade de vida? A defesa da igualdade formal não corre o perigo de ser um dos principais erros da Justiça contra as vítimas da exclusão? (...) Interpretar a Constituição contra as políticas de igualação pode ser um vício de lugar social ou de insensibilidade jurídica.

THOR LINCOLN NUNES GRÜNEWALD:

Agora, relembrando o conceito que falei anteriormente, sobre *zeitgeist*, o espírito da época mudou. E falar de uma dívida social, considero que parte dessa dívida já foi paga. O Brasil, ao adotar o sistema de Estado Democrático de Direito, garantiu igualdades a todos. Independentes de negros, brancos ou qualquer etnia, raça, cor, ou qualquer diferenciação que você possa fazer. (...) Antes, a população negra era marginalizada da população. Não tinha direito a voto, não tinha direito à propriedade, não tinha sequer liberdade. E, depois que foi-lhes dada a liberdade, também não se preocuparam em lhes garantir outros direitos fundamentais. Também não lhes garantiram nenhum patrimônio, nenhum tipo de indenização, como de fato o vereador cita. (...) Se vivêssemos nos Estados Unidos, país claramente racista, e que só atualmente vai conseguir eleger, com alguma sorte, o primeiro presidente negro (...), porque lá eles são racistas. Lá, a intensidade com que o Estado vai garantir os direitos, deve ser maior. E se isso for significar, talvez, fugir a uma igualdade, ou ser extremamente adequado a ela, que seja. O Estado tem que se posicionar diante do fato social. (...) e é baseado nisto que eu apresento meu fundamento legal. A Constituição Estadual, além de emprestar princípios da Constituição Federal, também traz, no art. 32, atualizado pela EC n° 47, de 2004, o princípio da eficiência. Por que estou trazendo a questão para o art. 32? (...) A questão em tela não trata puramente da igualdade. Se trata de administração pública e da forma com que os recursos da administração pública serão manejados.

Observem que todas as manifestações na Audiência Pública foram absolutamente relevantes. A vontade seria de transcrever todas, integralmente. Mas, como isso não seria possível – até mesmo porque faltaria a essência do argumento, que é a carga emocional e pessoal sentida pelo expositor, como integrante do povo –, remeto o leitor interessado ao website to Tribunal de Justiça do Espírito Santo, que contém o registro todas as intervenções da Audiência Pública.

Podemos observar um dado relevantíssimo: a Audiência Pública Presencial possibilitou a manifestação **do povo**, que interpretou, como membro da sociedade aberta, a própria Constituição. Essa foi verdadeiramente a primeira audiência **pública** no Brasil. O Supremo Tribunal Federal já havia realizado uma e convocado a segunda, quando esta audiência pública foi realizada no Tribunal do Espírito Santo. Porém, a primeira audiência pública realizada pelo Supremo Tribunal Federal foi para ouvir **especialistas**, e não o próprio **povo**, enquanto destinatário final da interpretação constitucional. Ora, especialistas podem ser ouvidos a qualquer tempo pelos juízes, que se socorrem de peritos judiciais para ajudar a solucionar a controvérsia. No caso da Ação de Inconstitucionalidade julgada pelo Tribunal do Espírito Santo, a audiência pública não ouviu especialistas ou peritos, mas ouviu o **povo**: a população branca atacando e defendendo as cotas raciais, e a população negra também atacando (justificando que deveria ser mérito puro) e defendendo as cotas raciais. Foi, verdadeiramente, a sociedade aberta interpretando a Constituição. Foi a primeira audiência **pública** realizada em uma Corte Constitucional no Brasil.

7. Os intérpretes *informais* da Constituição (Sociedade Aberta) e a Audiência Pública *Virtual*

Com o mesmo propósito – e visando à ampliação dos intérpretes da sociedade aberta –, a participação popular foi estendida para uma "Audiência Pública Virtual", que teve início em 2008.

Os debates permanecem online e podem ser acessados no seguinte endereço: http://www.tj.es.gov.br/consulta/cfmx/portal/Novo/forum/leitu.

Alguns argumentos da Audiência Pública Virtual que contribuíram para a compreensão da controvérsia e para o julgamento do caso foram os seguintes:

ELIEZER TAVARES:

Quem tem olhos para ver, que veja e Homens e Mulheres de boa vontade. (…) Se revisitarmos a história da humanidade, veremos que nações sempre subjugaram outras, e que impérios existiram, tiveram seu ciclo de poder, mas foram derrotados. A humanidade nunca se conformou com a dominação e escravidão que são impostos à expressivos contingentes humanos. Esta é uma dolorosa realidade. Mas homens e mulheres de bem continuam lutando contra todo tipo de opressão e pela liberdade em todos os continentes.

O Brasil foi o último país a abolir a escravidão, e não bastasse esse fato, os libertos eram soltos das fazendas, sem nenhum tipo de reparação ou condição de sobrevivência. (…) Por isso, muitos ex-escravos eram obrigados a trabalhar em troca de comida, não auferindo qualquer tipo de remuneração pelo seu trabalho, e isso determinou a condição sócio-econômica do povo afro descendente, que vive até hoje nos quilombos, favelas e periferias em condições sub-humanas.

Quer enxergar a verdade? Comparem a cor da pele dos alunos das Escolas Privadas, e principalmente das Universidades, com a dos alunos do Ensino Público de qualquer das nossas Cidades. Ainda tem dúvidas? Comparem a cor dos trabalhadores que ocupam os melhores empregos, com aqueles de empregos menos qualificados. Ainda não está convencido? Olhem a cor dos presidiários, e dos internos da FEBEM, UNIS e casas de passagem. Olhem a cor e a idade das crianças que vendem de tudo nos sinais das nossas Cidades, até mesmo seus frágeis corpos, inclusive para estrangeiros que vêm em vôos fretados exclusivamente para explorar sexualmente nossas crianças. Olhem a cor dos moradores das áreas nobres das nossas cidades, e comparem com a cor dos moradores das áreas sub normais, favelas ou morros das nossas Cidades.

Alguma coisa está errada nesse cenário surreal, e com absoluta certeza não é a cor da pele dos deserdados e feridos de injustiças, e sim os modelos de desenvolvimento adotados que se perpetuam até hoje, pela farisaica postura dos que detêm os poderes constituídos do Estado, e vociferam uma falsa democracia racial que é facilmente desmontada pela realidade crua e nua.

Ações reparatórias e afirmativas de quotas de 30% para afrodescendentes, como as que estão sendo realizadas nos concursos públicos da Prefeitura de Vitória, são o mínimo que a dignidade nos impele fazer. (…) Todos são iguais perante a Lei, pois a verdade é que alguns sempre foram mais iguais do que outros.

Por clemência e por decência, Quotas já.

DIOGO MIOTTO:

Por óbvio que a reserva de cotas recria a discriminação com as demais raças.

Trata-se de um remédio que tenta compensar diferenças a uns em detrimento dos demais. Não se verifica o caminho adequado e correto. Não deve ser pela porta de trás que as raças devem se equivaler. Ademais, considerar tão somente a cor da pele para diferenciar pessoas é algo que deve ser reprovado por toda sociedade, acaso esta queira tornar-se igual. Isto é, para compensar a discriminação sofrida pelos afro-descendentes irão realizar a disrciminação dos demais para que TODOS SE SINTAM DISCRIMINADOS? Para que os afro descendentes se sintam recompensados devemos discriminar toda sociedade? É isto?

WAGNER FAGUNDES BRAGANÇA:

Pensando por outro prisma; Vamos olhar para a cor da pela das pessoas menos favorecidas que habitam nossa sociedade, atendendo a sua sugestão. Agora vamos ver: Qual brasileiro é realmente branco, dentro dessa miscelânea de cores, cabelos, traços faciais ...? Depois de 500 anos de juntarmos dentro de um mesmo território diversas etnias, não dá mais pra separar uma estirpe pura. É impossível, meu amigo Eliezer. Somos todos negros; somos todos brancos; somos todos orientais, arianos, italiano ... Somos uma sopa étnica. E Graças à Deus somos o povo mais diversificado etnicamente do mundo. Somos o povo que melhor convive com todas essas diferenças.

Concordo sim, contigo: devemos reparar os absurdos cometidos no passado e ainda no presente contra TODA a população sub-julgada. Mas a melhor forma a se reparar é dar-lhes condições econômicas e principalmente, educacionais, para que todo o cidadão brasileiro tenha condição intelectual de competir de igual para igual em qualquer tipo de concorrência. Se conseguirmos implantar isso, aí sim faremos justiça.

VALÉRIA DE CARVALHO:

Indiscutível que o Estado tenha uma dívida para com meu povo.
Indiscutível que somos socialmente desiguais.
Indiscutível !
Porém, tão desprovida de planejamento quanto a Lei Áurea, é a lei inconstitucional.
Não posso ter orgulho neste tipo de lei.

ANDERSON RICHA:

Minha humilde opinião, se for útil, é de que as cotas DISCRIMINAM os não contemplados pelo projeto, portanto, curar discriminação com mais discriminação, não é a solução. Creio que concursos SEM COTAS são mais justos, pois garantem a igualdade, e o equilíbrio entre os concorrentes, afinal, quantas pessoas negras, de baixa renda, são bem aprovadas nos concursos desse país. Basta estudo e perseverança, que o sucesso virá. (...)Se o objetivo desse projeto é fazer com que os brancos sintam a mesma discriminação sofrida pelas raças beneficiadas, estão no caminho certo!

CARLOS ALBERTO DIAS:

Prezados Senhores, em oportunidade à Audiência Publica promovida por este Tribunal, dirigi-me a todos expressando minha opsição a referida Lei em debate. Apesar de ser afro-descendente, minha postura manifesta-se contrária por entender que: (...)c) Terceiro: O serviço público não prima pela INCLUSÃO SOCIAL qualquer que seja, é necessário qualificação; (...)g) É aceitável, concordo, a inclusão via outros meios: Acesso a ESCOLA

FUNDAMENTAL (TODOS, não somente ao Afro descendentes), ESCOLA SECUNDÁRIO E FACULDADE; ora, seria muita FALTA de COERÊNCIA ignorarmos os DIVERSOS meios criados pelo Governo Federal para que a TODOS, sejam estes direitos garantidos: FIES, VAGAS A ALUNOS DE ESCOLA PUBLICA, FACULDADE A DISTÂNCIA, ENEM, PROMIMP, ETC.... Agora, CRIAR vagas a Afro-descendentes, seria PATERNALISMO, e JAMAIS iqualaria a disparidade social existente....

FREI DAVID SANTOS OFM:

...qual deve ser a atitude mais acertada do operador do direito?

Perguntar se um dos lados do litígio é vítima da exclusão estrutural gerada no país ao longo dos anos! Reparar a situação de exclusão é colocar em prática um dos princípios da Constituição! É amar o país! É investir na sadia diversidade Étnica! DOIS ASPECTOS CONSTITUCIONAIS QUESTIONADOS PELO MINISTÉRIO PÚBLICO DO ESPÍRITO SANTO: IGUALDADE MATERIAL/FORMAL [por contrariar o princípio da igualdade(?)] UM POVO QUE VEM DE UM CRUEL PROCESSO DE ESCRAVIDÃO ESTÁ EM IGUAL CONDIÇÕES MATERIAIS COM UM OUTRO QUE SAIU LIVREMENTE DE SEU CONTINENTE EM BUSCA DE QUALIDADE DE VIDA? A DEFESA DA IGUALDADE FORMAL NÃO CORRE O PERIGO DE SER UM DOS PRINCIPAIS ERROS DA JUSTIÇA CONTRA AS VÍTIMAS DA EXCLUSÃO? INCOSTITUCIONALIDADE FORMAL (por usurpar a iniciativa do Chefe do Poder Executivo) SE O PODER EXECUTIVO É OMISSO NESTE ASPECTO, É CORRETO QUE TODOS OS DEMAIS SETORES, INCLUSIVE A JUSTIÇA SIGA SEU ERRO? TODOS TEMOS (OU NÃO) CONSCIÊNCIA DE QUE A OMISSÃO CONTRA OS EXCLUIDOS É UM DOS PRINCIPAIS ERROS DO PODER EXECUTIVO BRASILEIRO, EM TODOS OS NÍVEIS?

CHARLES FRANCISCO ROZÁRIO:

Não é que sou contrário ao sistema de cotas, acho-o muito proveitoso quando implantado com sabedoria e parcimônia. O que deve realmente prevalecer são COTAS SOCIAIS, e NÃO COTAS RACIAIS visto que estas últimas só aumentam o fosso da discriminação em nosso País.

CARLOS ALBERTO DIAS:

Igualdade Social dá-se, acredito, pela formação de base, criamos vagas e continuamos discriminados; ou teremos MEIA DÚZIA de "Afros" funcionários públicos, e OS MILHARES que não têm acesso a Cresches, Escolas Primárias e Secundárias, a Faculdades. O que vejo hoje, são Prefeituras criando cursos de (Creche, copeiro, artezão etc....) NÃO ESTOU DISCRIMINANDO, agora, porque não criar cursos TÉCNICOS para familias de baixa renda (nas áreas de Comércio Exterior:Logística, Financeiro, Ass.Exportação etc) ESTES SÃO EFETIVOS CURSOS DE INSERÇÃO E EMPREGABILIDADE.

É fácil para nossos Governantes legislarem desta forma, não terão problemas ocupacionais em seus cabinetes, porem é mais trabalhoso legislarem de forma "social". Cria-se umas "vaguinhas" e resolve-se os problemas.

Como podemos constatar, TODOS os argumentos – favoráveis e contrários – impressionam e, acima de tudo, demonstram qual é o sentido que o povo espera do princípio da igualdade.

8. Os intérpretes *formais* da Constituição e o sentido normativo do Princípio da Igualdade

Pois bem. Uma vez alcançados, pelos intérpretes da Sociedade Aberta, os possíveis sentidos da igualdade constitucional que se espera, resta, agora, declarar a interpretação dos intérpretes oficiais.

A interpretação oficial é aquela que o Estado oferece e que irá – juntamente com as demais – fundamentar a solução da controvérsia. Assim, na qualidade de relator, o autor deste trabalho esclareceu o sentido normativo que compreendia como adequado para a Igualdade Constitucional. É certo que a interpretação oficial nunca será mais precisa ou mesmo mais adequada que a da Sociedade Aberta – não vejo como isso poderia ocorrer –, mas é a que, por dever de ofício, a que se tinha para oferecer.

Ainda que não possa ser considerada a melhor, é preciso aceitar a seguinte premissa: também não é possível excluir o próprio julgador do conjunto de intérpretes naturais da Constituição, pois o juiz também pertence à sociedade aberta, uma vez que ele também faz parte do povo.

Desse modo, o juiz não pode ser considerado apenas como um sujeito equidistante, que apenas observa o fenômeno sem participar dos sentimentos e valores individuais e coletivos que formam a própria sociedade. Conforme já demonstrou com indiscutível autoridade o Prof. LAURENCE TRIBE, a ciência (quântica) demonstrou que o observador participa e modifica o objeto observado, não sendo um sujeito completamente desvinculado do objeto de estudo. Com a mesma força persuasiva, o argumento incide na ciência do direito: o juiz (sujeito observador), embora permaneça isento e imparcial, observa e altera o fenômeno que estuda (objeto observado), uma vez que, ao julgar, modifica o próprio direito posto.

No âmbito da interpretação constitucional, esse argumento ganha irrefutável força.

O julgador, ao interpretar a Constituição, age como intérprete oficial e, também, como membro da própria Sociedade Aberta dos intérpretes da Constituição, pois integra a sociedade que expressou seus valores na Audiência Pública. Assim, sua interpretação é formal – na qualidade de intérprete oficial –, mas também é a interpretação que se propõe a alcançar, em uma circularidade recursiva autopoiética.

Vejamos, então, o sentido normativo que se pode extrair da compreensão que obtive da controvérsia, com base nas manifestações de todos os intérpretes da Constituição, utilizando, como método, as modernas técnicas de interpretação da Carta Fundamental.

9. A Igualdade assegurada pela Constituição e a desigualdade em razão da cor da pele.

Precisamos atentar para o fato de que **o conceito de igualdade não deve ser compreendido de modo literal**, desvinculado de qualquer circunstância que diferencie os diversos casos comparados.

Em outras palavras, **não é a igualdade formal** que a Constituição protege. Não é a igualdade que ignora as circunstâncias pessoais e historicamente situadas que desigualam os indivíduos, nas mais diversas situações que a vida nos traz.

Para que haja um tratamento igual, é necessário que as pessoas estejam em situações iguais, consideradas todas as possíveis circunstâncias relevantes (*ceteris paribus all-things-considered*) de cada um ou de cada situação. Caso contrário, se não houver essa igualdade de situações, então torna-se necessário diferenciar o tratamento para que haja uma equiparação na situação das duas pessoas. Somente eliminando a diferença, com uma "desdiferenciação", é que teremos igualdade.

Portanto, a igualdade somente surge com a compreensão das diferenças.

Vejamos um exemplo, para compreendermos melhor o argumento.

Dois alunos egressos da mesma faculdade particular, que tiveram idênticas ou assemelhadas oportunidades de ensino, de criação, de lazer, estão em igualdade de condições na disputa de eventual cargo em concurso público.

O mesmo não se pode dizer daqueles que têm situações distintas. Por exemplo. De um lado, alguém que sempre estudou nos melhores colégios privados, teve uma alimentação saudável, cresceu em uma família estável e bem estruturada, dedicando-se integralmente ao estudo e às relações sociais de amizade e lazer. De outro lado, alguém que estudou em colégios públicos de qualidade questionável, sobreviveu com uma alimentação que não supria suas necessidades diárias, cresceu em uma família fragmentada, com pais omissos ou dedicados exclusivamente ao trabalho, e que precisou, desde a tenra idade, trabalhar para ajudar no seu sustento e da própria família.

Como equiparar essas duas pessoas?

Como comparar alguém que teve de tudo, inclusive os melhores estudos, com aquele que nunca teve nada, nem mesmo uma vida digna? Como comparar alguém que sempre foi aceito no meio social, sem qualquer preconceito ou rejeição (por preencher um criticável padrão social), com aquele que sempre foi excluído, por características de cor, raça ou etnia, simplesmente por ser diferente?

As situações não são idênticas, isso não podemos negar. As dificuldades que um enfrenta não são as mesmas que o outro enfrentou e ainda precisa enfrentar.

Reproduzo testemunho do Juiz Federal WILLIAM DOUGLAS, em pronunciamento na EDUCAFRO, que demonstra com clareza e sensibilidade, a diversidade de situações:

> Quem procurar meus artigos, verá que no início era contra as cotas para negros, defendendo com boas razões, eu creio que seria mais razoável e menos complicado reservá-las apenas para os oriundos de escolas públicas. Escrevo hoje para dizer que não penso mais assim. As cotas para negros também devem existir. E digo mais: a urgência de sua consolidação e aperfeiçoamento é extraordinária. (...)
> Minha filha, loura e de olhos claros, estuda há três anos num colégio onde não há um aluno negro sequer, onde há excelentes brinquedos, professores bem remunerados, aulas de tudo; sua similar negra, filha de minha empregada, e com a mesma idade, entrou na escola esse ano, escola sem professores, sem carteiras, com banheiro quebrado. Minha filha tem psicóloga para ajudar a lidar com a separação dos pais, foi à Disney, tem aulas de Ballet. A outra, nada mais tem que um quintal de barro, viagens mais curtas. A filha da empregada, que ajudo no que posso, visitou minha casa e saiu com o sonho de ter seu próprio quarto, coisa que lhe passou na cabeça quando viu o quarto de minha filha, lindo decorado, com armário inundado de roupas de princesa. Toda menina é uma princesa, mas há poucas das princesas negras com vestidos compatíveis, e armários e escolas compatíveis, nesse país imenso. A princesa negra disse para sua mãe que iria orar para Deus pedindo um quarto só para ela, e eu me incomodei por lembrar que Deus ainda insiste em que usemos nossas mãos humanas para fazer Sua Justiça. (...)
> O assunto demanda de todos nós uma posição consistente, uma que não se prenda apenas a teorias e comece a resolver logo os fatos do cotidiano: faltam quartos e escolas boas para as princesas negras, e também para os príncipes dessa cor da pele.
> Não que tenha nada contra o bem-estar de minha menina: os avós e os pais dela deram (e dão) muito duro para ela ter isso. Apenas não acho justo nem honesto que lá na frente, daqui a uma década de desigualdade, ambas sejam exigidas da mesma forma. **Eu direi para minha filha que sua similar mais pobre deve ter alguma contrapartida para entrar na faculdade. Não seria igualdade nem honestidade tratar as duas da mesma forma só ao completarem quinze anos, mas sim uma desmesurada e cruel maldade, para não escolher palavras mais adequadas.** (Revista da EMERJ, 12/48, 2009, pp. 146-148).

As palavras do ilustre e culto Juiz Federal são marcantes e impressionam. Observo que ele utiliza, inclusive, duas referências distintas: a cor da pele (negro) e a situação de desfavorecimento social (pobre). Chamo a atenção para essa dualidade, pois ela será necessária mais adiante.

É possível observar incontáveis relatos e situações, demonstrando a disparidade no tratamento em razão da cor da pele.

Vejamos alguns.

10. Conciliando direitos iguais em uma sociedade desigual: a

igualdade equitativa de oportunidades

Pois bem. As situações sociais envolvendo negros e brancos são desiguais. Esse fato não pode ser negado. Basta olharmos para os lados, em qualquer lugar que estejamos.

E mais: as circunstâncias de desfavorecimento racial e socioeconômico repercutem incisivamente na situação da população negra, a ponto de comprometer a igualdade de oportunidades que, nessa medida, deixam de ser iguais.

Surge, desse modo, o problema: *"como conciliar direitos iguais numa sociedade desigual, como harmonizar as ambições materiais dos mais talentosos e destros com os anseios dos menos favorecidos em melhorar sua vida e sua posição na sociedade?"*

Em um magnífico trabalho que influenciou toda uma era e ainda surpreende e impressiona gerações de filósofos[64], JOHN RAWLS dispôs-se a enfrentar o problema, buscando *"conciliar a meritocracia com a ideia da igualdade."* Seu livro *A Theory of Justice*, de 1971 e que foi o resultado direto da campanha pelos Direitos Civis, é o ponto de partida necessário para a compreensão da proteção constitucional aos menos favorecidos e para a compreensão de uma sociedade justa.

Segundo o filósofo americano,

> No sistema de **liberdade natural** a distribuição inicial é regulada pela organização implícita na concepção de carreiras abertas a talentos (como se definiu anteriormente). Essa organização pressupõe uma base de liberdade igual (especificada pelo primeiro princípio) e uma economia de mercado livre. **Ela exige uma igualdade formal de oportunidades,** no sentido de que todos têm pelo menos os mesmos direitos legais de acesso a todas as posições sociais privilegiadas. Mas como não há esforço algum para preservar uma igualdade, ou similaridade, de condições sociais, a não ser na medida em que isso seja necessário para preservar as instituições básicas indispensáveis, a distribuição inicial de ativos para cada período de tempo é fortemente influenciada pelas contingências naturais e sociais. A distribuição existente de renda e riqueza, por exemplo, é o efeito cumulativo de distribuições anteriores de ativos naturais – ou seja, talentos e habilidades naturais – conforme eles foram desenvolvidos ou não, e a sua utilização foi favorecida ou desfavorecida ao longo do tempo por circunstâncias sociais e eventualidades fortuitas como pela eventualidade de acidentes ou da boa sorte. Intuitivamente, **a mais óbvia injustiça do sistema de liberdade natural é que ele permite que a distribuição das porções seja influenciada por esses fatores tão arbitrários do ponto de vista ético.** (p. 76).

É bem verdade que as situações **naturais** de distribuição de bens

---

[64] Não desconhecemos as críticas endereçadas ao trabalho de RAWLS, como a direcionada ao *maximin*, à ideia de bens básicos, etc. Mas a ideia básica, utilizada como fundamento desta decisão, mantém-se hígida.

não podem ser consideradas justas nem injustas. Segundo RAWLS:

> **A distribuição natural não é justa nem injusta**; nem é injusto que pessoas nasçam em alguma posição particular na sociedade. **Esses são simplesmente fatos naturais. O que é justo ou injusto é o modo como as instituições lidam com esses fatos**. As sociedades aristocráticas e de castas **são injustas** porque fazem dessas contingências a base de referência para o confinamento em classes sociais mais ou menos fechadas ou privilegiadas (*cf. op. cit.*, p. 109).

É o que ocorre nesta controvérsia.

Ao manter as classes sociais segmentadas em negros e brancos, ou seja, **ao não promover políticas públicas de inserção e de integração social da população negra** – principalmente através do acesso diferenciado aos cargos públicos –, **as instituições preservam as contingências que tornam a sociedade injusta**. Para corrigir essa injustiça social, é preciso que as carreiras sejam acessíveis através de oportunidades **equitativas**, segundo afirma RAWLS:

> O que chamarei de interpretação liberal **tenta corrigir isso acrescentando à exigência de carreiras abertas a talentos a condição adicional de uma equitativa igualdade**. A ideia aqui é que as posições não devem estar abertas apenas de um modo formal, mas que todos devem ter uma oportunidade equitativa de atingi-las. (...) Em todos os setores da sociedade deveria haver, de forma geral, iguais perspectivas de cultura e realização para todos os que são dotados e motivados de forma semelhante. As expectativas daqueles com as mesmas habilidades e aspirações **não devem ser afetadas por sua classe social** (p. 77 – grifei).

Nessa medida,

> Um esquema é injusto quando uma ou mais das maiores expectativas são excessivas. Se essas expectativas fossem diminuídas, a situação dos menos favorecidos seria melhorada. A medida da injustiça de um ordenamento depende de quão excessivas são as expectativas mais altas e da extensão em que sua realização dependa da violação dos outros princípios da justiça, por exemplo, **a igualdade equitativa de oportunidades** (p. 83).

Como obter essa igualdade equitativa de oportunidades? Inicialmente, RAWLS afirma a necessidade de se partir de uma posição de neutralidade quanto aos bens que a distribuição natural oferece a cada um: a posição original.

11. A escolha dos princípios da justiça na posição original

Assim, para se chegar a um juízo imparcial de justiça, RAWLS propõe que os princípios básicos da justiça sejam escolhidos sob um "véu de ignorância". Essa "posição original" é "uma situação puramente hipotética" em que:

> (...) ninguém conhece seu lugar na sociedade, a posição de sua classe ou o *status* social e ninguém conhece sua sorte na distribuição de dotes e habilidades naturais, sua inteligência, força, e coisas semelhantes. (...)

O que isso significa? Que a escolha dos princípios de justiça deve ser feita como se todos desconhecessem sua situação pessoal, de modo a aceitar aqueles princípios que consideraria justos, se estivesse em qualquer posição. Assim, ele evitaria escolher aqueles princípios que favoreceriam sua condição pessoal. Nas palavras de RAWLS:

> Por exemplo, se um homem soubesse que era rico, ele poderia achar racional defender o princípio de que vários impostos em favor do bem-estar social fossem considerados injustos; se ele soubesse que era pobre, com grande probabilidade proporia o princípio contrário (p. 20).

Logo,

> Os princípios da justiça são escolhidos sob um véu de ignorância. Isso garante que ninguém é favorecido ou desfavorecido na escolha dos princípios pelo resultado do acaso natural ou pela contingência de circunstâncias sociais. Uma vez que todos estão numa situação semelhante e ninguém pode designar princípios para favorecer sua condição particular, os princípios da justiça são o resultado de um consenso ou ajuste equitativo (p. 13).

Particularmente, temos uma visão própria desse argumento. Parece-nos difícil alguém conseguir abstrair sua condição pessoal, mesmo hipoteticamente. Portanto, talvez seja mais razoável utilizar o que pode ser chamado de "transferência de condições", em que cada um deva se colocar na situação (hipotética) do outro, para descobrir o que ele consideraria justo (sem excessos), caso estivesse naquela posição (original, social, etc.): seria justo ter menos oportunidades, apenas porque nasceu sob determinadas condições (étnicas, sociais, etc.)? Seria justo que o desfavorecido social tenha menos oportunidades? Criar desigualdades para favorecer o desfavorecido é ainda mais justo que desfavorecer quem já se encontra favorecido. As privações são de ordens diversas. Esse método não é completamente diferente do "véu da ignorância", mas a transferência hipotética de condições com a projeção de consequências sobre sua própria situação, poderia trazer uma solução afastada de um interesse pessoal, que caracteriza a escolha através do véu da ignorância.

De qualquer modo, seja por uma ou por outra construção, é certo que, ao julgar este processo, os julgadores precisaram se colocar na "posição original", sob um "véu de ignorância", para escolher os princípios de justiça e a solução mais justa, caso fossem ignoradas as situações pessoais de cada um. Assim, os princípios de justiça foram escolhidos com igualdade e imparcialidade.

12. Restabelecendo a igualdade através da reparação das desigualdades – os princípios da diferença, das liberdades iguais e da igualdade equitativa de oportunidades.

Partindo da escolha dos princípios de justiça, RAWLS explica, em seguida, como se chega à igualdade democrática, a partir da combinação do **princípio da igualdade equitativa de oportunidades** e o **princípio da diferença**, que visa a eliminar a indeterminação do princípio da eficiência[65], estabelecendo um parâmetro para o julgamento das desigualdades sociais. Em resumo, isso significa que as expectativas daqueles que estão em melhor situação são justas se, e somente se, melhorarem as expectativas dos membros menos favorecidos da sociedade. Nas palavras do renomado jurista:

> Para ilustrar o princípio da diferença, consideremos a distribuição de renda entre as classes sociais. Suponhamos que os vários grupos pertencentes a diferentes faixas de renda estejam correlacionados a indivíduos representativos, e que em referência às expectativas destes últimos possamos julgar a distribuição. Ora, digamos que aqueles que de início são membros da classe empresarial na democracia com propriedade privada têm melhores perspectivas do que aqueles que de início estão na classe dos trabalhadores não especializados. Parece provável que isso será verdadeiro mesmo quando as injustiças sociais agora existentes forem eliminadas. O que, então, pode justificar esse tipo de desigualdade inicial nas perspectivas de vida? De acordo com o **princípio da diferença, a desigualdade é justificável apenas se a diferença de expectativas for vantajosa para o homem representativo que está em piores condições**, neste caso o trabalhador representativo não especializado. (p. 82).

Nessa linha de raciocínio:

> O princípio da diferença representa, com efeito, um consenso em se

---

[65] O princípio da eficiência, para RAWLS, é o que sintetiza o "ótimo de Pareto", e pode ser descrito do seguinte modo: "O princípio [da eficiência] afirma que uma configuração é eficiente sempre que é impossível mudá-la de modo a fazer com que algumas pessoas (pelo menos uma) melhorem a sua situação sem que, ao mesmo tempo, outras pessoas (pelo menos uma) piorem a sua" (*cf. op. cit.*, p. 71).

considerar, em certos aspectos, a distribuição de talentos **naturais** como um bem comum, e em partilhar os maiores benefícios sociais e econômicos possibilitados pela complementaridade dessa distribuição. **Os que foram favorecidos pela natureza, sejam eles quem forem, podem beneficiar-se de sua boa sorte apenas em termos que melhorem a situação dos menos felizes. Os naturalmente favorecidos não se devem beneficiar simplesmente porque são mais bem-dotados, mas apenas para cobrir os custos de treinamento e educação e para usar os seus dotes de maneiras que ajudem também os menos favorecidos. Ninguém merece a maior capacidade natural que tem, nem um ponto de partida mais favorável na sociedade. Mas, é claro, isso não é motivo para ignorar essas distinções, muito menos para eliminá-las. Em vez disso, a estrutura básica pode ser ordenada de modo que as contingências trabalhem para o bem dos menos favorecidos**. Assim somos levados ao princípio da diferença se desejamos montar o sistema social de modo que ninguém ganhe ou perca devido ao seu lugar arbitrário na distribuição de dotes naturais ou à sua posição inicial na sociedade sem dar ou receber benefícios compensatórios em troca (*cf. op. cit.*, p. 108).

Em conclusão:

Em primeiro lugar, podemos observar que o princípio da diferença dá algum peso às considerações preferidas pelo princípio da reparação. De acordo com este último princípio, desigualdades imerecidas exigem reparação; e como desigualdades de nascimento e de dotes naturais são imerecidas, elas devem ser de alguma forma compensadas. Assim, o princípio determina que a fim de tratar as pessoas igualitariamente, de proporcionar uma genuína igualdade de oportunidades, a sociedade deve dar mais atenção àqueles com menos dotes inatos e aos oriundos de posições sociais menos favoráveis. A idéia é de reparar o desvio das contingências na direção da igualdade. Na aplicação desse princípio, maiores recursos devem ser gastos com a educação dos menos inteligentes, e não o contrário, pelo menos durante um certo tempo da vida, digamos, os primeiros anos de escola (*cf. op. cit.*, p. 107).

Esse é o método para assegurar uma sociedade justa e para corrigir as desigualdades, conciliando a meritocracia liberal com a igualdade equitativa: o de reduzir as desigualdades para que haja uma "desdiferenciação" entre os grupos sociais.

13. A indagação da meritocracia "pura": haveria maior utilidade social na escolha daqueles com melhores habilidades uma vez que produziriam resultados mais adequados?

Seria possível argumentar, como já se argumentou, que o preenchimento dos cargos por aqueles com melhores habilidades e competências – ou seja, com base exclusivamente na meritocracia "pura" – poderia ser mais vantajoso até mesmo para os grupos excluídos, uma vez que os melhores desempenhos e resultados trariam benefícios maiores (recompensas externas) até para quem ficou privado do acesso aos respectivos cargos.

Mas esse argumento, típico do utilitarismo, não prevalece, pois a exclusão de determinados grupos da participação dos deveres sociais acarreta tratamento indiscutivelmente injusto, ainda que qualquer benefício pudesse dele ser extraído.

Novamente cito as lúcidas palavras de RAWLS:

> Eu não sustentei que os cargos devem necessariamente estar abertos para que, de fato, todos se beneficiem com uma ordenação. Pois pode ser possível melhorar a situação de todos através da atribuição de certos poderes e benefícios a determinados cargos, apesar do fato de certos grupos serem excluídos delas. Embora o acesso seja restrito, talvez esses cargos possam, não obstante, atrair talentos superiores e encorajar melhores desempenhos. **Mas o princípio das posições abertas impede isso.** Ele expressa a convicção de que **se algumas posições não estão abertas a todos de modo equitativo, os excluídos estariam certos em sentir-se tratados injustamente,** mesmo que se beneficiassem dos maiores esforços daqueles autorizados a ocupá-las. **Sua queixa seria justificada** não só porque eles foram excluídos de certas recompensas externas geradas pelos cargos, mas **porque foram impedidos de experimentar a realização pessoal que resulta de um exercício habilidoso e devotado dos deveres sociais. Seriam privados de uma das principais formas de bem humano.** (*cf. op. cit.*, p. 89-90).

Em verdade, argumento como este seria equivalente à abjeta sustentação de que não haveria desigualdade na segregação racial, desde que fosse assegurada igualdade de tratamento pelo poder público. Esse argumento, aliás, já foi afirmado no insustentável e abjeto princípio *separate but equal*, que em tão boa hora – ou talvez tarde demais – foi afastado com vigor pela Suprema Corte estadunidense. A Constituição não tolera a separação de grupos excluídos – por exemplo, com base na cor, raça ou etnia – ainda que ambos recebam igual tratamento.

Ora, há significativa desigualdade, sim!

E segregação dessa natureza conduz à intolerável injustiça.

Não é justo que o negro ou o pobre tenha menos oportunidades, simplesmente porque nasceu negro ou pobre; nem é justo que o branco ou o rico tenha mais oportunidades, por causa da cor da pele ou porque tem mais bens que seu semelhante. A teoria da justiça social rawlsiana visa a compensar isso, construindo uma igualdade equitativa de oportunidades.

14. A compatibilidade da igualdade equitativa com as demais normas constitucionais: a proteção constitucional à inserção no trabalho

A igualdade equitativa assegurada pela Constituição não se limita a manter os bens já incorporados ao patrimônio dos cidadãos. O emérito Professor de HARVARD destaca, com seu habitual brilho, que uma democracia da propriedade particular deve assegurar os meios de produção em um sistema social equitativo de cooperação, entre as pessoas livres e iguais. Afinal, *"as instituições básicas devem desde o princípio conceder aos cidadãos em geral, e não apenas a uns poucos, os meios produtivos que lhe permitem ser membros cooperativos de uma sociedade"*[66].

Para a concretização dessa assertiva constitucional, é preciso promover oportunidades iguais **até mesmo no <u>acesso</u> dos meios produtivos**, para que todos os cidadãos – inclusive os menos favorecidos – e possam atingir uma completa integração com o mercado de trabalho.

Segundo demonstrou FÁBIO KONDER COMPARATO na Audiência Pública promovida no Supremo Tribunal Federal:

> "A discriminação é de duas espécies. Ela pode ser uma discriminação ativa, que é a discriminação clássica. Mas há a discriminação omissiva, que é absolutamente contrária ao Estado Social. Ou seja, quando os Poderes Públicos não tomam as medidas indispensáveis para fazer cessar uma situação de inferioridade injusta, inaceitável, e determinar os rumos sociais".

Nessa medida, os Poderes Públicos têm o dever de **promover medidas** para corrigir as situações de iniquidade social e para promover a igualdade de oportunidades, no que foi denominado pelo Prof. COMPARATO de "princípio da redução das desigualdades sociais".

A Constituição Federal tem diversos enunciados que apontam para esse princípio ou finalidade institucional, na busca de uma sociedade justa. São eles.

Os incisos III e IV do art. 3º da Constituição Federal, que estabelecem, como objetivos fundamentais da República Federativa do Brasil, (i) erradicar a pobreza e a marginalização e reduzir as desigualdades sociais e regionais; e (ii) promover o bem de todos, sem preconceitos de origem, raça, sexo, cor, idade e quaisquer outras formas de discriminação.

Desse modo, o inciso III prevê, explicitamente, a redução das desigualdades sociais e regionais, que somente ocorre com a utilização de critérios de igualdade equitativa de oportunidades, como o sistema de cotas.

O inciso IV do citado art. 3º é mais claro, **ao declarar a necessidade de políticas públicas que combatam qualquer discriminação, inclusive a racial**.

O art. 37, VIII, da Constituição demonstra um meio, dentre muitos outros, de se promover justiça social: a partir de reserva da cargos e empregos para "pessoas portadoras de deficiência", na expressão da Carta Magna. Veja-

---

[66] RAWLS, *cf. Uma Teoria da Justiça*, cit., p. XVIII.

se, assim, que o sistema de cotas não é incompatível com a Constituição, que, ela mesma, considera como medida adequada para promover a igualdade equitativa de oportunidades e qualquer outra política pública de combate à discriminação racial.

O art. 170 estabelece o princípio da livre iniciativa, mas destaca a necessidade de valorização do trabalho humano, com o escopo de *"assegurar a todos existência digna, conforme os ditames da justiça social, observados os seguintes princípios: (...) VII - redução das desigualdades regionais e sociais;"*. Mais uma vez, a referência a redução das desigualdades sociais, que ocorrem com a promoção de políticas públicas eficazes e ações afirmativas.

Por último, o art. 203, III, impõe *"a promoção da integração ao mercado de trabalho"*.

Uma importante promessa de política pública de inclusão social foi feita no Estatuto da Igualdade Racial, que estabelece:

> **Art. 39.** O poder público promoverá ações que assegurem a igualdade de oportunidades no mercado de trabalho para a população negra, inclusive mediante a implementação de medidas visando à promoção da igualdade nas contratações do setor público e o incentivo à adoção de medidas similares nas empresas e organizações privadas.
>
> § 1º A igualdade de oportunidades será lograda mediante a adoção de políticas e programas de formação profissional, de emprego e de geração de renda voltados para a população negra.
> (...)
> **Art. 42.** O Poder Executivo federal poderá implementar critérios para provimento de **cargos em comissão** e funções de confiança destinados a ampliar a participação de negros, buscando reproduzir a estrutura da distribuição étnica nacional ou, quando for o caso, estadual, observados os dados demográficos oficiais.

De que outro modo poderíamos integrar os excluídos (como a população negra) no mercado de trabalho, se não for com medidas de igualdade equitativa de oportunidades, como o sistema de cotas? Como poderíamos inserir a população negra nos cargos públicos a não ser com o reconhecimento de diferenças para diminuir ou afastar as desigualdades?

Os socialmente desfavorecidos não terão, jamais, igualdade de condições para a desejada integração profissional, a não ser que as instituições promovam políticas públicas de integração social.

Nesse ponto, uma advertência.

Não há como afirmar que a criação de cotas para negros significa promover o "racismo", como querem alguns, do mesmo modo que não é possível dizer que a Constituição Federal é "sexista" (na expressão do Prof. FÁBIO KONDER COMPARATO), quando determinou incentivos para a proteção do trabalho da mulher no art. 7º, inciso XX. São medidas de proteção dos menos favorecidos, visando à integração social e ao restabelecimento das igualdades de oportunidades.

15. A identificação dos beneficiários da Lei nº 6.225/2004: o conceito de "raça".

A indagação mais palpitante nessa controvérsia é: quem são os beneficiados pela Lei nº 6.225/2004?

Essa indagação é necessária, (i) para identificar aquele que tem direito à proteção legal; e (ii) porque o conceito brasileiro (com base na cor da pele) é diferente do conceito americano (com base nas características físicas que revelam a ancestralidade).

De início, sabe-se que nenhum critério será preciso ou exato. Até mesmo porque o conceito é cultural e, como tal, está sujeito à modificação das características definitórias em conformidade com a evolução da sociedade.

Assim como no passado o critério utilizado parecia suficiente e hoje é bastante criticado, no futuro a definição ora adotada não bastará e será igualmente criticada. Mas temos que decidir para o momento histórico em que nos encontramos, admitindo sua revisão posterior, em interpretação evolutiva.

Pois bem.

Argumenta-se que, do ponto de vista científico, não há pluralidade de raças. Somos todos pertencentes a um mesmo grupo biológico, independentemente da cor da pele. Por esse argumento científico, não seria possível afirmar sequer a existência de racismo, pois – sustenta-se – há somente uma raça: a do ser humano.

Na acepção biológica, o argumento é preciso. Há apenas uma raça.

Contudo, o conceito **jurídico** de "racismo" não advém da existência **natural** de diversas "raças" biológicas.

Não podemos esquecer que estamos diante de fenômenos distintos, cujos sistemas (autopoiéticos) são autônomos e independentes, com características específicas e respectivo fechamento estrutural. Em outras palavras, nem sempre os fenômenos naturais identificam-se com as situações sociais, morais e jurídicas. No plano das relações naturais, a relação é de causa e efeito, enquanto no plano das relações sociais e jurídicas, a relação é de meio e fim. Na natureza temos o plano do "ser" (*Sein*), enquanto no direito temos o plano do dever ser (*Sollen*). Embora seja possível haver ressonância de um sistema em outro (abertura cognitiva), cada sistema tem as suas características próprias.

O que eu quero dizer é que nem sempre o que ocorre na natureza coincide com os fenômenos jurídicos.

Por exemplo.

O conceito **biológico** de paternidade nem sempre coincide com o conceito **jurídico** correspondente. Não são apenas o pai e a mãe biológicos que têm relação (jurídica) de paternidade. A adoção, por exemplo, cria o vínculo (jurídico) de paternidade, independentemente de os pais adotivos serem os pais biológicos. Assim, o conceito biológico (plano do ser) não é elemento essencial para o conceito jurídico (plano do dever ser).

O mesmo ocorre com o conceito de "raça". Não se afirma a existência de diversas "raças" biológicas. Nem esse poderia ser o escopo desse julgamento. Mas é possível reconhecer a existência de discriminação "racial", pois o conceito (jurídico e social) remete a "ordens hierárquicas de relações de dominações"[67].

Não se pode negar a existência de uma inquestionável desigualdade social, que existe principalmente entre a população branca e a negra (pretos e pardos). De igual modo, não se pode negar que, mesmo em menor grau do que havia no passado, ainda hoje há expressiva discriminação racial, ou seja, relações de dominação com base na etnicidade ou cor da pele.

Portanto, cor, raça e etnia são conceitos "sociais", "culturais", e não "naturais". São decorrentes de uma odiosa pretensão de dominação com base em circunstâncias reais ou imaginárias de origem, nacionalidade, ancestralidade, língua, religião, etnia, gênero *etc*. Nesse contexto, "raça" é conceito cultural, utilizado com o escopo específico de discriminação.

É inegável que, ainda hoje, existem atitudes discriminatórias decorrentes da cor da pele.

Conforme se verifica na página da UNESCO: "*As fontes de dados sobre a questão racial vêm-se aperfeiçoando e mostram claramente que as atitudes discriminatórias contra as populações indígenas e negras persistem na sociedade brasileira*"[68].

Quem não acompanhou a recente e odiosa discriminação na internet ao nordestino, que ganhou corpo a partir de comentários desairosos e repugnantes de alguém com sérias limitações intelectuais? Quem vai negar a discriminação sofrida pelas mulheres por milhares de anos? E quem vai negar a existência de discriminação racial que os negros ainda enfrentam atualmente?

E a Lei nº 6.225/2004 visa a proteger aquele que é ou pode ser alvo de discriminação "racial" ou étnica.

Mas, novamente indagamos, quem são os beneficiados pela Lei impugnada?

A Lei nº 6.225/2004, ora impugnada, fala em **afrodescendente**.

---

[67] PETRUCELLI, *cf. Op. cit.*, p. 7

[68] Cf. http://www.unesco.org/pt/brasilia/crosscutting-mainstreaming-principal-priorities-and-special-themes-of-the-unesco-brasilia-office/fighting-against-racial-discrimination-in-brazil/

O Estatuto da Igualdade Racial, por sua vez, refere-se à população **negra**.

Não houve, assim, uma referência precisa sobre quem tem direito à proteção legal. Mas essa imprecisão terminológica não é exclusivamente atual. Em diversos períodos históricos, tivemos diferentes classificações étnicas. As quatro referências principais eram: **pardo** (de cor entre o branco e o preto), **mestiço** (nascido de pais de raças diferentes), **mulato** (nascido de pai branco e mãe preta ou vice-versa) e **moreno** (derivado do espanhol *moro*, mouro, no sentido de cor "trigueira"). Além dessas expressões, outras foram usadas: **caboclo** (nascido de nascido de pai branco e mãe índia ou vice-versa, de cor acobreada e cabelos lisos), **cafuzo** (nascido de preto e índio), **bugre** (de sentido depreciativo, designando o índio bravio) e **preto** (referente à cor, mas de origem etimológica ainda a ser elucidada)[69].

Então, quem tem direito à reserva de vagas assegurada pela Lei impugnada? São os negros? Os pardos? Os afrodescendentes? Qual critério deve ser adotado?

A expressão "afrodescendente" é utilizada para classificar um determinado grupo social a partir de sua origem. Embora seja adequada em algumas situações, a expressão isolada pode conduzir a interpretação equivocada. Por exemplo, já soube de situação em que candidatos se autodeclararam "afrodescendentes", com o escopo de participarem das cotas raciais, afirmando a existência de um ancestral negro em sua genealogia, muito embora tivessem cor branca, com olhos verdes e cabelos claros. Obviamente que essa conduta não é a protegida pela Lei impugnada.

Sendo assim, a terminologia "afrodescendente" não é suficiente para identificar o grupo social a que se destinam as medidas de promoção de oportunidades (cotas), exceto se for usada com outra circunstância relevante. Sem dizer que, durante a Audiência Pública Presencial, uma senhora muito lúcida reafirmou que não gosta da alcunha de "afrodescendente", uma vez que ela é brasileira, e que tinha orgulho de ser considerada negra, e não gostaria de ser conceituada por sua eventual ancestralidade.

Logo, deve ser usada a definição encontrada no Estatuto da Igualdade Racial, instituído pela Lei nº 12.288, de 20 de julho de 2010, que dispõe:

> Art. 1º. Esta Lei institui o Estatuto da Igualdade Racial, destinado a garantir à população negra a efetivação da igualdade de oportunidades, a defesa dos direitos étnicos individuais, coletivos e difusos e o combate à discriminação e às demais formas de intolerância étnica..
>
> Parágrafo único. Para efeito deste Estatuto, considera-se:
> ....
> IV - população **negra**: o conjunto de pessoas que se autodeclaram **pretas** e **pardas**, conforme o quesito cor ou raça usado pela Fundação Instituto

---

[69] *Cf.* PETRUCELLI, *op. cit.*, pp. 19-20.

Brasileiro de Geografia e Estatística (IBGE), ou que adotam autodefinição análoga;

Bem sei que o critério continua vago. Mas parece-me suficiente para solucionar a questão.

Algumas opiniões contrárias – demonstradas respeitosamente nas Audiências Públicas Presencial e Virtual e em diversas obras – argumentam que *"a população do país é muito misturada, a maioria contaria com algum ancestral negro, não podendo se diferenciar realmente, quem teria direito de ser favorecido"*[70] O argumento demonstra a dificuldade de classificação da população pela cor da pele, dificuldade essa reconhecida pela doutrina.

JOSÉ LUZ PETRUCCELLI faz uma incursão histórica das diversas classificações já empreendidas no país, apontando as insuficiências e a necessidade de aperfeiçoamento conceitual. Afirma que:

> Contudo, o avanço conseguido no estudo destas iniquidades, com as informações disponíveis, não diminui a necessidade de desenvolver um aperfeiçoamento do atual sistema de identificação étnico-racial e, consequentemente, da caracterização dos grupos de população afetados pelas desigualdades socioeconômicas no país (Cf. A cor denominada. Estudos sobre a classificação étnico-racial, Rio de Janeiro: DP&A, 2007, pp. 7-8).

Não obstante isso, a dificuldade de classificação em alguns casos pontuais não impede e nem pode impedir os programas e medidas de correção de desigualdades raciais e de promoção da igualdade de oportunidades, de modo a construir uma sociedade justa no modelo rawlsiano. Aliás, o próprio PETRUCCELLI aponta para essa solução, quando afirma:

> Entretanto, esta argumentação, extemporânea, no nosso modo de ver, parece se basear mais em ideias preconcebidas de quem em fundamentos empíricos. Com efeito, se tanto histórica como contemporaneamente tem se sabido de forma acurada a quem discriminar racialmente no país, na hora de distribuir benefícios compensatórios para esta mesma população, a diferenciação por cor não teria porque se desvanecer. (op. cit., p. 9).

Impressionou-me, sobremaneira, o argumento utilizado na Audiência Pública Presencial, quando um participante afirmou: *"não sabe distinguir preto do branco? Isso é fácil. Basta perguntar para a polícia..."*. O argumento, embora choque pela sinceridade, demonstra com clareza **que se sabe a quem discriminar racialmente**. Então, na mesma medida, a classificação dos beneficiados com as políticas de integração deve ser passível de identificação: aqueles passíveis de discriminação racial.

---

[70] Petruccelli, p. 9.

É verdade que alguns casos são difíceis de solucionar. Todos se recordam da reportagem de uma revista de circulação nacional[71], cuja matéria de capa foi: "*Gêmeos idênticos, Alex e Alan foram considerados pelo sistema de cotas como BRANCO E NEGRO. É mais uma prova de que RAÇA NÃO EXISTE*"[72]. Na capa deste periódico, um irmão foi fotografado com uma camisa negra, em um fundo negro, enquanto o outro foi fotografado com uma camisa branca, em um fundo branco.

De fato, a matéria impressiona, pelo fato de que dois gêmeos receberam classificações diferenciadas. É verdade que este é um caso difícil, que acarretou profunda reflexão sobre o tema.

Mas a existência de casos difíceis não é característica única e exclusiva da controvérsia racial. Ao contrário, essa é uma característica que atinge todo o direito, a ponto de HERBERT HART afirmar que os casos de aplicação da norma podem ser fáceis (*easy cases*) ou difíceis (*hard cases*)[73]. Nos casos fáceis, pretende-se um mero juízo de subsunção do fato à norma, com elevado grau de certeza quanto a classificação; nos casos difíceis, há acentuada incerteza, que remete à dúvida sobre a incidência normativa. O debate HART/DWORKIN também não nega a existência dos casos difíceis, mas discute apenas propostas diferentes para solucionar o impasse: este, com base na discricionariedade; aquele, com fundamento em princípios normativos.

O que chama a atenção, então, é que **ninguém pode negar a proteção jurídica ao fundamento de que se trata de um caso difícil (*hard case*)**. A dificuldade de classificação não é suficiente para negar a existência do direito.

Portanto, o que **não** podemos admitir, em hipótese alguma, é **a negativa de todo um programa de correção de desigualdade e de promoção de igualdade de oportunidades**, sob o fundamento simplista de que existem (alguns) casos que são difíceis de classificar.

Seria o mesmo que afirmar: como existem casos difíceis, o Estado deve negar **todas** as políticas de correção de desigualdades, inclusive para aqueles que são facilmente identificáveis. Se há dúvidas quanto a (alguns) pardos, então deve ser a inclusão social deve ser negada para todos, inclusive

---

[71] Revista Veja, edição 2011, ano 40, n. 22, de 6 de junho de 2007.

[72] De fato, "raça", no sentido biológico, não existe. Isso a ciência demonstrou e aceitamos, aqui. Mas "raça", no sentido cultural, discriminatório, existe, sim, conforme já demonstramos neste voto.

[73] Não ignoro a crítica, bem fundada, de LÊNIO STRECK, sobre a dicotomia *easy cases* e *hard cases*. Também não ignoro o fato de que, nos casos difíceis, o raciocínio entimemático é característico, com um salto (*jump*) maior do que o usual. Porém – e sem adentrar na discussão sobre a correção ou não dessa abordagem bipartida –, a utilização dessa classificação é bastante elucidativa e permite a compreensão de que, em dadas situações, a dificuldade de se encontrar deterministicamente uma solução não pode impedir – e não impede – a proteção de direitos fundamentais.

para os facilmente classificados como negros.

Ora, esse argumento é insustentável!

A dificuldade em alguns casos (*hard cases*) – repito – não pode impedir políticas públicas que visem a programas e medidas de correção de desigualdades, principalmente de casos indiscutíveis (*easy cases*).

Nessa medida, o conceito a ser utilizado para a concessão de benefício legal para equipar situações desiguais não deve ser o da Lei nº 6.225/2004. Ou seja, os beneficiados não podem ser *apenas* aqueles cuja ancestralidade ou parte dela tenha origem africana. Inúmeros afrodescendentes têm características físicas que não favorecem a discriminação (*ratio* da proteção estatal).

Assim, a expressão *isolada* de "afrodescendente" usada na Lei impugnada não é completamente adequada, muito embora tenha sido bem intencionada. Assim, o conceito a ser usado deve ser o do Estatuto da Igualdade Racial – Lei nº 12.288/2010 –, direcionado à "**população negra**", compreendida como "conjunto de pessoas que se autodeclaram **pretas** e **pardas**, conforme o quesito cor ou raça usado pela Fundação IBGE"

Obviamente o agente público responsável pela classificação pode e deve, nos *hard cases* e de modo justificado, relacionar a autodeclaração de "pardo" com outros elementos constantes na própria Lei, como, por exemplo, a possibilidade de a autodeclaração provocar "*distinção, exclusão, restrição ou preferência baseada em raça, cor, descendência ou origem nacional ou étnica*", impedindo, restringindo ou dificultando "*o reconhecimento, gozo ou exercício, em igualdade de condições, de direitos humanos e liberdades fundamentais nos campos político, econômico, social, cultural ou em qualquer outro campo da vida pública ou privada*".

Desse modo, nos *hard cases*, em que há uma zona cinzenta que dificulta a classificação, a autodeclaração deve ser verificada empiricamente com a possibilidade de tratamento diferenciado, passível de discriminação.

É óbvio que essa conjugação de fatores é completamente dispensável nos *easy cases*.

16. A *causa petendi* na ação de inconstitucionalidade: Houve violação ao princípio da igualdade?

No que tange ao argumento sustentado na inicial de que a reserva de vagas viola o princípio da igualdade, o que se pode concluir é que, em verdade, a Lei nº 6.225/2004 **não** incorre em qualquer violação ao indigitado princípio.

Conforme vimos, a igualdade que a Constituição protege não é a aparente, formal, de mera capacitação educacional (baseada na falácia de que "todos têm a escolaridade exigida, então todos estão em situação de igualdade"). Não é assim. A igualdade que a Constituição assegura é a equitativa, material, em que se torna essencial compensar e corrigir as desigualdades.

Não podemos esquecer que a garantia constitucional da igualdade equitativa manifesta-se através da compensação das desigualdades e da proteção dos socialmente desfavorecidos.

Nesse contexto, a norma impugnada **não** é inconstitucional, porque ela **não viola** o princípio da igualdade. Ao contrário, a Lei nº 6.225/2004 **promove** a igualdade equitativa de oportunidades, com base no princípio da diferença.

Logo, a Lei impugnada é válida, vigente e eficaz, devendo, pois, ser aplicada.

Porém, precisamos examinar os âmbitos de eficácia da norma, para especificar quais as situações que admitem a incidência normativa.

17. A modulação dos efeitos da decisão e os âmbitos de *eficácia* do precedente judicial

O Supremo Tribunal Federal tem utilizado a técnica da modulação dos efeitos da decisão para especificar a projeção da eficácia de seus julgamentos, adequando-os ao contexto social e preservando situações jurídicas já consolidadas.

A modulação dos efeitos encontra-se prevista no artigo 27 da Lei nº 9.868/1999, que estabelece:

> **Art. 27.** Ao declarar a inconstitucionalidade de lei ou ato normativo, e tendo em vista razões de segurança jurídica ou de excepcional interesse social, poderá o Supremo Tribunal Federal, por maioria de dois terços de seus membros, **restringir os efeitos** daquela declaração **ou** decidir que ela **só tenha eficácia a partir de seu trânsito em julgado ou de outro momento** que venha a ser fixado.

Trata-se de feliz e oportuna previsão normativa. Observem que ela não significa adesão ao entendimento de que a pronúncia de inconstitucionalidade produz efeito *ex nunc* e tem natureza constitutiva negativa, como sustentou KELSEN. Em verdade, persiste em nosso sistema jurídico, com força total, a natureza declaratória da pronúncia de inconstitucionalidade, com eficácia *ex tunc*. Tanto que a modulação temporal refere-se a cláusula de exceção, que exige quórum qualificado de dois terços dos membros da respectiva Corte.

De qualquer forma, a modulação dos efeitos é uma importante técnica decisória – principalmente quando se trata de processo objetivo, isto é, controle **abstrato** de constitucionalidade – que visa à preservação de excepcional interesse social ou a própria segurança jurídica. A possibilidade de limitação dos efeitos da decisão é medida absolutamente necessária e pertinente. Com a modulação dos efeitos, a respectiva Corte Constitucional poderá preservar situações fáticas já consolidadas, concretizando o princípio da segurança jurídica que deve nortear todo e qualquer sistema, seja ele jurídico, econômico, social ou político.

Pois bem.

Com base na técnica da modulação dos efeitos, o Supremo Tribunal Federal tem limitado a eficácia de algumas decisões para outro marco temporal como, por exemplo, o trânsito em julgado de suas decisões. Isso altera o *tempo* da eficácia da declaração de inconstitucionalidade que, de regra, retroage até a data em que a norma impugnada entrou em vigor.

Mas, o que significa modular os efeitos da declaração de inconstitucionalidade da norma?

Em verdade, a modulação dos efeitos significa *alterar o âmbito de validade da norma produzida com a declaração de inconstitucionalidade.*

Nada mais do que isso.

No modelo kelseniano, as sentenças judiciais são normas jurídicas (concretas). As decisões em ações diretas de inconstitucionalidade também são normas jurídicas, muito embora não se classifiquem como normas *concretas*, uma vez que não soluciona controvérsias com circunstâncias individualizadas. Se observarmos bem, elas se assemelham mais às normas *abstratas*, tal como as leis, projetando eficácia vinculante e efeito *erga omnes* para todas as demais situações idênticas.

Nessa linha de raciocínio, podemos reconhecer nos precedentes judiciais provenientes das decisões em ADIs os mesmos âmbitos de validade das demais normas jurídicas (que também estão presentes nas normas concretas).

E quais são os âmbitos de validade? Nas palavras de NORBERTO BOBBIO, "distinguem-se quatro âmbitos de validade de uma norma: *temporal, espacial, pessoal* e *material*".[74]

Podemos definir cada âmbito de validade como *as características específicas que identificam cada situação, produzindo efeitos segundo as circunstâncias de espaço, de tempo, da pessoa e da matéria.* Fora dessas características, a norma (ou precedente) não produz efeito.

Explico, com exemplos de BOBBIO. A norma que proíbe fumar das cinco à sete, não produz efeito sobre as situações em que se fuma das sete às nove (âmbito temporal). A norma que proíbe fumar na sala de cinema não tem eficácia sobre as situações em que se fuma na sala de espera (âmbito espacial). A norma que proíbe aos menores de 18 anos fumar não atinge os adultos (âmbito pessoal). E, por fim, a norma que proíbe fumar charutos não produz efeitos sobre quem fuma cigarros (âmbito material).

Estamos acostumados à possibilidade de restrição dos efeitos de um dos âmbitos de validade, a saber, a modulação *temporal* dos efeitos da decisão.

---

[74] Cf. Bobbio, Norberto. *Teoria do Ordenamento Jurídico*, 10ª ed., Brasília: Editora UnB, 1999, p. 87.

No entanto, *o âmbito de validade temporal* **não** *é o único critério passível de modulação dos efeitos*. Todos os âmbitos de validade da norma podem ser modulados. Essa assertiva fica mais clara quando relemos o enunciado legal contido no art. 27 da Lei nº 9.868/1999 que permite, em cópula disjuntiva, a modulação *temporal* (da expressão "outro momento") "ou" a restrição "dos efeitos". Ora, os efeitos advêm, além do temporal, de todos os outros âmbitos de validade, a saber, o material, o pessoal e o espacial.

Em resumo, todos os âmbitos de validade estão sujeitos à modulação de efeitos.

Na verdade, melhor seria denominá-los de "contextos de eficácia" ou "âmbitos de eficácia", uma vez que eles não se referem à produção normativa (validade formal), mas à produção de efeitos.

Examinemos, agora, como se comporta cada âmbito de eficácia da presente declaração de constitucionalidade da norma impugnada.

18. Do âmbito *temporal* de eficácia da pronúncia de constitucionalidade e a modulação dos efeitos da decisão

As ações afirmativas são medidas temporárias e devem subsistir apenas pelo prazo necessário para corrigir as imperfeições sociais. Logo, devem ter um prazo de duração, não podendo perpetuar-se além do tempo necessário para estabelecer o equilíbrio das situações desiguais.

Isso fica mais fácil de perceber quando continuamos projetando os efeitos de eventual ação afirmativa, mesmo após sanada a eventual diferença de oportunidades.

Senão, vejamos.

Imaginemos, para ilustrar o raciocínio, que após a adoção de cotas para negros em determinado município, digamos, de 30% (tal como na norma ora impugnada), a política de inclusão social tenha efetivamente surtido efeito e reparado as desigualdades sociais (esperemos que isso de fato ocorra, em curtíssimo prazo). Admitamos, ainda, que neste eventual município, a proporção entre a população branca e a negra seja, respectivamente, de 40% (quarenta por cento) e 60% (sessenta por cento). O programa de inclusão social deve persistir pelo tempo necessário para que haja efetiva ocupação de cargos em expressão proporcional à dos grupos sociais. Mais do que isso, é excessivo; menos, é insuficiente.

Ora, se as reservas de vagas por cotas continuar mesmo após a inserção da população negra na proporção respectiva da região (60%), então haverá uma injusta redução de oportunidades para o grupo social contrário que, de socialmente favorecidos, passarão a desfavorecidos, a ponto de reclamar proteção jurídica.

Desse modo, a política afirmativa de inclusão social deve – para respeitar a necessária proporcionalidade – ser limitada ao tempo necessário para a inserção dos socialmente desfavorecidos. Além disso, haverá excesso, que não é aceito por nenhum ordenamento jurídico (*Übermaßverbot*).

Nessa medida, é necessário estabelecer uma modulação temporal dos efeitos da pronúncia de constitucionalidade da norma. A dificuldade que surge é que não é possível antever em quanto tempo as políticas afirmativas irão promover a inclusão social do grupo desfavorecido. Quanto tempo levará? 10 (dez) anos? 15 (quinze)? 5 (cinco)? Não sabemos e nem é possível saber.

Que é necessário modular temporalmente os efeitos, isso ficou claro. Mas não há como antever o tempo de duração.

Portanto, a única solução que podemos imaginar é a de fixar a modulação *temporal* ao momento em que a inclusão social atingir a mesma proporção da população negra e branca da respectiva região. A partir desse momento – se e quando chegar –, as políticas de inclusão não serão mais necessárias e todos concorrerão em igualdade de condições. Porém, enquanto não houver essa situação, a política afirmativa de cotas deve prevalecer.

Mas enquanto o preenchimento dos cargos for de, digamos, 90% de brancos e 10% de negros, ainda haverá significativa desigualdade, exigindo a continuidade do programa de inclusão social.

19. O âmbito *espacial* de eficácia da pronúncia de constitucionalidade e a modulação dos efeitos ao postulado da Proporcionalidade.

Uma questão que precisa ser solucionada refere-se ao porcentual da reserva de vagas. A Lei nº 6.225/2004, ora acoimada de inconstitucional, estabeleceu uma participação de 30% (trinta por cento) para a população negra nos concursos públicos municipais.

A pergunta que surge é: esse porcentual é adequado e necessário? Ou é desproporcional e, em consequência, inconstitucional, por não refletir a participação necessária da população negra nas ações de integração racial?

A Profª ADA PELLEGRINI GRINOVER, em magnífico e lúcido pronunciamento na Audiência Pública ordenada nesta demanda, afirma que 30% (trinta por cento) de reserva das vagas é uma expressão alta e viola o postulado da proporcionalidade. Após sustentar a inconstitucionalidade da Lei nº 6.225/2004, formulou pedido alternativo, consistente na redução do porcentual, para expressão compatível com a necessidade de integração social.

Como sempre, a ilustre e culta jurista tem argumentos difíceis – senão impossíveis – de superar. Em verdade, é preciso manter a proporcionalidade, sob pena de a tentativa de concretização de uma garantia constitucional tornar-se inconstitucional.

Como solucionar a questão?

Parece-se possível manter a proporcionalidade – conforme sustentou a ilustre jurista – e, ainda assim reconhecer a oferta adequada das cotas, segundo o percentual da população negra na sociedade.

Para tanto, é preciso compreender a participação demográfica da população negra e da branca em determinada região, para que não haja oferta em excesso de cargos para um ou para outro grupo social. Dependendo do quantitativo da população negra e da população branca, fixar um determinado percentual de vagas pode ser desproporcional, como bem lembrou a Profª ADA PELLEGRINI GRINOVER, na Audiência Pública Presencial.

Explico.

A Lei nº 6.225/2004 fixou em 30% (trinta por cento) a quantidade de vagas para a população negra (pretos e pardos afrodescendentes). Mas, esse percentual é excessivo, conforme se afirmou? Ou na verdade é insuficiente? Qual é a proporção da população negra, comparada com a população branca, no Município de Vitória?

Vejamos como a proporção da população negra e branca pode provocar a desproporção no número de vagas reservadas para um determinado grupo desfavorecido.

Segundo os dados do Instituto Brasileiro de Geografia e Estatística - IBGE,[75] no Município de Serra **38,6% da população é branca**, enquanto **60,15% é preta** (7,29%) **e parda** (52,86%) – o restante é amarela (0,14%), indígena (0,49%) ou não declarada (0,61%). Em Conceição da Barra, a **população branca representa 27,95%**, enquanto a **população preta** (8,83%) **e parda** (62,48%) **atinge 71,31%**. São Mateus tem **35,93% de população branca** e **62,88% de pretos** (11,39%) e **pardos** (51,49%).

Vejam que, nestes casos, o percentual previsto de 30% (trinta por cento) não é excessivo. Em verdade, **ele é até mesmo insuficiente para uma completa e total integração social e promoção de oportunidades iguais**.

Mas isso não se repete em todos os municípios.

Em Santa Maria do Jetibá, por exemplo, os brancos representam 85,9% da população, enquanto os pretos (0,68%) e pardos (12,74%) atingem 13,42%. Situação semelhante encontramos em Marilândia, com 75,39% de brancos e 24,3% de pretos (3,85%) e pardos (20,45%), e também em Venda Nova do Imigrante, cuja população branca representa 73,39% e a população preta (4,75%) e parda (20,65%) consiste em 25,4%.

Nesses casos, o percentual previsto na Lei impugnada seria

---

[75] Fonte: IBGE, cf. http://www.sidra.ibge.gov.br/bda/tabela/protabl.asp?c=2093&z=cd&o=7&i=P.

considerado excessivo e, nessa medida, desproporcional.

Especificamente no Município de Vitória, cuja Casa Legislativa promulgou a Lei n° 6.225/2004, ora impugnada, os dados do IBGE revelam uma população branca de 52,33% e uma **população preta** (7,43%) **e parda** (38,46%) **totalizando 45,89%**.

Isso demonstra que, no caso da Lei n° 6.225/2004, o percentual de 30% não é excessivo.

Logo, o âmbito de eficácia *espacial* deve ser modulado, uma vez que a decisão em Ação objetiva de Constitucionalidade tem efeito *erga omnes* e eficácia vinculante. Nessa medida, as cotas devem ser fixadas proporcionalmente à população negra (pretos e pardos afrodescendentes).

Esse critério vai ao encontro do Estatuto da Igualdade Racial, que prescreve:

> **Art. 42.** O Poder Executivo federal poderá implementar critérios para provimento de cargos em comissão e funções de confiança destinados a ampliar a participação de negros, **buscando reproduzir a estrutura da distribuição étnica nacional ou, quando for o caso, estadual, observados os dados demográficos oficiais.**

20. Do âmbito *pessoal* de eficácia da pronúncia de constitucionalidade e a modulação dos efeitos aos sujeitos da tutela judicial

Os efeitos da declaração de constitucionalidade da norma podem referir-se, ainda, ao âmbito pessoal de validade da norma.

Uma das consequências da discriminação racial consiste na falta de oportunidades iguais, o que provoca a falta de inserção e o desfavorecimento social dos negros. O Prof. Emérito FÁBIO KONDER COMPARATO, em sua manifestação oral no Supremo Tribunal Federal, relaciona a cor ou raça à situação de favorecimento ou desfavorecimento social. Segundo demonstrou o emérito professor das Arcadas:

> Eu quero assinalar o fato que se procura desde sempre esconder no Brasil. No total da população estatisticamente considerada pobre, 14,5% são brancos e 33,2% são negros. De grosso modo, o dobro. Mas no grupo dos 10% mais pobres da população, mais de 2/3, ou seja, 70%, são negros e pardos. No mercado de trabalho com a mesma qualificação e escolaridade, negros e pardos recebem em média, quase a metade dos salários pagos aos brancos.

Também o depoimento emocionado do Juiz Federal WILLIAM DOUGLAS faz referência à situação socioeconômica da população negra, como fator de discriminação racial.

Logo, embora não seja a única, uma consequência da discriminação racial da população negra relaciona-se com a situação socioeconômica e com a posição de favorecimento social.

Isso nos remete a 2^n situações, em que a variável irá estabelecer o número de casos passíveis de solução. Nessa linha, como temos duas variáveis (a cor da pele e a colocação social), então teremos 4 possíveis casos.

No primeiro caso, os membros da população negra, assim como os da branca, encontram-se em posição desfavorável na sociedade. No segundo caso, a população negra encontra-se em situação de desassistida, enquanto a população branca encontra-se em situação privilegiada socialmente. No terceiro caso, os membros da população negra encontrar-se-iam em situação favorecida enquanto os da população branca pertenceriam ao grupo de desfavorecidos. Por fim, os membros tanto da população negra quanto da branca estariam em situação de favorecidos socialmente. Esse quarto caso reflete a situação que todos nós almejamos, pois promoveria igualdade equitativa nas oportunidades construindo uma sociedade verdadeiramente justa, mas que infelizmente não reflete a situação atual e ainda estamos longe de alcançá-la.

Se o escopo das ações afirmativas é o de maximizar a igualdade de oportunidades e de minimizar ou corrigir desigualdades sociais, então aqueles que se encontram na situação descrita nos casos três e quatro já se encontram em posição mais favorecida, quando comparados com os membros dos outros grupos.

Não são, portanto, alcançados pelas ações afirmativas.

Não é necessário promover programas de correção de desigualdades, se não houver desigualdade. Também não será necessário adotar medidas especiais para igualar oportunidades, se as oportunidades já são iguais. Conforme demonstrou RAWLS, as ações afirmativas destinam-se à correção de injustiças sociais e, consequentemente, raciais. Sociedade justa para RAWLS tem dois pressupostos: (i) a igualdade de oportunidade, assegurada a todos em condições de plena equidade; (ii) o repasse dos benefícios preferencialmente aos membros menos privilegiados da sociedade.

Ora, se é assim, então os membros da população negra que já se encontrarem em situação de *better off*, ou seja, mais favorecidos socialmente, não precisam de igualdade de oportunidades, uma vez que já têm oportunidades iguais e concorrem em igualdade de condições com os demais.

Principalmente se considerarmos que a causa de pedir versa sobre concurso público.

Nessa linha de raciocínio, o programa de correção de desigualdades raciais e de promoção de igualdade de oportunidades (inciso VI do parágrafo único do art. 1º do Estatuto da Igualdade Racial) previsto na norma impugnada (Lei nº 6.225/2004) não se torna necessário **para as hipóteses de concurso público**, se determinada pessoa **não** se encontrar em situação de desigualdade racial ou se ela **não** necessitar de compensação de oportunidade, porque já se encontra em igualdade de condições.

Destaco que esse raciocínio se aplica exclusivamente para o concurso público, em que os candidatos concorrem sem qualquer identificação.

Portanto, esse critério de proteger a população negra socialmente desfavorecida **não** se aplica às demais políticas públicas de inclusão racial, como, por exemplo, os cargos comissionados, as cotas nas universidades públicas, a inserção no mercado privado de trabalho, etc.

Nesse contexto, as pessoas jurídicas de direito público devem promover políticas de inclusão racial no serviço público, (i) reservando vagas **em concurso público** para a população negra (pretos e pardos afrodescendentes) socialmente desfavorecida; (ii) reservando vagas **em cargos comissionados** para a população negra, independentemente de sua condição social.

21. Do âmbito *material* de eficácia da pronúncia de constitucionalidade e a modulação do conteúdo da norma impugnada

O âmbito *material* de validade da norma reside no próprio objeto da prescrição normativa, ou seja, no caso dos autos, a reparação das desigualdades sociais e promoção de igualdade de oportunidades. Consiste, assim, na própria compatibilidade ou não da norma impugnada com a norma de referência, no caso, a Constituição Estadual.

Normalmente, a modulação *material* dos efeitos da decisão não ocorre como fenômeno isolado, confundindo-se com a própria declaração de constitucionalidade ou inconstitucionalidade da norma.

O único meio de se modular o conteúdo da norma impugnada advém da possibilidade de se reconhecer a incompatibilidade ou não da *interpretação* da norma impugnada com a Constituição. O nosso sistema jurídico admite – e os tribunais já incorporaram – a técnica decisória de se examinar a inconstitucionalidade das possíveis interpretações da norma, no que se denomina de "interpretação conforme a Constituição" e "Declaração de inconstitucionalidade parcial sem redução de texto", técnicas que alguns equiparam e outros distinguem.[76]

---

[76] Em verdade, é possível considerar que a "interpretação conforme a Constituição" e a "declaração de inconstitucionalidade sem redução de texto" são **técnicas decisórias** que formam o gênero, de que são espécies todas as hipóteses de modulação de efeitos descritas na decisão. Sim, porque a modulação dos efeitos afasta a incidência da norma naquelas circunstâncias especiais, que decorrem de interpretação da norma. Porém, fica a sugestão para

Na situação em julgamento – cotas para a população negra em concursos públicos –, é possível preservar a constitucionalidade da norma impugnada, ao interpretá-la materialmente em conformidade com a Constituição.

Pois bem.

Alguns concursos estabelecem uma **nota mínima** para se prosseguir nas demais etapas. É, na verdade, um requisito para a própria ocupação do cargo. Consiste na exigência mínima de conhecimento para o exercício da própria profissão. Sem esse conhecimento mínimo, não se admite a atuação profissional ou o exercício do cargo.

Cargos que exijam uma nota mínima para aprovação. Abaixo daquela nota, significa que o candidato – seja ele quem for – não tem o conhecimento mínimo necessário para exercer a função pública. Por exemplo. O cargo de procurador municipal exige a inscrição na OAB, que somente aceita em seus quadros aquele que seja aprovado em uma rigorosa prova. Sem a aprovação na OAB não é possível exercer a advocacia, pois presume-se que o bacharel não tem o conhecimento mínimo necessário para defender os direitos de seus clientes. Repito, para enfatizar: não é possível admitir o exercício profissional de um advogado que não consiga aprovação no exame da ordem, pois presume-se que ele não tem o conhecimento necessário para a defesa das pretensões de seus potenciais clientes.

Do mesmo modo, não se admite o exercício da profissão de médico cirurgião daquele que não detenha condições técnicas (conhecimento e habilidade) para promover uma intervenção cirúrgica. Também não é possível imaginarmos um engenheiro responsável por uma determinada obra, que não detenha os conhecimentos necessários para construir uma edificação (e.g., um prédio, uma ponte *etc.*).

Nesses casos, a nota mínima representa o conhecimento essencial e necessário sem o qual não é possível exercer a função pública.

Portanto, nos concursos em que haja uma nota mínima para a aprovação, as cotas devem ser fixadas entre os aprovados que obtenham essa pontuação necessária.

Chamo a atenção para dois pontos.

Primeiro, **não é qualquer concurso** que pode estabelecer uma nota mínima de aprovação, mas **apenas aqueles em que sejam essenciais e imprescindíveis habilidades e competências mínimas para o exercício da função especializada**. Nessa medida, serão poucos os concursos em que haverá a necessidade de uma nota mínima de aprovação.

A nota mínima não pode afastar, ainda, a capacitação profissional reconhecida por órgão oficial. Em alguns casos, o exercício da profissão exige

---

futura investigação.

registro em órgãos próprios que submetem os interessados a prova de admissão. É o que ocorre, por exemplo, com os advogados, que se sujeitam a um rigoroso exame da OAB. Nestes casos, **o concurso público não pode estabelecer uma nota mínima** para excluir o cotista, **porque o registro no órgão faz surgir a presunção de que o candidato encontra-se habilitado para o exercício da função**. Ou seja, **presume-se que ele tem as habilidades e competências necessárias para o exercício da função**. A nota mínima, portanto, somente pode ser exigida na reserva de vagas quando não se exigir o registro no respectivo órgão de classe.

Ao estabelecer eventual nota mínima, a comissão deve justificar a necessidade de competências específicas, sob pena de a nota mínima ser inconstitucional, por excluir a necessária reserva de vagas.

Segundo, essa "nota mínima" não se confunde com o denominado "ponto de corte", que ocorre na limitação em um determinado quantitativo dos candidatos que prosseguirão nas demais etapas. Por exemplo, quando o concurso admite que prossigam no certame os 300 primeiros classificados, ou os que obtiveram as 200 maiores notas.

Vejam que são dois institutos distintos. Um, refere-se a habilidades e competências mínimas para o exercício da função (nota mínima), enquanto o outro refere-se à limitação do número de candidatos segundo a probabilidade de aprovação no concurso (ponto de corte).

Assim, embora não se possa permitir que as cotas afastem a exigência mínima de habilidades e competências específicas, por outro lado não se pode dizer que as cotas estão sujeitas à limitação do número de candidatos (ponto de corte).

Isso significa que a política afirmativa de inclusão social e de igualdade de oportunidades não é compatível com a utilização do ponto de corte para excluir eventuais cotistas. Isso resulta que os cotistas devem ter ponto de corte específico no percentual de vagas reservadas, diferente daquele que for atribuído aos demais candidatos.

Outra modulação *material* da eficácia da decisão tem caráter positivo.

O IBGE demonstrou que há significativa variação do percentual de negros em proporção ao rendimento nominal mensal do cargo. Em outras palavras, há mais brancos em cargos melhores remunerados do que negros. Há mais negros em cargos com menor remuneração do que brancos.

A relação entre a cor e o rendimento nominal mensal pode ser constatado no seguinte endereço: http://www.sidra.ibge.gov.br/bda/tabela/protabl.asp?c=2100&z=cd&o=7&i=P

Para que haja um percentual real de inclusão social, é preciso estimular que os melhores cargos também sejam oferecidos em igualdade de oportunidade. O poder público deve, portanto, estimular a reserva de vagas no serviço público em proporção significativa, para implementar, com maior rapidez, a política de inclusão social da população negra.

22. Da potencialidade de mutação constitucional diante de alterações fáticas e sociais

Chamo a atenção para uma particularidade desse caso.

Meu voto foi proferido em um determinado contexto fático e social, consideradas as concretas situações históricas constituídas na atualidade. Ainda que tenha procurado regular uma situação abstrata e genérica que persista no tempo para trazer segurança jurídica, tenho plena consciência que nenhuma situação normatizada persiste indefinidamente no tempo e no espaço.

A interpretação constitucional acolhida neste voto é a que – segundo entendo – melhor reflete os valores e a situação concreta neste período histórico. Mas é óbvio que essa situação pode mudar, naturalmente em conformidade com a alteração do contexto histórico que modifique substancialmente a situação de igualdade equitativa de oportunidades.

Se esse for o caso (alterações fáticas e sociais relevantes), então é admissível a modificação da eficácia da decisão. Na essência, é o que a doutrina alemã denomina de *mutação constitucional* (*Vefassungswandlung*). A modulação *temporal* da eficácia da decisão, portanto, passa a ser dinâmica, e não estática, sujeita às modificações das situações sociais.

23. Da projeção da eficácia da declaração parcial de constitucionalidade

Lembro que a ação refere-se a controle objetivo de constitucionalidade. As ações diretas de inconstitucionalidade – e sua contraparte dúplice, a ação declaratória de constitucionalidade – produz efeito *erga omnes* e eficácia vinculante para todas as pessoas jurídicas de direito público, no âmbito da competência territorial do respectivo tribunal. Em outras palavras, ao reconhecer a constitucionalidade da reserva de vagas para a população negra, o precedente desta Corte produzirá efeito vinculante para a Administração Pública, no tocante à necessidade de efetivação da política pública de inclusão social e de promoção da igualdade equitativa de oportunidades.

24. Do resultado justo na solução da controvérsia

Um dos escopos da jurisdição é a pacificação social. Disso nos fala, de modo absolutamente brilhante – como sempre –, Cândido Rangel Dinamarco[77]. Podemos utilizar a linha de raciocínio do emérito Professor do

---

[77] Dentre suas inúmeras obras, veja *Instituições de Direito Processual*, São Paulo, Malheiros.

Largo São Francisco para afirmar que tanto mais atingiremos a desejada pacificação social, quanto mais justas forem as nossas decisões. Toda prestação jurisdicional almeja entregar uma tutela justa, um resultado equitativo na solução das controvérsias.

Muito embora o conceito de justiça seja fugidio – não há precisão semântica, em razão da vagueza do termo – e a pretensão de um julgamento justo seja por demais ousada, não há como ignorar que nossa função é a de, no mínimo, tentar alcançar este resultado.

Pois bem.

O critério de justiça a ser alcançado neste julgamento não é aquele encontrado no utilitarismo, que se mostra frágil como fundamento de uma democracia constitucional[78]. E o argumento é de fácil constatação: a maioria tem representatividade legislativa e não precisa de proteção dos tribunais para preservar seus anseios sociais e seus direitos constitucionais. **Não é possível afirmar que justo será sempre o resultado que promova o bem de um maior número de pessoas, ainda que sacrificando bens jurídicos básicos e fundamentais de uma minoria**. As minorias precisam – e demandam – proteção jurídica para que o mínimo intangível de seus direitos fundamentais seja preservado.

Logo, o sentido esboçado em meu voto aproxima-se daquele afirmado por RAWLS, fundado na igualdade equitativa de oportunidades que informa a "justiça como equidade". RAWLS começa sua obra histórica com uma advertência difícil de ignorar:

> A justiça é a primeira virtude das instituições sociais, como a verdade o é dos sistemas de pensamento. Embora elegante e econômica, uma teoria deve ser rejeitada ou revisada se não é verdadeira; da mesma forma leis e instituições, por mais eficientes e bem organizadas que sejam, devem ser reformadas ou abolidas se são injustas. Cada pessoa possui uma inviolabilidade fundada na justiça que nem mesmo o bem-estar da sociedade como um todo pode ignorar. Por essa razão, a justiça nega que a perda da liberdade de alguns se justifique por um bem maior partilhado por outros. Não permite que os sacrifícios impostos a uns poucos tenham menos valor que o total maior das vantagens desfrutadas por muitos. Portanto numa sociedade justa as liberdades da cidadania igual são consideradas invioláveis (…). Sendo virtudes primeiras das atividades humanas, a verdade e a justiça são indisponíveis[79].

Bem sei que a solução poderá trazer, eventualmente, uma injustiça para aqueles que tiveram suas oportunidades diminuídas (e não excluídas). Mas, com o devido respeito, parece-me que essa eventual injustiça é tolerável,

---

[78] Nesse sentido: RAWLS, *cf. Uma Teoria da Justiça*, p. XIV.

[79] RAWLS, *cf. Uma Teoria da Justiça*, pp. 3-4.

porque se destina a recompor uma injustiça intolerável. Como afirma RAWLS, *"a única coisa que nos permite aceitar uma teoria errônea é a falta de uma teoria melhor; de forma análoga, uma injustiça é tolerável somente quando é necessária para evitar uma injustiça ainda maior"* (*op. cit.,* p. 4).

Afinal, é muito mais injusto excluir ainda mais quem já se encontra socialmente excluído do que aumentar ligeiramente a dificuldade daqueles que tenham condições de disputar de modo privilegiado. É muito mais injusto desfavorecer um cidadão já desfavorecido, que não tenha a menor condição de competir em igualdade de condições, do que reduzir algumas poucas vagas daqueles que têm condições favoráveis de uma melhor preparação.

25. Conclusão

Finalizando, há muito mais que deveria ser dito sobre o tema. Mas dificilmente seriam esgotados todos os argumentos e todos os sentimentos envolvidos em controvérsia desse jaez.

Talvez a solução apresentada pelo Tribunal do Espírito Santo não seja perfeita para solucionar essa difícil e controvertida questão (e alguma será?). Porém, no momento, parece mais razoável assegurar uma proteção jurídica maior, que seja bem próxima do almejado por todos, do que afirmar uma abrupta mudança social que, ao invés de integração e aceitação social, somente produza ruptura na sociedade e acarrete um embate ideológico de valores.

Isso não produziria pacificação social, mas instigaria verdadeira separação de grupos sociais, o que devemos fortemente evitar. Isso afrontaria até mesmo Princípio do Efeito Integrador da Constituição, que recomenda soluções pluralisticamente integradoras e interpretações (*rectius*: concretizações) das normas constitucionais que favoreçam a integração social e a manutenção da unidade política. Afinal, esta é a última *ratio* da própria Constituição.

Nesse contexto, as ações afirmativas visam à integração de grupos excluídos, não ao fomento de rancor e ódio entre os diversos grupos sociais. Afirmo que todos merecem, indistinta e pluralisticamente, a firme e adequada proteção do Estado para estabelecer a **igualdade equitativa de oportunidades** entre todos os membros da sociedade.

Correndo o risco de ser repetitivo, é preciso promover a união, integração, não separação. É preciso caminhar juntos, de mãos dadas, como irmãos e iguais. Não é possível ignorarmos o que acontece com nosso semelhante. Não é admissível fingirmos que nosso vizinho, nosso irmão, tem as mesmas oportunidades que os demais membros da sociedade. Não é concebível fecharmos os olhos para o que acontece à nossa volta.

Na hora de julgar, os tribunais precisam olhar para o lado. Olhemos todos nós para quem está ao nosso lado. No tribunal, nas escolas, nas universidades ou em qualquer outro lugar, e contemos quantos negros e quantos brancos dividem as mesmas oportunidades.

É necessário agirmos, com rapidez, para restabelecer a igualdade, em toda a extensão do sentido constitucional. Este é o escopo das ações afirmativas: compensação, equiparação, integração e, acima de tudo, união. Para que sejamos, todos, iguais. Para que possamos olhar para o nosso semelhante – seja ele branco, negro, pardo, índio, etc. – e, de mãos dadas, compartilhar uma convivência social com **dignidade** e **igualdade**.

Com esses fundamentos, o relator da demanda declarou a constitucionalidade da Lei n. 6.225/2004 do Município de Vitória, em interpretação conforme a Constituição, com a modulação (temporal, espacial, pessoal e material) dos efeitos da decisão, conforme descrito na fundamentação do voto.

26. Referências.

BOBBIO, Norberto. *Teoria do Ordenamento Jurídico*, 10ª ed., Brasília: Editora UnB, 1999.

BONAVIDES, Paulo: *Curso de Direito Constitucional*. São Paulo: Malheiros, 1994.

CANOTILHO, J. J. Gomes. *Direito Constitucional*. Coimbra: Almedina, 1993.

DINAMARCO, Cândido. *Instituições de Direito Processual*, São Paulo: Malheiros, 2004.

DOUGLAS, William. Revista da EMERJ, 12/48, 2009.

HESSE, Konrad. *A Força Normativa da Constituição. Tradução de Gilmar Ferreira Mendes*. Porto Alegre: Sérgio Antonio Fabris Editor, 1991.

MÜLLER, *Fragmento (sobre) o poder constituinte do povo*. Trad. Peter Naumann, São Paulo: Revista dos Tribunais, 2004.

PETRUCCELLI, José Luiz. A cor denominada. Estudos sobre a classificação étnico-racial, Rio de Janeiro: DP&A, 2007.

RAWLS, John. *A Theory of Justice*, de 1971

Revista VEJA, edição 2011, ano 40, n. 22, de 6 de junho de 2007.

STRECK, Lênio. *Hermenêutica e Constituição: as conseqüências da (indevida) cisão entre* easy cases *e* hard cases *no direito, in* Direitos Fundamentais & Justiça, n° 2, jan/nar 2008, p. 197, n. 10.

UNESCO. Fighting against Racial Discrimination in Brazil. Disponível http://www.unesco.org/pt/brasilia/crosscutting-mainstreaming-principal-priorities-and-special-themes-of-the-unesco-brasilia-office/fighting-against-racial-discrimination-in-brazil/, acesso em 28.07.2008.

7

JUSTIÇA PENAL E PRISÃO: AFINAL, PARA QUE(M) SERVE A PENA PRIVATIVA DE LIBERDADE NO BRASIL?[80]

Jardel Sabino de Deus
Ana Clara Sabino Marta

SUMÁRIO: 1. Introdução. 2. Sociedade Disciplinadora e seu Ponto de Partida. 3. Aprisionamento para Controle Social e (In)Justiça na Sociedade Democrática. 4. Algumas Conclusões. 5. Referências.

RESUMO

Não é dos dias atuais que a punição, por meio da privação da liberdade individual, vem sendo utilizada como mecanismo de controle das massas

---

[80] Artigo apresentado na disciplina "As teorias da justiça e a proteção dos direitos fundamentais", do Programa de Pós-Graduação em Direitos e Garantias Fundamentais (Doutorado), da Faculdade de Direito de Vitória (FDV), sob a orientação do Professor Doutor Samuel Meira Brasil Júnior. **Dedico:** a todos os injustamente presos em 07 de abril de 2018, e aos detidos por um sistema de justiça penal segregador e alijante que protege uma elite histórica e criminaliza as minorias e aqueles que as defendem.

sociais e como mecanismo considerado apto a se "fazer justiça". Em sua filosofia, Immanuel Kant já nos alertava a este respeito quando escreveu "A metafísica dos costumes" em 1785. No Brasil, a pena privativa de liberdade se apresenta como a mais severa das penalidades possíveis dentro do sistema penal, contudo ao longo de sua história é nítida a constatação de que ela se encontra a serviço de determinada classe dominante na sociedade, sendo utilizada para segregar e disciplinar por meio da força e truculência àqueles que historicamente são considerados indesejados e improdutivos à batuta das sociedades regidas pelo capitalismo de mercado. Partindo especialmente das linhas traçadas por Michel Foucault e Eugenio Raúl Zaffaroni, além da contribuição de alguns outros autores, pretende-se responder à problemática anunciada já na epígrafe deste ensaio, de modo a concluir que a justiça não se faz por meio da imposição seletiva da pena privativa de liberdade ignorando o princípio da igualdade, de modo que o cárcere não tem se mostrado como mecanismo hábil ao atingimento desse fim ideológico de justiça, mas, ao contrário atua como verdadeiro instrumento de seletividade e segregação em prol dos interesses do capitalismo de mercado.

1. INTRODUÇÃO

A história das relações sociais nos demonstra que o homem é naturalmente um ser competitivo. Não raras as oportunidades esse mesmo homem, enquanto um ser social, reclama a necessidade de docilização de seus corpos por parte daqueles sujeitos detentores do poder.

Para tanto, não somente os homens que detinham o poder figuravam como atores principais dotados do papel disciplinador, mas sobretudo valiam-se das mais diversas instituições com a finalidade de atingir seu objetivo de "adestramento" social dos indivíduos e das massas, passando, assim as igrejas, as escolas, os quartéis, os ambientes fabris e os manicômios a protagonizar o papel de disciplinadores em dado momento.

Com o advento da consolidação das formas de produção do capitalismo e com o consequente aprofundamento das desigualdades sociais trazidas em seu contexto, os sistemas penais são erguidos como novo mecanismo, com a promessa de controle da sociedade sobre àqueles sujeitos alijados naturalmente do processo de concentração do capital (MARX, 2003).

De tal sorte, o sistema penal, com a incumbência institucional histórica de produção das normas penais vigentes, parte de práticas notadamente punitivas compreendidas como manifestações da disciplina, do castigo e da expiação do mal causado, tendo como pressuposto a retenção dos indesejáveis, por vezes chamados de inimigos, a pretexto de promoção de um (des)controle social e daquilo que a parcela dominadora entende por justiça.

Assim, pode-se afirmar que o presente trabalho pretende fazer uma reunião de informações que permitam se formular uma reflexão do papel do (direito)sistema penal enquanto ferramenta de controle social, o que já se adianta partirmos de uma hipótese negativa, daqueles considerados não desejáveis para o convívio social. Como forma de perseguir a comprovação de tais objetivos, inicialmente será feita uma abordagem das possíveis origens da disciplina na sociedade, bem como do desenvolvimento de sua mais atuais de controle e dominação, partindo de uma das molas propulsoras do poder punitivo na atualidade, a tão difundida pena privativa de liberdade, analisando-se a seletividade econômico racial brasileira no processo de criminalização por parte das classes dominantes sobre as comunidades consideradas marginalizadas.

Diante disso, tem-se como referencial teórico, com vistas ao alcance de algumas respostas para o presente estudo, uma abordagem interdisciplinar à luz da sociologia jurídica e da criminologia crítica, vez que, para além do aspecto criminológico pretende-se formular a análise dos amplos e latentes problemas apresentados sob o viés sociológico do histórico problema da segregação racial e alijante da pobreza dos experimentados na atual sociedade capitalista que, em não raros os momentos promovem verdadeira injustiça para com seus destinatários.

Com este fito, pretende-se realizar uma abordagem multidisciplinar,[81] utilizando como método científico, o *materialismo histórico e dialético marxiano*, passando necessariamente por uma abordagem metodológica histórico e exploratório descritivo do contexto em que se insere a pesquisa, sem deixar de estabelecer uma análise da realidade a partir da "Lei da Negação" na medida em que "o materialismo dialético reconhece que a contradição é uma forma universal do ser. Por isso, esta Lei da Unidade e da Luta dos Contrários constitui a essência da dialética" (TRIVIÑOS, 1987, p. 71).

Além disso, visando buscar uma melhor compreensão do fenômeno em tela, utilizando-se, também, como técnica de pesquisa a necessária revisão bibliográfica de obras que se voltam ao estudo da questão. Assim, mostra-se indispensável o estudo de obras clássicas de autores como Alessandro Baratta, Antoine Garapon, Frédéric Gros, Massimo Pavarini, Michel Foucault, Loïc Wacquant e Eugênio Zaffaroni, que fornecerão os subsídios

---

[81] Saliente-se que para a presente pesquisa serão indispensáveis a integração de disciplinas que se comunicam dialeticamente com o direito, tais como a sociologia, a filosofia, a criminologia crítica quanto uma união do direito penal com a sociologia, bem como a economia, sendo esta união de esforços teóricos que propiciará o aprofundamento necessário ao desenvolvimento dos trabalhos que se pretende desenvolver.

necessários e indispensáveis à compreensão do problema da segregação punitiva e racial ainda ocorrida nos dias de hoje por meio da utilização da pena privativa de liberdade.

2. SOCIEDADE DISCIPLINADORA E SEU PONTO DE PARTIDA

A punição é, sem dúvida, um dos mais antigos institutos de controle do sujeito existente na humanidade. Diversos documentos, ainda que não oficiais82, e relatos, descrevem infinitas formas de utilização da violência como instrumento precursor da imposição da vontade pela força desmedida.

Foucault, em "Vigiar e Punir", já alertava que "[...] em qualquer sociedade, o corpo está preso no interior de poderes muito apertados, que lhe impõem limitações, proibições ou obrigações" (FOUCAULT, 1987, p. 132), exigindo-se em qualquer sociedade e a qualquer tempo, métodos que destinam-se a permanente aspiração pelo controle social.

No século XVIII, o *suplício* apresentava-se como a principal ferramenta desse controle, em que o fazer sofrer e a destruição do corpo variava de acordo com o delito praticado, oscilando entre o máximo grau de crueldade, não raras as vezes alcançando a penalidade capital. O sofrimento do sujeito era o indicativo da reprovabilidade do "crime" e a pena deveria ser implementada publicamente, fazendo-se com que o medo permanecesse diante da espetacularização da execução criminal.

> A pouco a pouco, no decurso da história, esta forma primitiva de castigo, cego, sanguinário, teria evoluído para formas mais individualizadas - procurar-se-á sempre punir directamente o autor do delito - e mais simbólicas - aceitar-se-á sempre uma reparação financeira. A pena pública deve ser compreendida como forma adocicada e regulamentada de uma vingança de sangue, arcaica e funesta. [...]
>
> A pena pública tem suas raízes num fundo emocional: o horror fascinado, o terror sagrado. O crime não é então reflectido como uma agressão exterior,

---

82   Aqui se pode destacar os diversos instrumentos e literaturas religiosas, e não necessariamente de uma religião específica, que relatam centenas de histórias, verídicas ou não (a depender da crença) que ora o criador (Deus) ora pessoas influentes naquelas sociedades (sacerdotes, reis, senhores, imperadores, governadores etc) se valiam do uso da violência como forma de retribuição e castigo, mas principalmente como elemento de "persuasão" dos demais membros daquela comunidade, e não era atoa que as punições eram públicas, nas ruas e praças para que todos pudessem espantar-se diante da crueldade dos açoites e outras formas de implementação da ordem pelo "exemplo".

mas como transgressão por uns dos membros de uma lei sagrada do clã. Não constitui um ataque vindo de fora contra o qual é necessário defender-se, mas um mal que ameaça o interior que é preciso purificar. (GARAPON; GROS; PECH, 2002, p. 16-17).

Não por outro motivo é que já no mesmo século, em virtude das transformações econômico-sociais em curso, se inicia a política penal de "apropriação dos corpos", agora sem a finalidade de destruição, mas com o objetivo de subtração do máximo de proveito útil possível. Neste momento, a força disciplinar possui o condão do exercício centralizado de controle social, na medida em que passa a exercer a transformação das condutas individuais, amoldando-se aos interesses da classe dominante.

Ainda em Foucault, o poder disciplinar, enquanto conjunto de mecanismos de controle do corpo, apresenta-se como um modal de exercício de poder com vistas na modelação dos indivíduos, "domesticando-os" aos padrões desejados para o convívio social desejados.

> O momento histórico das disciplinas é o momento em que nasce uma arte do corpo humano, que visa não unicamente o aumento de suas habilidades, nem tampouco aprofundar sua sujeição, mas a formação de uma relação que no mesmo mecanismo o torna tanto mais obediente quanto é mais útil, e inversamente. Forma-se então uma política das coerções que são um trabalho sobre o corpo, uma manipulação calculada de seus elementos, de seus gestos, de seus comportamentos. O corpo humano entra numa máquina de poder que o esquadrinha, o desarticula e o recompõe. (FOUCAULT, 1987, p. 133)

Adverte ainda o autor ao asseverar que: "É dócil um corpo que pode ser submetido, que pode ser utilizado, que pode ser transformado e aperfeiçoado" (FOUCAULT, ano, p. 132). O poder disciplinar enquanto mecanismo de transformação social e controle, e porque não dizer dominação do indivíduo, é dotado de elementos como a distribuição de corpos ao sabor de funções preestabelecidas, assim como o controle da atividade individual de cada sujeito, a internalização das funções e a eficiência do indivíduo (SANTOS, 2005).

Além disso, é de se verificar ainda que o processo de docilização dos corpos através da poder disciplinar pode ocorrer a partir de instituições técnicas, mormente pela utilização de dois elementos principais, sendo o primeiro deles fundado no mecanismo das distribuições e o controle da atividade e, em segundo plano, relacionando-se, nesta ordem com o controle do espaço e do tempo.

Quanto ao elemento arte das distribuições ou controle do espaço, a busca pela correta distribuição dos indivíduos no campo, como forma de manutenção da sujeição e submissão incontinente, e nesse aspecto destaca-se a privação da liberdade por meio do encarceramento, possuiu como resultado lógico e evidente uma espécie de troca daqueles considerados como "vagabundos" e "miseráveis", além de outras manifestações mais sutis, todavia igualmente eficiente (e devastadora), como modelo cooptado dos colégios e quartéis em suas disciplinas internas.

Para Foucault, a vigilância "[...] torna-se um operador econômico decisivo, na medida em que é ao mesmo tempo uma peça interna no aparelho de produção uma engrenagem específica do poder disciplinar" (FOUCAULT, 1987, p. 169). No mesmo aspecto de disciplinamento, agora com relação ao controle da atividade e do tempo, busca-se a utilização adequada do tempo a partir do estabelecimento de rígidos horários por meio de ciclos repetitivos.

> Este mecanismo de dois elementos permite em certo número de operações características da penalidade disciplinar. Em primeiro lugar, a qualificação dos comportamentos e dos desempenhos a partir de dois valores opostos do bem e do mal; em vez da simples separação do proibido, como é feito pela justiça penal, temos uma distribuição entre pólo positivo e pólo [sic] negativo; todo o comportamento cai no campo das boas e das más notas, dos bons e dos maus pontos. É possível, além disso, estabelecer uma quantificação e uma economia traduzida em números. Uma contabilidade penal, constantemente posta em dia, permite obter balanço positivo de cada um. (FOUCAULT, 1987, p. 173-174)

Deste modo, partindo da referida técnica disciplinar, eventuais desvios são classificados, há uma hierarquização das qualidades individuais, promovendo uma separação entre bons e maus, exercendo, assim uma pressão permanente a fim de que se submetam ao referencial prevalente, levando-os a submissão, à dominação, a comparar, a diferenciar, a hierarquizar, a homogeniza, a excluir. Em uma palavra, ela normatiza. (FOUCAULT, 1987, 175)

> Em suma, a arte de punir, no regime do poder disciplinar, não visa nem a expiação, nem mesmo exatamente a repressão. Põe em funcionamento cinco operações bem distintas: relacionar os atos, os desempenhos, os comportamentos singulares a conjunto, que é ao mesmo tempo campo de comparação, espaço de diferenciação e princípio de uma regra a seguir. Diferenciar os indivíduos em relação uns aos outros e em função dessa regra de conjunto – que se deve fazer funcionar como base mínima, como média a respeitar ou como o ótimo de que se deve chegar perto. Medir em termos quantitativos e hierarquizar em termos de valor as capacidades, o nível, a "natureza" dos indivíduos. Fazer funcionar, através dessa medida "valorizadora", a coação de uma conformidade a realizar. Enfim traçar o limite que definirá a diferença em relação a todas as diferenças, a fronteira externa do anormal (a "classe vergonhosa" da Escola Militar). A penalidade perpétua que atravessa todos os pontos e controla todos os instantes das instituições disciplinares compara, diferencia, hierarquiza, homogeniza, exclui. Em uma palavra, ela

normatiza. (FOUCAULT, 1987, p. 175-176)

Tal forma de sociedade disciplinar, enquanto ponto crucial da necessidade de dominação, é firmada a partir de mutações decorrentes da expansão da acumulação capitalista verificada entres os séculos XVIII e XIX83, na perene busca por atender os interesses da nova classe dominante, partindo de uma burguesia crescente a necessidade de disponibilização de "corpos úteis", capazes de produzir, o que dá-se especialmente a partir da necessidade de desenvolvimento de um sistema punitivo da ordem e, consequentemente do oferecimento de condições "ideais" de manutenção e sobrevivência dos ideais da burguesia.

Nesta mesma linha, é de se notar a advertência formulada por Thiago Fabres de Carvalho (2013, p. 408-409) quanto ao notório "redimensionamento dos mecanismos e estratégias punitivos" no âmbito da utilização do sistema penal, inclusive na produção da norma penal, o que se verifica até mesmo nos dias atuais, ante a nítida finalidade de manutenção de segmentos segregados nessa mesma condição de subalternabilidade diante da avassaladora força do capital que não poupa esforços e nem pessoas, quem dirá sua dignidade humana, para se manter no poder como dominador.

> No campo penal, essa narrativa política projeta consequências penetrantes. A superação da *disputatio* (arbitragem privada) pela *inquisitio* (poder inquisitorial absolutista) representou um primeiro passo na direção do confisco do conflito por parte do poder soberano e na gradativa configuração de um novo padrão de juridicidade (penal) que iria refletir, inexoravelmente, os insurgentes valores fundantes representados pelo novo modo de produção emergente (capitalismo mercantil), pela sociedade burguesa, pela ideologia liberal-individualista e pelo moderno Estado soberano. A centralização da produção normativa, expressada na racionalidade formal do paradigma jurídico monista, correspondia aos anseios dos setores burgueses na luta contra a resistência dos segmentos reacionários dominantes da aristocracia fundiária. No âmbito do sistema de justiça penal, o que se pretendeu foi o redimensionamento dos

---

83   Acerca deste tema já escrevemos no artigo A sociedade do Risco e a (in)eficiência da expansão do direito penal como forma de diminuição da criminalidade na era globalizada, **Revista dos Tribunais**, São Paulo, v. 891, p. 477-494, jan. 2010. Na oportunidade constatamos que a segregação social típica da era globalizada se apresenta como mecanismo de dominação e de permanência da classe dominante no poder em detrimento daqueles que pelas próprias lógicas do mercado não conseguem ou não têm a oportunidade de se inserir. Desta maneira a expansão do direito penal e das formas de punição - mormente por meio da pena privativa de liberdade - são sim mecanismos úteis, não para a ilusória ressocialização que os livros pregam, mas como meio de afastar os indesejáveis da sociedade consumista e produtiva que dão força a lógica do capital.

> mecanismos e das estratégias punitivos, devendo, a partir de então, apontar-se aos segmentos miseráveis que migravam para as cidades, removidos dos escombros da ordem social feudal [...].

Assim, o sistema penal, mas especialmente a prisão ou pena de prisão, vem à tona com maior força, tornando-se uma ferramenta técnica e disciplinar com vistas a educar o apenado, tornando-o útil, economicamente falando, a partir do uso de seu tempo. A prisão torna-se um apêndice das fábricas, uma "instituição auxiliar, em conjunto com a família, a escola e outras instituições de socialização" (SANTOS, 2005, p. 5).

Nesse contexto, "[...] para justificar a pena, os conceitos multiplicam-se: expiação, reabilitação, regeneração, retorsão, educação, restauração, reforma, reestruturação, vingança, reconhecimento, defesa, luto das vítimas, melhoria, segurança, exemplaridade [...]" (GARAPON, GROS e PECH, 2002, p. 12), vasta nomenclatura sinônima que emprestam conceito para justificação da "pena pela pena", da ilusória ótica da ressocialização que até os dias atuais persistem num discurso obsoleto e distorcido da realidade.

Nas palavras utilizadas por MELOSSI e PAVARINI (2010, p. 6), em sociedades nas quais vigora o modelo de produção capitalista, o disciplinamento para o labor assalariado apresenta-se como essencial, fazendo as vezes, inclusive de prevenção especial e geral, algo que resolveram chamar de "princípio da menor elegibilidade", na medida em que "a eficácia da prisão pressupõe condições carcerárias piores que as condições de trabalho livres.

> Na sociedade de produção de mercadorias, a reprodução ampliada do capital pela expropriação de mais-valia da força de trabalho – a energia produtiva capaz de produzir valor superior ao seu valor de troca (salário), como ensina Marx -, pressupõe o controle da classe trabalhadora: na fábrica, instituição fundamental da estrutura social, a coação das necessidades econômicas submete a força de trabalho à autoridade do capitalista; fora da fábrica, os trabalhadores marginalizados do mercado de trabalho e do processo de consumo – a chamada superpopulação relativa, sem utilidade direta na reprodução do capital, mas necessária para manter os salários em níveis adequados para valorização do capital -, são controlados pelo cárcere, que realiza o papel de instituição auxiliar da fábrica. (MELOSSI; PAVARINI, 2010, p. 6)

A partir deste pensamento, figurando como um relevante – senão o maior – instrumento de controle da "sociedade", ou ao menos parte dela que se pretendia controlar, é que o sistema penal traça seu desenvolvimento, principalmente se considerarmos seus processos de criminalização e do funcionamento de suas instituições de poder – polícia, judiciário, ministério público e sistema penitenciário, com o fito de "[...] expulsar internando e incluir disciplinando" (BATISTA, 2012, p. 35).

A lógica da exclusão social por meio do disciplinamento é de fácil percepção. A sociedade brasileira, especialmente no momento pós ditadura militar84 passa por um momento de intenso desenvolvimento, em que as imposições do mercado devem prevalecer, no qual "[...] o Estado passa observar mais o mercado para assumir uma posição diante da sociedade; deste modo, de acordo com o posicionamento mercadológico, é que o Estado irá se posicionar, caracterizando assim uma verdadeira influência deste naquele" (DEUS, 2010, p. 481).

Por este viés, sendo notória a necessidade de "adestramento" e disciplina de determinados grupos sociais, por imposição do capitalismo que emerge com toda sua força, impõe-se ao Estado como "único detentor do monopólio da força" promova o direito penal, e a pena privativa de liberdade, como mecanismo eleito como eficaz à segregação dos indesejados, propiciando ainda maior desigualdade entre os desiguais por meio do que chamamos de "duplo recrutamento".

> [...] os consumidores são o combustível necessário para o sustento de uma sociedade e um mercado essencialmente capitalista onde, sem tais consumidores, o mercado não sobrevive e, aquele que não sobrevive de acordo com o que é ditado por ele, não tem outra utilidade se não servir de exemplo vivo daquilo que não se deve ser. tal situação social, promovida pelas imposições do mercado de consumo, cria na sociedade a marginalização de determinada parcela, criando assim novos alijados à serviço da criminalidade.
>
> Diante de tal situação imposta pelo mercado, verifica-se o chamado "duplo recrutamento" onde, por um lado, o mercado com sua ditadura do consumo recruta infinitos consumidores que são induzidos a obedecer um determinado padrão de vida ou, ao menos, seguir alguns passos básicos de tal imposição. Por outro lado, e possivelmente a face mais *terrível* do mercado, verifica-se o recrutamento por meio da alienação, da exclusão de determinados setores da sociedade em relação às redes de produção e informação, acarretando assim em consequente desemprego, marginalização e *formação* de delinquentes sem qualquer perspectiva. (DEUS, 2010, p. 481)

Como visto, é exatamente neste momento em que se verifica de forma potencial a imposição da utilização do direito penal, mormente da privação de liberdade dos indivíduos, como mecanismo à serviço do capitalismo que, travestido de ferramenta protetora que propicia segurança pública por meio, primeiro da truculência policial e em seguida da força do aprisionamento, na verdade fomenta a desigualdade e promove a miséria.

A este respeito, cabe destacar as palavras de Zaffaroni (2005, p. 22-

---

84   Considera-se aqui meados da década de 1980 em diante, inclusive até os dias atuais.

23) ao ponderar que a lógica da exploração é perene nas sociedades capitalistas, sendo a desigualdade a mola propulsora que sustenta uma classe dominante em detrimento da maioria dos dominados:

> Ser explorado é uma dialética; sem explorado, não existe o explorador, sem dúvida. Mas, o excluído não é necessário para o incluído. O incluído não necessita do incluído. O excluído perturba; é alguém que está demais, alguém que nasceu errado e que é descartável.

E vai além quando, ao discutir a (des)necessidade do direito penal, e obviamente das penas a ele inerentes, na sociedade moderna e pós-moderna conclui que simplesmente debater ou pleitear seu fim na sociedade se trataria de um debate raso diante da profundidade do que antecede a problemática.

> A tarefa que devemos enfrentar não é a simples postulação de sua recusa no direito penal – o que não é tarefa simples em si mesma, dado que se trata de uma presença visível ou invisível, porém constante –, mas precisamente para eliminar essa presença é mister encarar outro esforço, muito mais amplo: nunca eliminarmos ou reduzirmos a presença do hostil no direito penal sem antes não verificarmos que se trata de uma cunha de madeira mole por dentro. O pensamento moderno nos oferece os elementos para proceder a essa verificação, porém cometeríamos um grave erro se, deixando-os de lado, nós nos apoiássemos somente em sua componente contraditória para apresentá-lo como pós-moderno ou superados da modernidade, quando, na realidade, não se trata de nada mais do que um obstáculo do pensamento pré-moderno arrastado contraditoriamente pela modernidade. (ZAFFARONI, 2007, p. 24).

Dessarte, é inegável que o visível inflacionamento das medidas penais na sociedade brasileira possui o nítido condão prosseguir, por meio da força e da disciplina, promovendo a segregação social imposta pelo mercado, sendo o sistema penal e penalizador um aparato de engrenagens que funciona a seu serviço e ao seu sabor.

Ao contrário dessa visão atual do funcionamento das instituições de direito penal n o Brasil, Kant já evidenciava que sua função na sociedade deveria partir da ideia de que a punição deve ser imprimida com base em princípios de igualdade e "nada além do princípio da igualdade (o posicionamento do ponteiro da justiça na balança", devendo a reprimenda ser atrelada a uma conduta criminal (SANTOS, 2011, p. 109), ressalvando que "em conformidade com isso, seja qual for o mal imerecido que inflinges a uma outra pessoa no seio do povo, o inflinges a ti mesmo" (KANT, 2003), e conclui:

> [...] somente a lei de Talião (ius talionis) – entendida, é claro, como aplicada por um tribunal (não por teu julgamento particular) – é capaz de especificar definitivamente a qualidade e a quantidade de punição; todos os demais princípios são flutuantes e inadequados a uma sentença de pura e estrita

justiça[...].

> Todo aquele que furta torna a propriedade de todos os demais insegura e, portanto, priva a si mesmo (pelo princípio da retaliação) de segurança em qualquer propriedade possível. Ele nada possui e também nada pode adquirir; porém, de qualquer modo quer viver e isto só é possível se os outros o sustentarem. Mas uma vez que o Estado não irá sustentá-lo gratuitamente, terá que ceder a este suas forças para qualquer tipo de trabalho que agrade ao Estado (trabalhos forçados ou trabalho penitenciário) e é reconduzido à condição de escravo durante um certo tempo ou permanentemente, se o Estado assim julgar conveniente. Se, porém, ele cometeu assassinato, terá que morrer. Aqui não há substituto que satisfará a justiça. (KANT, 2003, 332-333)

Nesta senda, o que se nota é que na medida em que a conceituação de coerção seja fundamental para a compreensão e sustentação de uma teoria normativa de estado e do direito, ela, exercida por intermédio da punição acaba por se legitimar enquanto pressuposto de validade da competência coercitiva do direito em geral. A coerção imprimida pelo direito penal e pelo sistema de justiça penal não deve visar outra coisa, senão as compatibilidades entre as liberdades individuais, sendo a justiça penal em primeiro lugar justiça (e justa), isto é, assegurando-se as liberdades individuais e, sobretudo a dignidade de todo ser humano enquanto, sendo intocável o núcleo duro dos direitos fundamentais. (BARCELLOS, 2008) (SARLET, 1998).

3. APRISIONAMENTO PARA CONTROLE SOCIAL E (IN)JUSTIÇA NA SOCIEDADE DEMOCRÁTICA

Com o avanço da sociedade burguesa e a pujança do sistema capitalista diante da nova ordem econômica instalada, desenvolvem-se igualmente novos modelos de políticas sociais e judiciais, paralelamente as novas maneiras de desobediência da lei em vigor, reclamando, assim o desenvolvimento de modelos mais eficientes de controle social. Por um lado, direitos conquistados para a burguesia funciona como sinônimo de maior desenvolvimento econômico, ao passo que para os pequenos produtores, tendo sido expropriados de seus meios de produção em prol do avanço da classe dominante, as referidas condições funcionaram como modo de sua transformação em assalariado. De tal modo, o desenvolvimento capitalista leva ao surgimento de uma crescente massa de expropriados de seus meios de produção e do próprio mercado de trabalho, na medida em que a qualidade de trabalhadores expurgados do campo supera sobremaneira a necessidades apresentadas pelo sistema fabril (MELOSSI, 2010).

Nota-se, assim que aliada a essas questões, um dos objetivos centrais do aludido momento era o disciplinamento, a educação, a doutrinação dessa classe alijada de modo que aceitassem sua nova condição com naturalidade, protegendo-se também, com isso, a propriedade privada da classe burguesa privilegiada. Ainda com foco na disciplina, viu-se no direito penal como importante ferramenta de controle o que redundou em uma intensa reforma, passando o poder punitivo a encontrar fundamento de validade no próprio contrato social, estando, inclusive o monopólio do poder punitivo concentrado nas mãos do monarca, que promovia uma verdadeira política criminal de marginalização dos marginalizados.

> En los origenes la sociedad capitalista el corazón de la política de control social se encuentra precisamente em esto: em la emergencia de un proyecto político capaz de conciliar la autonomia de los particulares em su relación respecto de la autoridad – como liberdad de acumular riqezas – com el sometimiento de las massas diciplinadas a las exigencias de la producción – como necessidad dictada por las condiciones de la sociedade capitalista (PAVARINI, 1983, p. 33)85.

A partir de então, passasse ao desenvolvimento de ideais de defesa social e da repressão, passando o sistema penal do estado a ser fundamentado a partir da tutela dos interesses desta sociedade contra as agressões dos criminosos. Neste caminhar Foucault aponta os reais objetivos ideológicos do sistema penal, fundamentado na repressão e na concentração da crescente criminalidade, propiciando-se o experimento de um sistema repressivo de modo a proteger as classes dominantes (FOUCAULT, 1987).

Pari passu ao aperfeiçoamento da nova técnica repressiva de controle, se verifica a sedimentação gradativa da sociedade capitalista, fazendo com que a sociedade experimente a cada momento uma maior sensação de desigualdade e aumento da pobreza, tornando-se crescente o número de desabastecidos e proscritos. Dando um salto na história, com o desenvolvimento do Estado neoliberal, torna-se visível o relevo adquirido pelo Estado penal, ganhando força o abandono dos investimentos no desenvolvimento socioeconômico geral da população, resultando, em seguida no aprisionamento das classes marginalizadas (WACQUANT, 2001). Assim, a real função da pena e da penalidade segundo a lógica e o discurso do controle social das "classes perigosas" é promover em desfavor dessa grande massa de indivíduos, para além de um processo de disciplinamento, um verdadeiro movimento de processo de criminalização de comportamentos específicos que não agradavam as classes hegemônicas do momento.

Nas palavras de Vera Malaguti Batista, torna-se, ainda mais fácil e elucidativa a compreensão do contexto e abrangência daquilo que Wacquant denomina como "administração penal dos rejeitos humanos":

---

85   Conforme o original em espanhol.

> Ele demonstra como o neoliberalismo fez com que governantes desconstruíssem o Estado de bem estar social para "priorizar a administração penal dos rejeitos humanos", conduzindo o subproletariado urbano a uma sulfurosa marginalização. O outro movimento do poder é a introdução e difusão sistemática e coordenada do "imaginário e de tecnologias norte americanas de segregação racial", como é o caso da utilização do conceito de gueto para a realidade francesa. A circulação desta cultura, dos papers aos seriados para a TV, tem impedido análises corretas das relações entre classe, lugar e pobreza. A articulação desses dois movimentos, o capital neoliberal que precisa do aumento do controle de força sobre os que estão fora do mercado de trabalho e a infestação de uma cultura policial e prisional norte americana, produziu um embaçamento e um limite dramático à discussão da "questão criminal" e da questão penitenciária no Brasil. Esses limites propiciaram o que eu chamo de "adesão subjetiva à bárbarie", que produz a escalada do Estado policial em todas as suas facetas sombrias: números astronômicos de execuções policiais disfarçadas de autos de resistência, uso da prisão preventiva como rotina, aumento das teias de vigilância e de invasões à privacidade, escárnio das garantias e da defesa como se fossem embaraços anti-éticos à busca da segurança pública. Não importa que tudo isso nos afaste cada vez mais de um convívio aceitável nas nossas grandes cidades, cenário de tantas injustiças e desigualdades sociais; o importante foi a construção de um senso-comum criminológico que, da direita fascista à esquerda punitiva, se ajoelha no altar do dogma da pena. Incorporam ambas o argumento mais definitivo para o capital contemporâneo: é a punição que dará conta da conflitividade social, é a pena que moraliza o capitalismo. E, como diria Pavarini, para cada colarinho branco algemado no espetáculo das polícias (à la FBI ou SWAT), milhares de jovens pobres jogados nas horrendas prisões brasileiras. O importante é a fé na purificação pelo castigo, o grande ordenador social dos dias de hoje. (BATISTA, 2008, p. 389-390).

Não é noutro caminho que, segundo estudos Foucaultianos nota-se uma delimitação do sistema penal – polícia, judiciário e sistema penitenciário – que, na interpretação empregada por Nilo Batista (2007), seriam encarregados de promover a concretização do direito penal que tange aos seus aspectos centrais, a lei penal, a justiça penal e a prisão.

A lei penal é definida como instrumento de classe, produzida por uma classe para aplicação às classes inferiores; a justiça penal seria mecanismo de dominação de classe, caracterizado pela gestão diferencial das ilegalidades; a prisão seria o centro de uma estratégia de dissociação política da criminalidade, marcada pela repressão da criminalidade das classes inferiores, que constitui a delinquência convencional como ilegalidade fechada, separada e útil, e o delinquente comum como sujeito patologizado, por um lado, e pela imunização da criminalidade das elites de poder econômico e político, por outro lado (SANTOS, 2005, p. 6).

Como antes referido, a lei penal se apresenta como ponto inicial do processo criminalizatório na medida em que é ela que promove a criminalização primária, sendo ela "[...] o ato e o efeito de sancionar uma lei material que incrimina ou permite a punição de certas pessoas (ZAFFARONI; BATISTA, 2011, p. 43). Assim, é de se ver que o processo de criminalização de condutas já, em sua gênese, se mostra naturalmente seletivo, uma vez que a classe dominante dessa sociedade e encara o Estado institucionalizado, elegendo os grupos sociais que serão passíveis de seus sistemas de coação e suas penalidades, restando satisfeito o desejo alijador da classe dominante.

Neste cenário, é nítido perceber que o ideal cultivado ao longo de toda história, ao menos do direito penal brasileiro, possui um caráter eminentemente protetivo a propriedade privada, afinal é o bem mais relevante para a burguesia historicamente, em detrimento de todos os outros direitos, especialmente quando comparado ao patrimônio público.86

Já no que tange ao sistema de justiça penal e a prisão como uma de suas criações, se verifica o processo de criminalização secundária, operacionalizada pelas instituições que o compõe – órgãos policiais, Poder Judiciário, Ministério Público e órgãos do sistema prisional e penitenciário como um todo.

> A criminalização secundária é a ação punitiva exercida sobre as pessoas concretas, que acontece quando as agências policiais detectam uma pessoas que supõe-se tenha praticado certo ato criminalizado primariamente, a investiguem, em alguns casos privam-na de sua liberdade de ir e vir, submetem-na à agência judicial, que legitima tais iniciativas e admite um processo (ou seja, o avanço de uma série de atos em princípio públicos para assegurar se, na realidade, o acusado praticou aquela ação); no processo, discute-se publicamente se esse acusado praticou aquela ação e, em caso afirmativo, autoriza-se a imposição de uma pena de certa magnitude que, no caso de privação da liberdade de ir e vir da pessoa, será executada por uma agência penitenciária (prisonização). (ZAFFARONI; BATISTA, 2011, p. 43)

Diante do que se constata algumas conclusões já se tornam inevitáveis. Considerando que o sistema penal, e mais uma vez vale o destaque de que é composto de um conjunto de instituições, sendo desprovido de aparatos necessários a sua ação desde o aprisionamento de pessoas até seu processamento e julgamento, na medida em que ilícitos penais

---

86   Vale explicar neste ponto que fazendo-se uma simples comparação entre os crimes de roubo (art. 157, CP) e o crime de sonegação fiscal (art. 1º, da Lei nº 4729/65), se se notar no *quantum* de pena atribuído a cada tipificação penal em abstrato é flagrante que a proteção da propriedade privada é claramente mais relevante para o direito penal vigente. Essa lógica se explica em razão de o Estado, ao longo de sua história institucional, somente servir como instrumento justificador das vontades da burguesia, é o estado trabalhando para o capital e nunca para si próprio ou para a coletividade.

são inevitáveis numa sociedade dinâmica e plural, se encontra fadado a triste realidade seletiva que se visualiza atualmente, estando o sistema disposto diante de uma encruzilhada em que somente se enxerga dois caminhos, o reconhecimento de sua falência completa ou a continuidade pela trilha da seletividade.

Se por um lado a inércia do sistema penal o conduziria a sua extinção, atingindo de morte tudo aquilo construído ao longo da história pelo capital, sem ter outra escolha conveniente e oportuna a perpetuação da dominação pela seletividade o segundo caminho é o que se impõe, operando-se, assim os estratagemas de neutralização e "disciplinação" dos grupos sociais marginalizados.

Como consequência dessa "escolha" de uma só opção viável para os reais interessados ao deslinde da questão, nota-se uma crescente exponencial de uma política de segurança pública calcada no extermínio, inflacionando-se a opressão policial contra grupos eleitos à segregação social[87] que, em quase todos os momentos experimentam a mácula do vilipêndio de seus direitos e garantias fundamentais.

Nesta linha, Foucault (1987, p. 261):

> [...] seria hipocrisia ou ingenuidade acreditar que a lei é feita para todo mundo em nome de todo mundo; que é mais prudente reconhecer que ela feita para alguns e se aplica a outros; que em princípio ela obriga a todos os cidadãos, mas se dirige principalmente às classes mais numerosas e menos esclarecidas; que, ao contrário do que acontece com as leis políticas ou civis, sua aplicação não se refere a todos da mesma forma; que nos tribunais não é a sociedade inteira que julga um de seus membros, mas uma categoria social encarregada da ordem sanciona outra fadada à

---

[87] Destaca-se que a opressão policial se opera contra grupos de jovens, negros, pobres, geralmente de baixa instrução escolar. Essa é a constatação de diversas pesquisas desenvolvidas neste sentido no Brasil, em que a morte de negros, de baixa escolaridade e pobres representam 68% das mortes violentas. Disponível em: http://exame.abril.com.br/brasil/consciencia-negra-68-das-mortes-violentas-sao-de-negros/ acesso em: 10 jan. 2018.

Em igual sentido, foi apresentado Relatório Final do Senado Federal sobre o Assassinato de Joven (2016) que, dentre outros dados constatou que "a cada 23 minutos, um jovem negro é assassinado no Brasil. Todo ano, 23.100 jovens negros de 15 a 29 anos são mortos. A taxa de homicídio entre jovens negros é quatro vezes a verificada entre jovens brancos, o que reforça a tese de estar em curso um genocídio da população negra". Disponível em: <http://www12.senado.leg.br/noticias/materias/2016/06/08/em-relatorio-cpi-apresenta-sugestoes-para-acabar-com-genocidio-da-juventude-negra>. Acesso em: 10 jan. 2018.

desordem [...]

De tal sorte, ainda que se apresente o sistema penal enquanto um sistema lógico, justo e igualitário, que visa promover as garantias reportadas à dignidade humana, se visto *com olhos de ver*, emergirá sua realidade seletiva, estigmatizante e repressora, sempre a serviço de poucos em detrimento dos demais, sempre garantindo a supremacia da lógica do mercado (legal ou mesmo ilegal) passando ao largo da observância dos direitos mínimos de todo cidadão que, independentemente de sua condição, é o seu titular.

A institucionalização do sistema repressivo de puro controle social já, há muito, não alcança seu objetivo principal de ser um garantidor de uma ordem socialmente justa, apresentando, segundo Zaffaroni, uma intrínseca contradição entre o discurso jurídico e a verdade do sistema penal:

> Hoje, temos consciência de que a realidade operacional de nossos sistemas penais jamais poderá adequar-se à planificação do discurso jurídico-penal, e de que todos os sistemas penais apresentam características estruturais próprias de se exercício de poder que cancelam o discurso jurídico-penal e que, por constituírem marcas de sua essência, não podem ser eliminadas, sem a supressão dos próprios sistemas penais. A seletividade, a reprodução da violência, a criação de condições para maiores condutas lesivas, a corrupção institucionalizada, a concentração de poder, a verticalização social e a destruição das relações horizontais ou comunitárias não são características conjunturais, mas estruturais do exercício de poder de todos os sistemas penais. (ZAFFARONI, 2012, p. 15).

Pondera ainda o autor, que o sistema penal é detentor de um poder capaz de promover um amoldamento da realidade em função do exercício do controle sobre pessoas determinadas:

> Mediante esta expressa e legal renuncia à legalidade penal, os órgãos do sistema penal são encarregados de um controle social militarizado e verticalizado, de uso cotidiano, exercido sobre a grande maioria da população, que se estende além do alcance meramente repressivo, por ser substancialmente configurador da vida social. (...) Assim, os órgãos penais ocupam-se em selecionar e recrutar ou em reforçar e garantir o recrutamento de desertores ou candidatos a instituições tais como manicômios, asilos, quartéis e até hospitais e escolas (em outras 398 épocas, conventos). Este poder também se exerce seletivamente, de forma idêntica à que, em geral, é exercida por todo o sistema penal. Os órgãos do sistema penal exercem seu poder militarizador e verticalizador disciplinar, quer dizer, seu poder configurador, sobre os setores mais carentes da população e sobre alguns dissidentes (ou "diferentes") mais incômodos ou significativo. (ZAFFARONI, 2012, p. 23-24).

De tal modo, os processos de criminalização obedecem a uma lógica de conjunturas variáveis, sempre orientados, pelo que BECKER (2008) chama, de "empresários morais", podendo ser estes comunicadores sociais, políticos, lideranças religiosas, autoridades policiais, grandes empresários e membros de classes dominantes dotados de grande influência de um modo geral. Na linha do pensamento de ZAFFARONI, BATISTA e SLOKAR (2003, p. 43) "[...] sem um empresário moral, as agências políticas não sancionam uma nova lei penal nem tampouco as agências secundárias selecionam pessoas que antes não selecionavam".

Objetivamente quanto a criminalização secundária, o primeiro ou principal elemento de seleção que se apresenta é o que preferimos chamar de "padrão básico de criminoso", tipicamente identificado pelas instituições penalizantes segundo sua etnia, gênero, cor de pele, idade e classe social. Uma vez mais na linha da doutrina de Zaffaroni, o modelo básico de criminoso acaba sendo caracterizado enquanto se:

> Isto leva à conclusão pública de que a delinquência se restringe aos segmentos subalternos da sociedade, e este conceito acaba sendo assumido por equivocados pensamentos humanistas que afirmam serem a pobreza, a educação deficiente, etc., as causas do delito, quando, na realidade, são estas, junto ao próprio sistema penal, fatores condicionantes dos ilícitos desses segmentos sociais, mas, sobretudo, da sua criminalização, ao lado da qual se espalha, impune, todo o imenso oceano de ilícitos dos outros segmentos, que os cometem com menor rudeza ou mesmo com refinamento. (ZAFFARONI; BATISTA, 2011, p. 48).

Nesta ótica, não é forçoso constatar que, historicamente (e não só no Brasil), a clientela preferencial do sistema penal costuma ser os ramos mais marginalizados e pobres, especialmente em função dos processos históricos de desqualificação dos negros, pobres e moradores das periferias, estando, assim, esses e outros setores da sociedade mais reféns dos órgãos de repressão inerentes ao poder punitivo estatal.

Nesta linha, Melossi e Pavarini (2010, p. 215-216) destacam ser o cárcere, a pena "perfeita" para dispor, de maneira autoritária, a restrição da liberdade de uma pessoa por um período de tempo, exercendo o controle social almejado por meio do poder disciplinar.

> O cárcere – enquanto "lugar concentrado" no qual a hegemonia de classe (uma vez exercitada e nas formas rituais de "terror punitivo") pode desenvolver-se racionalmente numa teia de relações disciplinares – torna-se o símbolo institucional da nova "anatomia" do poder burguês, o lócus privilegiado, em termos simbólicos, da "nova ordem". O cárcere surge assim como o modelo da "sociedade ideal". E mais: a pena carcerária – como sistema dominante de controle social – surge cada vez mais como parâmetro de uma radical mudança no exercício do poder. De fato, a eliminação do "outro", a eliminação física do transgressor (que, enquanto "fora do jogo", se torna destrutível), a política do controle através do terror se transforma – e o cárcere é o centro desta mutação – em política preventiva, em contenção, portanto, da destrutividade.

Dessarte, Wacquant (2003), procedendo uma análise da hipertrofia do sistema prisional norte-americano, conclui ser a prisão uma instituição política que funciona como um componente do Estado, considerando funcionar como uma ferramenta de controle das massas marginalizadas ao promover a criminalização da miséria. Tais distorções sociais e econômicas, propiciadas pelo neoliberalismo reclamam sempre grande efetividade do sistema de justiça criminal de modo a promover o afastamento daqueles "indesejáveis" do convívio comunitário.

Assim, o cárcere vem exercendo de forma avassaladora seus mecanismos de segregação de indivíduos de modo seletivo com um principal objetivo de manter fora de circulação, determinados sujeitos, deturpando completamente a lógica da finalidade apregoada do sistema prisional. Na expressão de Juarez Cirino dos Santos, trata-se de um processo de "eficácia invertida", vez que, ao revés de se prestar unicamente para a contenção da criminalidade propriamente dita, como em tese deveria ser, "introduz os condenados em carreiras criminosas, produzindo reincidência e organizando a delinquência" (SANTOS, 2005, p. 5).

Nas palavras de Daniel Sarmento (2015, *on-line*), vê-se que a realidade prisional brasileira é ainda mais cruel:

> As prisões brasileiras – que já foram descritas pelo Ministro da Justiça, sem nenhum exagero, como "masmorras medievais" – são, em geral, verdadeiros infernos dantescos, com celas superlotadas, imundas e insalubres, proliferação de doenças infectocontagiosas, comida intragável, temperaturas extremas, falta de água potável e de produtos higiênicos básicos. Homicídios, espancamentos, tortura e violência sexual contra os presos são frequentes, praticadas por outros detentos ou por agentes do próprio Estado. As instituições prisionais são comumente dominadas por facções criminosas, que impõem nas cadeias o seu reino de terror, às vezes com a cumplicidade do Poder Público. Faltam assistência judiciária adequada aos presos, acesso à educação, à saúde, à seguridade social e ao trabalho. O controle estatal sobre o cumprimento das penas deixa muito a desejar e não é incomum que se encontrem em mutirões carcerários, presos que já deveriam ter sido soltos há anos. Há mulheres em celas masculinas e outras que são obrigadas a dar à luz algemadas. Neste cenário revoltante, não é de se admirar a frequência com que ocorrem rebeliões e motins nas prisões, cada vez mais violentos. (...) Em minha opinião, o drama carcerário é a mais grave questão de direitos humanos do Brasil contemporâneo. Mas além disso, as mazelas do sistema prisional brasileiro comprometem também a segurança da sociedade. Afinal, as condições degradantes em que são cumpridas as penas privativas de liberdade, e a „mistura" entre presos com graus muito diferentes de periculosidade, tornam uma quimera a perspectiva de ressocialização dos detentos, como demonstram as nossas elevadíssimas taxas de reincidência. Neste contexto, a prisão torna-se uma verdadeira "escola do crime", e a perversidade do sistema ajuda a ferver o caldeirão em que vêm surgindo e prosperando as mais perigosas facções criminosas.

Assim, a máxima da ressocialização contida na retórica do discurso de justificação do encarceramento não passa de um mito que, talvez, um dia, pudesse se imaginar alcançar, na medida em que torna-se inimaginável a ressocialização de pessoas as quais não são oferecidas as mínimas condições de higiene e saúde, quem dirá de restabelecimento da dignidade humana que lhes fora cassada pelo cárcere.

Em verdade, o sistema prisional brasileiro, e não só ele, atinge fielmente o objetivo do capital de promover uma administração da miséria por meio do aprisionamento das massas com a finalidade de segregá-las do convívio social, fomentando, com isso a, ainda viva faceta do direito penal promocional que prefere "limpar" a sociedade daquilo que não produz riqueza e consumo, em vez de promover políticas públicas e sociais de inserção dessas pessoas e diminuição da criminalidade, fomentando-se ainda mais a lógica da dominação reinante há séculos.

Na obra de SANDEL (2012, p. 326-327), falando mais diretamente das intervenções do mercado no modo de viver em sociedade, o que ao nosso sentir interfere diretamente no sentimento dos membros de uma sociedade diante de tudo o que antes foi dito acerca do papel do direito penal na democracia atual, o autor desenvolve o discurso da necessidade de um debate público a propósito dos limites morais dos mercados, cuja propensão mais latente se apresenta como uma expansão mercadológica regida por normas independentes do próprio mercado, de modo a se avaliar as práticas sociais mais relevantes, tais como o serviço militar, gestão de estado, ensino e aprendizado, punição de crimes etc. A questão que se demanda um debate público mais aprofundado e que possui divergentes concepções se reporta a quais seriam as normas independentes do mercado que se deseja proteger da interferência dele próprio? Mostra-se necessário por em pauta esses limites para que não se permita que o mercado continue a intervir de forma decisiva na regulação de instituições sociais, e o sistema de justiça penal é uma delas, notadamente naquelas que através de uma decisão são capazes de intervir em direitos e garantias fundamentais dos envolvidos.

Nessa perspectiva o autor americano (2012, p. 327), ainda formula reflexão a propósito da desigualdade, da solidariedade e o que ele chama de virtude cívica. Pondera que na comunidade estadunidense houve um significativo aumento das disparidades existentes entre as classes sociais nas últimas décadas, atingindo os níveis observados na década de 1930. Ainda assim a desigualdade não gerou grandes proporções e movimentos políticos.

A este propósito, Sandel ainda apresenta a linha defensiva de John Rawls quanto a necessidade de redistribuição como fundamento para um consentimento hipotético, com a justificativa de que formulando-se um contrato social hipotético, com um mesmo ponto de partida sob o aspecto da igualdade, teria-se concordância geral pelo princípio calcado na redistribuição. Michael Sandel (2012, p. 328) ainda aponta outra motivação relevante que deve ser objeto de preocupação com a latente desigualdade, qual seja, o fato de ela fragilizar a solidariedade demandada pela cidadania democrática.

> Se o desgaste do que constitui domínio público é o problema, qual é a solução? Uma política do bem comum teria como um de seus principais objetivos a reconstituição da infraestrutura da vida cívica. No lugar de voltar para a redistribuição de renda no intuito de ampliar o acesso ao consumo privado, ela cobraria impostos aos mais ricos para reconstruir as instituições e os serviços públicos, para que os ricos e pobres pudessem usufruir deles igualmente. (SANDEL, 2012, p.328-32).

Com o agigantamento da desigualdade, as vidas na sociedade ultra globalizada se tornam mais díspares e distintas permitindo com que essa desigualdade corroa as virtudes cívicas, sendo deliberadamente ignorada pelos conservadores filiados ao mercado e pelos liberais ávidos pela redistribuição (SANDEL, 2012). Diante disso, seja qual for a posição de observação ou de ação dos indivíduos na sociedade, impõe-se uma utilização dos mecanismos de força do estado, mormente aquele capaz de restringir o direito fundamental de liberdade do sujeito, de forma moderada, irrestritamente dentro da legalidade e não como historicamente tem ocorrido como mecanismo de alijamento e segregação social a serviço do capital.

4. ALGUMAS CONCLUSÕES

Na história da humanidade foram desenvolvidas técnicas de "adestramento e submissão dos corpos", por meio da moldagem e adequação dos comportamentos individuais e coletivos para o convívio social, possibilitando, com isso, a permanência, até aqui perpétua das classes dominantes no poder. Com a consolidação do modo de produção capitalista e do abismo aberto por meio das desigualdades inerentes a esse processo, viu-se a necessidade de "aperfeiçoamento" dos mecanismos de controle social, surgindo, assim o sistema penal como último avatar da humanidade, revelando-se como técnica eficiente de controle sobre as massas historicamente alijadas e deixadas à margem da sociedade.

Na medida em que a desigualdade social cresce, e ela parece nunca ter fim. Proporcionalmente a ela, também cresce a necessidade de controle, ganhando força os discursos de penalização e encarceramento a cada dia mais inflacionados e perversos. Assim, diante da latente necessidade de limitação, o sistema penal, composto do grupo de instituições que historicamente tiveram a incumbência de promover as práticas punitivas, guarda o propósito de controle dos indesejáveis para assegurar a ordem social.

De tal modo, operando pela lógica da seletividade, o sistema penal passa a ser entendido como mecanismo de controle social eficaz e barato, tendo como ponto de partida dois modelos de criminalização.

Por um lado, o processo de criminalização primária em que há uma definição legal de quais comportamentos serão rotulados, o que é levado a efeito verificando-se uma série de fatores como, por exemplo, o poder da mídia nos processos de penalização. Doutro lado, vê-se o processo de criminalização secundária, caracterizando-se pelo momento de aplicação da norma penal, em que as diversas instâncias da cadeia seletiva, iniciando-se pela abordagem policial que guarda o estigma do "criminoso padrão", que foi moldado com base em preconceitos introjetados na sociedade como uma verdade subliminar apregoada pelo sistema de dominação vigente, perpassando por instituições como Ministério Público e Poder Judiciário que, de maneira geral corroboram com as ilegalidades cometidas na ponta inicial da cadeia, finalizando-a no sistema penitenciário, sempre servil ao indivíduo suspeito de burla a ordem social.

Desta forma, o cárcere, enquanto *locus* de internação de pessoas, especialmente aquelas com definições específicas eleitas pela lógica da dominação – negros, homens, pobres, de baixa escolaridade em sua maioria -, é, nitidamente, um relevante mecanismo de controle social de cidadãos que foram desqualificados no desenrolar da história por intermédio do discurso do medo que lhes foram endereçados.

A despeito disso tudo, a lógica mercadológica da seletividade se apodera, ainda que inconscientemente, dos sistemas de justiça penal de modo a promover ao longo da história a exclusão, discriminação e segregação sempre dos mesmos, privilegiando os privilegiados e alijando os indesejados fazendo com a lógica capitalista se perdure no tempo.

A repressão promovida por meio do aparato policial é emblemática quando se nota a diferença entre a abordagem promovida nas áreas mais e menos nobres das cidades. Se na primeira a atenção à legalidade se nota de forma irrestrita, em áreas marginais persistem as ilegalidades (tortura, invasão, extorsão, extermínio, formação de grupos paramilitares etc) praticadas pelos mesmos agentes que seguem a lógica de alienação promovida pelos mecanismos de dominação.

Os direitos fundamentais nesse processo são deliberadamente ignorados como se inexistentes fossem, sejam eles de caráter da dignidade individual, sejam eles de natureza processual, tais como a presunção de inocência e não culpa, a ampla defesa, a execução de pena em condições dignas etc.

A pena privativa de liberdade não atinge o objetivo central de sua ideologia no direito brasileiro e na maioria dos países subdesenvolvidos e em desenvolvimento, seja pelo fato de estar a serviço do capital e do mercado que somente pretendem afastar sujeitos historicamente estereotipados enquanto marginais com a finalidade de promover "limpeza social", seja pela obsolescência do sistema penal e das instituições estatais brasileiras que, conforme defendido se encontram a serviço do mercado e dos interesses particulares das classes reconhecidamente dominantes.

Assim, o sistema penal nada mais é que uma instituição política que exerce suas atividades como peça essencial ao próprio mercado que se vale do Estado, uma vez que funciona como ferramenta de controle das massas marginalizadas por meio da penalização e do encarceramento de miseráveis, movimento decorrente das disfunções socioeconômicas provocadas pelo sistema neoliberal, que dependem da eficiência do sistema de encarceramento e segregação criminal na base da pirâmide de classes, de modo que os indivíduos que o sistema considere indesejados sejam, simplesmente afastados do convívio social, seja para as periferias (favelas e comunidades), para o cárcere ou, em última análise para o completo extermínio.

Por tudo o que foi debatido, é de se concluir que a pena privativa de liberdade no atual modelo de democracia capitalista existente nos países ocidentais, com destaque ao Brasil, segue a lógica do mercado servindo a ele enquanto ferramenta de exclusão de indesejados por meio da força bruta e injusta em sua essência e, ao mesmo tempo igualmente serve para àqueles que historicamente são comprovadamente os excluídos do sistemas de produção. Assim, em se fosse possível resumir em uma frase poderíamos concluir que o sistema penal brasileiro, segundo a perspectiva de democracia dos "donos do poder" serve, - ao mercado - e para as classes subalternas.

5. REFERÊNCIAS

BATISTA, Nilo. **Introdução crítica ao direito penal brasileiro**. 11.ed. Rio de Janeiro: Revan, 2007.

BATISTA, Vera Malaguti. **Introdução crítica à criminologia brasileira.** 2.ed. Rio de Janeiro: Revan, 2012.

BACKER, Howard S. **Outsiders**: estudos de sociologia do desvio. Rio de Janeiro: Zahar. 2008.

BARCELLOS, Ana Paula de. A eficácia jurídica dos princípios constitucionais. O princípio da dignidade da pessoa humana. 2a ed. Rio de Janeiro: Renovar, 2008.

CARVALHO, Thiago Fabres de. O imaginário punitivo nas aventuras da modernidade: a genealogia do pensamento criminológico entre regulação (poder soberano) e emancipação (vida digna). **Revista da Ajuris**, Porto Alegre, v. 40, n. 130, p. 395-428, jun. 2013. Disponível em:

<http://www.ajuris.org.br/OJS2/index.php/REVAJURIS/article/view/30
3/238>. Acesso em: 8 ago. 2017.

DEUS, Jardel Sabino de. A sociedade do risco e a (in)eficiência da
expansão do direito penal como forma de diminuição da criminalidade na era
globalizada. **Revista dos Tribunais**, São Paulo, v. 891, p. 477-494, jan. 2010.

FOUCAULT, Michel. **Vigiar e punir**. 31.ed. Petrópolis: Vozes, 1987.

GARAPON, Antoine; GROS, Frédéric; PECH, Thierry. **Punir em
democracia**: e a justiça será. Tradução Jorge Pinheiro. Lisboa: Instituto
Piaget, 2002.

MELOSSI, Dario; PAVARINI, Massimo. **Cárcere e fábrica**: as origens
do sistema penitenciário (séculos XVI e XIX). 2.ed. Rio de Janeiro: Revan,
2010.

PAVARINI, Massimo. Control y dominación. **Teorías criminológicas
burguesas y proyecto hegemónico**. México: Siglo XXI, 1983.

SANDEL, Michael. Justiça: o que é fazer a coisa certa. Rio de Janeiro:
Civilização Brasileira, 2012.

SANTOS, Juarez Cirino dos. **30 anos de vigiar e punir (Foucault)**.
Disponível   em: http://icpc.org.br/wp-
content/uploads/2012/03/30anos_vigiar_punir.pdf. Acesso em 7 abr. 2017.

SANTOS, Robinson dos. Concepção de justiça penal na doutrina do
direito de Kant. **Ethic@**, Florianópolis, v. 10, n. 3, p. 103-114, dez. 2011.
Disponível em: < http://dx.doi.org/10.5007/1677-2954.2011v10n3p103>.
Acesso em: 19 fev. 2018.

SARLET, Ingo Wolfgang. A eficácia dos direitos fundamentais. Porto
Alegre: Livraria do Advogado, 1998.

SARMENTO, Daniel. As masmorras medievais e o Supremo: análise da
constitucionalidade do sistema prisional brasileiro é a tarefa relevante do STF.
Jota,   São   Paulo,   3   jan.   2015.   Disponível   em:
<https://jota.info/colunas/constituicao-e-sociedade
/constituicao-e-sociedade-masmorras-medievais-e-o-supremo-
06012015>. Acesso em 10 jan. 2018.

KANT, Immanuel. **A metafísica dos costumes**. Trad. Edson Bini. São

Paulo: Edipro, 2003.

WACQUANT, Loïc. **As prisões da miséria**. Rio de Janeiro: Jorge Zahar Editor, 2001.

_____. **Punir os pobres**: a nova gestão da miséria nos Estados Unidos. 3.ed. Rio de Janeiro: Revan, 2003.

_____. As duas faces do gueto. Tradução de P. C. Castanheira. São Paulo: Boitempo, 2008. 158 p. Resenha de: BATISTA, Vera Malaguti. Sulfurosas marginalizações. **Revista de História**, São Paulo, n. 160, p. 389-393. Disponível em: <http://revhistoria.usp.br/images/stories/revistas/160/RH_160_-_Vera_Malaguti _Batista.pdf>. Acesso em: 10 jan. 2018.

ZAFFARONI, Eugenio Raúl; BATISTA, Nilo. **Direito penal brasileiro – I**. 4. ed. Rio de Janeiro: Revan, 2011.

ZAFFARONI, Eugenio Raúl et al. **Direito penal brasileiro**: primeiro volume: teoria geral do direito penal. Rio de Janeiro: Editora Revan, 2003.

ZAFFARONI, Eugenio Raúl. Abertura. In: KARAM, Maria Lúcia (Org.). **Globalização, sistema penal e ameaças ao Estado democrático de direito**. Rio de Janeiro: Lumen Juris, 2005, p. 22- 23.

_____. **O inimigo do direito penal**. Rio de Janeiro: Revan, 2007.

_____. **Em busca das penas perdidas**. 5. ed. Rio de Janeiro: Revan, 2012.

8

TUTELA DAS POLÍTICAS PÚBLICAS: A PARTIR DE UM VIÉS DE PATRIOTISMO COM VISTAS A CONSCIENTIZAÇÃO SOCIAL PARA A CONSTRUÇÃO DA CIDADANIA COM PREMISAS NA CONSTITUIÇÃO E NO PENSAMENTO DE PABLO VERDÚ

Vito Beno Vervloet
Samuel Meira Brasil Jr.

Resumo: O presente trabalho tem como escopo abordar a elaboração de políticas públicas com o envolvimento do cidadão. Entender uma das tentativas da melhor forma de fazer políticas públicas, enfim, uma forma de reger a sociedade com qualidade, tudo conforme balizado na CF/88 estribado no princípio do Estado Democrático de Direito. A humanidade sempre buscou discernir o político, se é que assim podemos afirmar na busca de uma hegemonia, com a formatação de políticas públicas, na construção de um pensamento novo, construído com ética e com vistas a gerar benefícios sociais. Trata-se de uma pesquisa bibliográfica, apoiada no método histórico dialético, com o objetivo central de estudar os caminhos democráticos na elaboração da política pública, com a criação do orçamento participativo (OP) e como a conformação de um sentimento constitucional, fundamento no pensamento de Pablo Verdú, pode contribuir para a participação popular na elaboração do OP. Estudar o tema proposto é também passar a conhecer um pouco de como se realiza a construção de políticas públicas, eis que a compreensão de atores e arenas, as fases de um Orçamento Participativo, as características e tipos dos planejamentos públicos, a visão de Rudá Ricci desses conceitos nas políticas públicas no Brasil para a formação da consciência para se conquistar e para se exercer a democracia, assentada no apontar das principais causas das razões do porque a cultura do orçamento não se espraiou. Por fim, o pensamento de Pablo Verdú, ajuda na formatação do sentimento constitucional, gerando no seio da sociedade o patriotismo, elevando a dignidade das pessoas quando conscientizadas de sua importância, sobretudo, quando o assunto tratado for a elaboração de políticas públicas, gerando um impacto social na construção da cidadania e do sentimento de pertencimento de um povo, diante do ato de ensinar a terem consciência para si da função social das políticas publicas, sobretudo, quanto a participação popular em sua elaboração, além de ser educativa, também traz a conscientização das limitações orçamentárias, o que permite o se a entender os conceitos de "reserva do possível" e do "mínimo existencial", conceitos indispensáveis para entender e se aplicar uma justiça social com vistas a promover a dignidade da pessoa humana.

1. INTRODUÇÃO

O estudo de Políticas Públicas no Brasil é um tema contemporâneo e certamente é um desafiador. Contudo, só de imaginar, é possível se concluir que, também será muito enriquecedor na formação do pensamento sociológico do estudioso, sobretudo sob a ótica da justiça social pautada na participação.

Do entrelaçamento ou afastamento, da mistura ou da separação, é verossímil que é passível de ser gerado satisfação social, de onde surgiram diversos estudos, todos suscitados na ânsia de se descobrir o novo, a nova forma, enfim, se descobrir o que? O correto? Ou a formação ideal? Ideal da melhor forma de fazer políticas públicas, enfim, uma forma de reger a sociedade, uma nova forma de se fazer políticas públicas com qualidade, tudo conforme abalizado na CF/88.

A humanidade sempre alçou para a busca incessante do discernir o político, se é que assim podemos afirmar na busca de uma hegemonia, com a formatação de políticas públicas, na construção de um pensamento novo, construído com ética e com vistas a gerar benefícios sociais. Eis que surgem diversos estudiosos a tratar do tema. Mas, dentre os muitos, no presente estudo aplicaremos o legado de cientistas, cujos pensamentos eram tão brilhantes e livres, que seus ensinamentos permanecem vivos para a construção da cidadania e do sentimento de patriotismo voltados para desenvolvimento do espírito de participação.

Trata-se de uma pesquisa bibliográfica, apoiada no método histórico dialético, com o objetivo central de estudar os caminhos necessários na elaboração de uma política pública, com a criação do orçamento participativo, e a formatação de um sentimento constitucional com fundamento no pensamento de Pablo Verdú.

Estudar o tema proposto é também passar a conhecer um pouco de como se realiza a construção de políticas públicas, eis que a partir dos firmamentos sobre os atores e arenas (título 2) surge um modelo e suas fases de um Orçamentos Participativos (títulos 3), seguido de uma sucinta passagem pelo características dos planejadores (título 4) indispensáveis a gestão pública, para depois passar (título 5) para apontar a visão de Rudá Ricci (2010), mostrando um entendimento de políticas públicas no Brasil para a formação da consciência para se conquistar e para se exercer a democracia, assentada no apontar das principais causas das razões do porque a cultura do orçamento não se espraiou.

Antes da conclusão, transitamos no pensamento de Pablo Verdú (titulo 6) e caminhamos por outras explicações que foram também tituladas, uma vez que ajudam na construção do pensamento pretendido com vistas a formatação do sentimento constitucional, gerando no seio da sociedade o patriotismo, elevando a dignidade das pessoas quando conscientizadas de sua importância, sobretudo, quando o assunto tratado for a elaboração de políticas públicas, gerando um impacto social da construção da cidadania e do sentimento de pertencimento de um povo, diante do ato de ensinar a terem consciência para si da função social das política públicas, sobretudo, quanto a participação popular em sua elaboração.

2. ARENAS E ATORES – A CONSTRUÇÃO DA POLÍTICA PÚBLICA

O Título "As arenas políticas e o comportamento dos atores" que consta da Obra Políticas Públicas de Maria das Graças Rua de forma simples, a autora, trata de conceitos que cuidam das aspirações e desejos que são gerados no envolvimento de interesses das partes envolvidas no processo de construção de Políticas Públicas frente a uma demanda social.

O título chama atenção, pois a palavra arena com os seus múltiplos sinônimos, pois o leitor, antes de conscientemente se situar dentro da real intenção do título, é levado a ideia de combate, lutas sangrentas, que gera a ideia que só um será o vencedor.

Esse título desperta o leitor e ao iniciar a leitura, o mesmo se depara com a sua realidade social, ou seja, com uma explicação clara e concisa da construção e da formação de Políticas Públicas, levando-o a um aprendizado claro sobre os atores envolvidos e a definição de conceitos que o mesmo por certo já teve a sensação de em algum momento de sua vida ter ouvido falar e *quiça* tenha sido participante.

Resumindo o Título examinado, podemos informar que tem o início afirmando que uma demanda expressa necessidades e aspirações à solução de um problema que de forma inexplicável, em vista dos fatores que a compõe gera o interesse, ou seja, o que cada ator quer é maximizar e implantar em seu favor as suas preferências.

Ainda, no jogo do interesse, esse é alimentado por expectativas e preferências que se apoderam dos atores envolvidos, e todos dentro do jogo, se valendo dos seus recursos de poder, alcançaram ou não as suas aspirações. As regras do jogo são praticadas, e giram em torno e em função das preferências, das expectativas dos resultados de cada alternativa para a solução de um problema, das estruturas de oportunidades, os atores fazem alianças entre si ou então entram em disputa, formando as chamadas arenas políticas.

Essas arenas políticas não são espaços físicos, e sim contextos sistêmicos, interativos, que formam a dinâmica de atuação dos atores políticos, que definem alianças e mobilizam o conflito entre eles a partir das questões, das preferências, das expectativas e da estrutura de oportunidades. As arenas políticas podem ser distributivas, redistributivas, regulatórias e constitucionais. Nas arenas é onde se define a dinâmica das relações entre os atores, que obedece a padrões de lutas, debates, e o jogo. No jogo se faz presente: as negociações ou barganhas, os conluios, e o debate é inegavelmente a forma da sua construção e de sua elaboração. Entra em cena o poder de persuasão, intercâmbio e até ameaças, e da pressão que são os meios de que se vale de cada ator para se chegar à solução do conflito de forma a lhe trazer benefícios.

Assim, examinando o Título proposto, e apoderado de conceitos e conhecimentos sobre o assunto poder usá-los a seu favor dentro do grupo de atores que talvez nem você saiba que faz parte, razão porque, certamente esse lhe será de grande utilidade. Rua (2009), em sua obra mostra que é detentora de grande conhecimento, de grande poder articulador na declinação de sua explanação, pois certamente a sua Especialização, o seu Mestrado, o seu Doutorado, todos na área de ciências políticas, sociais e humanas, arremeteram a um elevado nível de conhecimento que consegue falar com autoridade e clareza sobre o assunto de forma a deixar o leitor boquiaberto.

É inegável que os conceitos e as explicações colacionados ao título examinado da obra dão grande contribuição para mostrar o horizonte de uma forma sadia e agradável de tornar possível a implantação de políticas públicas. Claro que, nós estudiosos que somos não temos dúvidas que tivemos a compreensão de como se pode fazer e praticar políticas públicas, e, embora, ainda essa não seja a nossa plena realidade, já não somos mais os mesmos, mas certamente estamos inicialmente habilitados a buscar ver cintilar a eficiência, a eficácia e a efetividade no trato para com a "res pública', com a construção de políticas públicas de elevado padrão.

Todos os conceitos são relevantes para o pensamento e para o entendimento da forma como ocorrem, ou, podem ocorrer as decisões para a formação das agendas de políticas públicas, pois é do debate, da participação é que nascem soluções e respostas para se atender os desejos dos atores envolvidos, para que ocorra a construção de uma sociedade evoluída. Claro que muito ainda temos a caminhar, pois a prática de políticas públicas ainda é assunto novo, eis que nascida por volta do ano de 1960, podemos dizer que estamos ainda aprendendo, ou seja, estamos no seu limiar.

Ainda vemos uma pequena elite, sobretudo a capitalista e a política, que participa do poder e toma as decisões na hora de implantar as políticas públicas. Mas a sociedade vem sendo conscientizada, eis que a mídia, as redes estão evoluindo, e aos poucos os seres que formam a sociedade vem conquistando a sua cidadania, e se apercebendo que a sua participação, a sua agregação ao seu grupo de ator político é fundamental, pois, certo é que em se assim procedendo poderá dar a sua contribuição, apoderados dos conhecimentos da área.

E nesse contexto, os conceitos ministrados e os exemplos declinados dão a sua contribuição para que o leitor possa refletir a melhor forma e o melhor caminho a ser perseguindo na construção de uma sociedade mais justa e igualitária, e como poderá dar a sua contribuição para a firmação dos princípios e objetivos constitucionais firmados no início da nossa Carta Cidadã, sobretudo, a estruturação e o firmamento do princípio da dignidade da pessoa humana, da melhor alocação dos escassos e minguados recursos públicos a seu favor, inclusive, no combate aos desperdícios.

Também, certamente o texto contribuirá para o leitor compreender que ele faz parte do processo político na construção das políticas públicas, pois só com a sua participação, somando ao seu grupo de atores, entrando na arena política de pensamento formado, entendendo os conceitos, ele poderá dar a sua colaboração e ser dentre os muitos uma personagem que ajudou a construir o porvir do bem estar social da humanidade, rumando direção para firmar do verdadeiro estado democrático social de direitos. E isso se faz com participação, o que vamos tratar nos próximos tópicos, inclusive buscando estudar casos específicos, ou seja, o orçamento participativo de Vitória/ES.

3. FASES E ACESSO AO ORÇAMENTO PARTICIPATIVO – O CASO DE VITÓRIA/ES

O Orçamento Participativo – OP - no Município de Vitória que foi pioneira na implantação, descrevendo como pode ser traduzida em termos acessíveis a população de forma crítica, é bastante fascinante.

O objetivo do OP é democratizar a gestão municipal e tornar mais transparente e eficiente o planejamento e a aplicação dos recursos públicos, envolvendo os cidadãos na definição de prioridades para os gastos da cidade. O OP de per si já traduz a acessibilidade da população, pois, a forma da construção do orçamento de Vitória, mostra de forma clara a participação popular desde o seu limiar até a obra realizada, com a participação na fiscalização pelos conselheiros e delegados, vejamos a construção do Orçamento.

Inicia-se com debate sobre as demandas da cidade com vistas a contribuir para o desenvolvimento equitativo de seu território para chegar à tomada de decisões norteada na análise rigorosa da disponibilidade orçamentária e da viabilidade técnica, deflagrando com a participação de toda a população.

Em Vitória, a implantação do OP se fez nas seguintes estratégias: criação de espaços de participação popular para o debate e deliberação sobre os investimentos públicos; criação dos espaços de participação que permitam o acompanhamento e a fiscalização da execução do plano de investimentos aprovado; alocar maior volume de recursos nas áreas mais empobrecidas e de infra-estrutura mais precária da cidade; contribuir para a sustentabilidade de organizações sociais autônomas e com responsabilidade sobre o controle social das instituições públicas; e articular a integração das diferentes áreas responsáveis pela análise e execução das prioridades.

Etapa importante é a formação dos atores sociais. Os processos formais compreendem: a) as caravanas que buscam proporcionar a compreensão da complexidade em planejar e dotar a cidade de infra-estrutura e de equipamentos públicos necessários, além de promover um debate sobre as desigualdades sociais e o quanto essa realidade deve orientar o planejamento dos investimentos públicos; b) e cursos sobre temas relacionados à participação popular, democracia, políticas públicas, orçamento público e etapas da execução.

Os delegados acompanham a execução em reuniões e visitas às obras, assim como por meio da participação periódica nos Fóruns Regionais de Delegados e nas reuniões do Conselho com a participação do comitê formado por técnicos das secretarias envolvidas, que responde pela execução do OP.

O OP compreende um processo de debate contínuo, feito em duas fases. A primeira consiste no debate e na definição, a cada dois anos, das prioridades que compõem o plano de investimentos para o orçamento. Essa fase ocorre nas Plenárias Microrregionais[88] e nos Fóruns Regionais de Delegados[89]. Na segunda etapa, são instituídos espaços permanentes para acompanhamento e prestação de contas da execução desse plano, como os Fóruns Regionais de Delegados e o Conselho do OP.

Para a realização das plenárias, as oito regiões administrativas da cidade são subdivididas em 14 microrregiões. Essa subdivisão é somente adotada como alternativa metodológica para facilitar a participação do morador. A referência para o debate e a definição das prioridades, porém, são as regiões administrativas.

A divulgação e a mobilização para o processo de debate do OP são realizadas por meio de instrumentos como televisão, rádio, sonorização volante, outdoors, busdoors, jornais e convites porta a porta. Além disso, são criados espaços para apresentação e debate das etapas de participação popular e das regras do OP, como a plenária de lançamento e os Fóruns Regionais Preparatórios.

No Fórum Municipal, os delegados do Orçamento Participativo eleitos nas Plenárias Microrregionais elegem seus representantes, por região, para compor o Conselho Municipal[90] do Orçamento Participativo.

Hierarquização das preferências nas plenárias entra em ação as equipes das análises técnicas da Prefeitura e do custo estimado das demandas do Orçamento Participativo. Avalia-se a compatibilidade da demanda com a política de cada área, tendo em vista as diretrizes das políticas setoriais debatidas pelos conselhos e conferências municipais específicas, que

---

[88] participação direta da população

[89] São eleitos nas Plenárias Microrregionais.

[90] Possui 4 representantes de cada região, totalizando 32 conselheiros do povo e 11 da Prefeitura.

orientam a implantação da rede de equipamentos e serviços e o ordenamento urbano da cidade, bem como os planos ou estudos setoriais disponíveis (Plano Diretor de Macro-drenagem, Plano Municipal de Redução de Riscos, Plano Diretor Urbano, Plano de Desenvolvimento Local Integrado das áreas ocupadas por população de baixa renda etc.).

Considerando que os recursos financeiros são sempre limitados para atender as demandas da população, ou seja. todas as políticas públicas que seriam necessárias, a definição de investimentos do OP deve ser mediada por critérios que visam à promoção da justiça social, que contribuam para a melhoria das condições de vida das populações historicamente excluídas.

4. CARACTERÍSITCAS DOS PLANEJAMENTOS PÚBLICOS

O Título aponta de forma clara que há mais de um tipo de característica de planejamento: Democrático e Tecnocrático. A seguir, o quadro de comparações entre Planejamento Democrático e Tecnocrático, descreve suas características, é tarefa que permitirá através do quadro a visibilidade dos pontos em comuns e diferentes e isso proporcionará o angariar de conhecimento para o manejo na realização das tarefas diárias na construção de políticas públicas, vejamos:

Características dos Planejamentos		
	Democrático	Tecnocrático
1	O plano vai depender das decisões que são políticas. O planejador tem interesses contraditórios e conflitantes.	Os planos operam sobre a estrutura social econômica e política e o planejador é um técnico neutro.
2	Os planejadores fazem os planos de acordo com os interesses dos carentes dando ampla informação ao todos os cidadãos.	Os planejadores podem e devem avaliar os interesses da população, com base nos objetivos da política pública desejada.
3	Há participação ativa população e os planejadores são agentes e assessores com a função de facilitadores para que todos os cidadãos participem do	Os recursos públicos são confiados aos técnicos gestores que darão levaram em consideração os interesses da população.

	processo.	
4	Os planejadores trabalham com grupos comunitários para atender as aspirações e necessidades dos mesmos. Com a união de técnicos e da população conseguem fazer o levantamento de dados, que são discutidos e preparados para evitar as injustiças sociais e eliminar as ocultas.	A elaboração do plano possui como característica pesquisas objetivas sem a participação da população, pois os técnicos julgam que a população é incapaz de manejar os instrumentos da racionalidade científica.
5	Aplica a Governabilidade que cuida das condições sistêmicas mais gerais em que se dá o exercício do poder em dada sociedade, como as características do regime político, a forma de governo, as relações entre poderes, os sistemas partidários, o sistema de intermediação de interesses.	É praticado por técnicos e especialistas com seus assessores, de forma insulada em relação à sociedade.
6	Tem na Governança a capacidade governativa em sentido amplo, envolvendo a capacidade de ação estatal na implementação de políticas e na consecução de metas coletivas, e aos **mecanismos para lidar com a dimensão participativa e plural da sociedade**, o que implica o aperfeiçoamento dos meios de interlocução e de administração dojogo de interesses. Adota como padrão os debates sobre a intervenção do Estado na economia e nas áreas sociais (isso é, seu esgotamento) e sobre o papel da	Atualmente, devido às constantes expectativas para que uma **nova cultura mais semelhante à existente no setor privado domine o setor público**, têm surgido ideias para tentar aproximar o cidadão a uma figura de consumidor público **e para separar, na medida do possível, a administração da cidade propriamente dita dos fatores e envolvimentos políticos embutidos na gestão municipal**. Este novo estilo de gerenciamento consiste basicamente na instituição de um sistema para a gestão da cidade onde um administrador,

| participação social na consolidação de regimes democráticos. | habilitado e **desvinculado politicamente**, teria toda influência sobre os profissionais especializados de cada área. Este administrador tem recebido o nome de "**gerente de cidades**", cuja atuação poderia, a título de exemplo, ser comparada à de um administrador hospitalar dos dias de hoje,que gere o hospital no lugar do tradicional médico. Seria,portanto um auxiliar direto do Prefeito, encarregado de executaras realizações constantes do Plano de Governo e de gerenciar o funcionamento do município. |

Concluímos, para dizer que uma boa gestão pública ocorrerá se houver pessoas na administração que consiga fazer uma ponte entre o planejamento democrático e o planejamento técnico, pois saber ouvir os anseios da população e levar isso aos técnicos e dizer o que se pretende, e esses, atendendo aos anseios, se valham das técnicas para transformar as demandas de maneira que haja uma confluência entre as duas formas de planejar, certamente será possível se chegar a bons resultados com a satisfação dos anseios democráticos da sociedade sem que se despreze a técnica.

5. CULTURA SOCIAL DO ORÇAMENTO PÚBLICO, SEM SUCESSO

Na visão de Rudá Ricci, que examina esses conceitos nas políticas públicas aponta as principais causas e as razões dos porquês da cultura do orçamento não ter espraiado.

Primeiro: Ricci diz que o orçamento ficou restrito ao executivo e afirma que "não foram criados conselhos temáticos ou de direitos nas câmaras municipais". A falta de comando normativo, que firmassem a realização de audiências públicas, ou plenárias territoriais, com vistas a definir as prioridades da sociedade no OP. Também, segundo a visão do autor, os parlamentares locais consideram que o OP deslegitima a representação do vereador.

Segundo: o OP não delibera sobre o orçamento de custeio, gerando um problema, eis que sobram obras definidas nas plenárias, e diante disso, o gestor fica em situação complicada, diante da cobrança e na repetição dessa obras anos a fio no OP.

Terceiro: porque "não forma equalizadas outra modalidade de participação na gestão pública" (Ricci, 2010).

Quarto: Ricci (2010) verifica que poucos são os órgãos e secretarias que participam do OP, eis que "a maioria das secretarias possui mecanismos e rotinas próprias para definir sua proposta orçamentária e até para executá-las."

Quinta: se dá porque as lideranças e representantes da sociedade civil não sabem governar, sequer sabem o que é um ciclo orçamentário, desconhece os indicadores de monitoramento, as ações e os programas públicos de gestão.

Sexto: os conselhos são estruturas de co-gestão pública e são confrontados com processos decisórios das estruturas do tipo imperial, onde a decisão solitária do gabinete de um determinado secretário pode desautorizar as deliberações de um conselho sem que isso provoque qualquer situação que afete as pessoas envolvidas, ou mesmo a invalidação, ou seja, o conselho, a vontade popular foi desautorizada diante da vontade de um ser.

Enfim, os conselhos são órgãos de estado, mas não são de governo, e diante disso, prevalece a vontade do governante que possui a discricionariedade de administrar sem estar vinculado à vontade da deliberação registrada pelo conselho.

6. VERDÚ: O PATRIOTISMO, FORMA DE ENVOLVIMENTO SOCIAL DA POPULAÇÃO, CONSTRUIR POLÍTICAS PÚBLICAS

Que sentido tem a Constituição para um povo? Como surgiram os institutos: o povo, a sociedade, a Constituição ou o Estado. Todas as Constituições, por mais que pareça que o povo tenha exercido alguma influência em sua elaboração, é possível se verificar, no fundo, por trás de uma massa popular que pensava ser participante, que há uma elite da sociedade – política, intelectual ou econômica - e as instituições sociais que realizaram suas pretensões, apoiada no poder do povo para assim poder legitimar suas vontades.

Na elaboração de direitos fundamentais é indispensável realização de políticas públicas, o que foi brilhantemente definido na Constituição, conforme se pode aferir no rol exemplificativo declinado do artigo 5º ao 11 da CF/FF. Essa, a Constituição é quem defini esses direitos fundamentais, e em alguns casos, inclusive a política pública que os tornará realizável. Para construir políticas públicas é indispensável que haja recursos, e esses são gerados no sistema de tributação na cobrança de impostos e taxas.

As políticas públicas tiveram início nos EUA, e essa se desenvolveu no sentido de verificar o que o estado deveria fazer e o que o estado efetivamente faz.

Na obra de Pablo Lucas Verdú ele registra que a Constituição de um povo deveria ser a sua direção, assim como a arca serviu de orientação ao povo judeu, também a constituição de um povo deve ser a sua referência. Nesse sentido, Verdú realça que os sentimentos constitucionais deveriam ser concretizados de tal maneira que o povo tivesse verdadeira paixão por sua pátria, idolatrando-a, de tal maneira que fossem capazes de dar a própria vida para defender a sua pátria, dando o máximo de si, inclusive o próprio sangue se necessário.

A Constituição do Brasil é vista como ultrapassada, uma vez que aquela que está posta já não oferece mais nada, pois está desacreditada. E o que se indaga é: uma nova Constituição para o povo brasileiro vai mudar alguma coisa? A resposta é clara, diante da cultura popular brasileira: um povo que não tem na sua cultura e forma de ser criado o sentimento de patriotismo, o sentimento de solidariedade, o desejo de participar e de pertencer a uma nação da qual se orgulhe, é possível dizer que não há o sentimento constitucional, portanto, uma nova Constituição não modificará a nada, e não terá qualquer utilidade para produzir modificações, inclusive no setor de políticas públicas, extensão da Constituição posta.

Luca Verdú (2004, p.52) faz a citação de Agnes Heller para definir o que significa sentir: "Sentir significa estar implicado em algo". Sentir patriótico é estar implicado com a sua pátria, com a sua nação, no desejo de construir uma sociedade boa para se viver. Dessa forma, o sentimento jurídico brota da convicção de que determinadas normas, escritas ou consuetudinárias, são convenientes e justas para a convivência. Pablo Verdú (2004, 53) diz:

> Sentir significa estar implicado em algo. Tal implicação é parte estrutural da ação e do pensamento, não constituindo mero "acompanhamento". Mas posso estar implicado em algo ou implicado em algo. Quer dizer, o centro de minha consciência pode ser ocupado pela própria implicação ou pelo objeto que estou implicado. Segundo o que encontre no centro da minha consciência, o sentimento (implicação) pode ser "figura" ou "pano de fundo".

A partir da premissa dos pilares de fundação da Carta Constitucional temos a construção do ordenamento jurídico. Essa Constituição deve ser observada, acolhida e respeitada, e isso acontece de acordo com a cultura do povo. No Brasil temos essa grande dificuldade para o cumprimento de leis, uma vez que não está esse sentimento enraizado na cultura do povo, onde as instituições não cumprem as decisões, não cumprem as leis. Portanto, o desenvolvimento da efetividade de um ordenamento vigente depende da compreensão e da intenção emotiva que esteja cultivada na sociedade.

Além disso, temos também outros fatores capazes de colaborar com essa consonância:

> Quando um ordenamento jurídico é capaz de suscitar ampla e intensa adesão efetiva quanto a sua normação e, sobretudo, quanto às instituições mais enraizadas em suas bases sociais, então tal ordenamento é vivo. Não está ali, afastado, nutrindo-se solitariamente de suas próprias interconexões e interpretações formais. Penetra nas entranhas populares para converter-se em ordenamento sentido (PABLO VERDÚ, 2004).

Nisso vemos que os sentimentos constitucionais fazem nascer uma Constituição vivida e considerada pelo povo, e uma vez que é sentida aparecerá como símbolo político que tem razão de ser em virtude da força de integração que exercerá sobre os cidadãos. O sentimento constitucional existe, e vemos sua atuação em países de longa tradição democrática. A falta de sentimentos constitucionais ativos nos ordenamentos democráticos recém-inaugurados ou débeis mostra orientação que o mesmo ainda não se enraizou ou se encontra em crise, sobretudo nos países periféricos, os chamados latino-americanos.

O sentimento constitucional aponta sua viabilidade nas condições estruturais da convivência política. Para Lucas Verdú "sua presença e operatividade serão mais efetivas quando o Estado de Direito apareça como Estado de cultura, um Estado que supõe a reconciliação de sua inevitável dominação com a sociedade civil e com a natureza". Com essa reconciliação o sentimento constitucional assume um conteúdo utópico de sentimento libertário: autogestão, vinculações federativas, livre desenvolvimento da personalidade que dimana do reconhecimento de sua dignidade (art. 10.1), promoção das condições sociais e remoção dos obstáculos a que se refere o art. 9.2, ambos da Constituição Espanhola (Pablo Verdú, 2004, p.11).

O sentimento constitucional depende de um amadurecimento democrático, de uma evolução da sociedade, com o envolvimento das pessoas com os assuntos e interesses de sua nação. A criação de um estado de cultura com a interiorização de pertença ao grupo social na busca de uma construção livre para o povo no local de acordo com suas vontades.

Os países periféricos – América latina – padecem de um sentimento constitucional em vista de ausência de cultura própria, e o que temos hoje, notadamente tanto de cultura como de constituição, sem dúvida tem origem no pensamento europeu e norte americano. Isso leva a se notar que em países periféricos não há o chamado sentimento constitucional.

Para a construção do sentimento constitucional é indispensável que se construa no povo daquele território esse sentimento, com a construção de um estado de cultura. Uma das formas de se dar partida para isso é conclamar e construir no povo o desejo de participação. Levar as pessoas a participarem da sua sociedade, a participar da gestão pública, a terem conhecimento que o Estado está posto para ser útil para a sua população, para o seu povo. Somos nós que sustentamos o Estado, temos que participar, pois quem sustenta a máquina é o povo, logo, ninguém melhor que o povo para agir em seu favor. O dia que o povo entender que é ele quem forma a sociedade, a passar a cobrar, a estar presente e a ser participante, a se posicionar nas decisões da coisa pública a sociedade começará a mudar. Contudo, há uma dificuldade quanto a isso, uma vez que não é dado ao povo conhecer esse direito de pertencimento e de que pode participar. Promover a formação dessa cultura é indispensável para a construção dessa sociedade. Logo, quem as realizará na sociedade, quem as implantará? O OP busca dar direção a essa cultura, mas ainda há um longo caminho a ser percorrido.

Essa construção é quase sempre prejudicada nos países periféricos, onde a corrupção trabalha sempre no sentido contrário. Quando surge uma liderança no seio do povo com essa visão, com objetivos favoráveis ao povo e a sociedade, geralmente sempre ocorre a cooptação daquele por partidos políticos que acabam por retirar esse cidadão do seu meio comum para erigi-lo a uma condição de *status* social superior, o qual por sua vez, acaba por se encantar com o conforto e o poder e abandona sua causa original, o poder popular.

Dessa forma, os líderes nascidos no seio do povo, são transformados para seguir o ritmo do sistema que está posto. A elite de poder age no sentido de fazer a cooptação desses para retirar o mesmo do seu status original, alçando-o a condição de líder político de status superior.

O patriotismo constitucional permitiu a Alemanha a se reunificar. Na França ocorreu o derramamento de sangue para que a mudança ocorresse. Contudo, no Brasil vemos os guardiões da Constituição fazer a sua invalidação, negar a sua aplicação como está posta, agindo em um jogo político na defesa de interesses de uma classe que o sustenta. A Constituição de 1988 foi um ensaio bem elaborado, mas cujos objetivos foram abandonados em seguida quando pessoas sem sentimento de patriotismo se apropriaram do poder e deram a direção esperada pela elite que o conduz.
"Não sentimos inclinação por algo porque consideramos que é bom; consideramos que algo é bom porque sentimos inclinação por ele" (ÉTICA, II, 9). David Hume diz que o sentido da justiça não se baseia na razão ou no descobrimento de certas conexões ou relações entre as ideias eternas, imutáveis e universalmente obrigatórias. Com isso se busca descobrir as conexões que há entre os sentimentos.

Rousseau "conseguiu impor suas doutrinas aos estudiosos e aos homens de Estado com a força da razão, conseguiu difundi-las entre o povo com a força invencível da imaginação e do sentimento" (PABLO VERDÚ,

2004, p.19). Nisso registro que só a força de um sentimento expansivo poder levar o homem a sentir como sua as dores alheias, elevando-o acima de si mesmo, na realização com o seu semelhante, para então conseguir conduzir o mesmo ao esquecimento de seu próprio eu e ao sacrifício definitivo. Nisso notamos o sentimento constitucional, onde as pessoas passam a se preocupar com a sociedade e não com interesses particulares.

7. O DIREITO COMO CONDIÇÃO ESSENCIAL PARA A EXISTÊNCIA DE UMA SOCIEDADE A PARTIR DO SENTIMENTO CONSTITUCIONAL.

O sentimento constitucional está em uma força real que está por trás da lei, quando o povo passa a reconhecer o Direito como condição essencial para a sua existência. O povo que na violência exercida contra o Direito, sente-se violentado, e se dispõe a pegar em armas se necessário for para fazer impor a manutenção dos seus direitos e fazer prevalecer a ordem social que deseja para viver e para se submeter.

O direito começa sua vida quando se separa do sentimento jurídico que lhe deu origem, e isso ocorre com criação da lei. Com isso o direito embora perca fluidez e mobilidade, mas essas perdas não podem se comparar aos ganhos obtidos com a vantagem da firmeza, da precisão, da espontaneidade e uniformidade que é gerada com a criação da norma, no caso a lei. Ademais, sabe-se que o direito escrito é dotado de certa elasticidade, e o progresso positivo alcançado passa a ser sintetizado em: transição da intimidade subjetiva à exterioridade objetiva.

É preciso se conhecer, conhecer a si próprio para poder a partir disso, com o conhecimento científico realizar a sociedade pretendida. Construir o sentimento constitucional para se formar uma cultura própria para a existência humana em sua nação com a dignidade humana indispensável para, partindo disso, construir o direito desejado.

Como diz Pablo Verdú (2004, p.30) quando cita Lassalle para dizer que esse aceitava a teoria romântica da psicologia, que mantinha a atividade criadora para o Direito como obra do instinto de uma alma social, vejamos:

> Há uma solidariedade profunda entre todos os indivíduos porque eles coincidem no que diz respeito a esta alma. O Direito, em todas as suas formas, expressa sua vontade latente. Os direitos particulares de todos os indivíduos são estabelecidos por essa alma coletiva. Disso se deduz que jamais um direito individual pode durar mais do que o convencimento unânime da nação. O indivíduo só adquire direitos mediante um querer individual que esteja em harmonia com a vontade coletiva.

Com isso um juiz ao analisar as forças que dominam na sociedade irá resolver o caso de acordo com o sentimento dessa sociedade, e isso fará com o exame, a ponderação e com uma análise dos interesses em conflito, elaborando a sentença de acordo com o sentido de justiça que impera naquela sociedade.

Essa será a melhor decisão proferida, uma vez estará fundamentada nos caracteres normais de uma norma jurídica, gerada pela coletividade, dotada de sanção, obrigatoriedade e o mais importante foi gerada pelos seus destinatários, em um sentimento de ter aquele direito para lhes guiar, e nisso vemos que:

> A opinião pública surge como expressão de interesses comuns, como maneira comum de pensar e de sentir, determinada por inter-relações entre as consciências associadas. Em sua forma mais elevada, aparece como manifestação da moralidade pública (PABLO VERDÚ, 2004. P.36).

Vemos que o direito sempre será produto da consciência jurídica gestada na convivência e exercida na harmonia das exigências de uma vida em comum. O direito sempre será o produto da adaptação das consciências jurídicas versus as exigências da vida. Essa adaptação se dá com a finalidade de se valorizar, ordenar e adequar às exigências percebidas na própria natureza. Salas (1982, p.23-24) diz que importante:

> É que nosso Código Fundamental, tal qual é, enquanto se aperfeiçoa com o tempo, com a experiência e o estudo, seja amado e respeitado pelos espanhóis como uma espécie de culto; não permita que nunca se viole, ainda aquele que pareça o mais insignificante de seus artigos, e que todos os bons espanhóis estejam prontos para defendê-lo, ainda que seja arriscando seu sangue. A Constituição, toda a Constituição sem exceção, deve ser a voz de guerra dos cidadãos da Espanha sempre que se ataque a Lei Fundamental.

Salas conclui o seu livro dizendo que não há nação tão livre quanto à Espanha quanto ao quesito observação da Constituição, e anima os espanhóis dizendo "amai nossa Constituição santa; defendê-la vigorosamente contra todas as espécies de inimigos" (SALAS, idem, p.158). Concluindo, "a Constituição deve ser como a arca santa entre os israelitas, em relação há qual de aproximar-se ou tocar com muitos requisitos e necessidades; a não ser o alvo da inconstância dos partidos" (ALCALÁ GALIANO, 1843, p.8). Buscar construir esse pensamento no seio da nação é uma base para o desenvolvimento.

Falar da força vital do Direito é rememorar Otto Von Gierke (1942, p. 336) quando fala dessa experiência para dizer que essa brota nos homens como ideia inata do direito para assegurar que a sua origem coincide com a origem da humanidade. Nisso vemos que o homem é por natureza um ser jurídico (Rechtswesen) capaz de formar-se juridicamente em virtude disso (KASPAR BLUNTSCHLI, 1866, p.32, nota 23)

Em todo sentimento jurídico pode haver o elemento emocional como também o intelectivo, mas essa duplicidade não esgota todas as funções do conceito como deve ser efetivamente aplicado. De acordo Pablo Verdú (2004, p.54) *apud* Riezler[91] se manifesta de três maneiras o sentimento jurídico:

> 1) O sentir sobre o que é o Direito, ou seja, a capacidade que intuitivamente capta e aplica o Direito vigente com justiça. Denomina esta capacidade de tato jurídico ou *sensus juridicus*. Aqui, o *rechtsgefuhl* existe cm independência do movimento do espírito que aprova ou rechaça o resultado; é independente de qualquer estimação ética. A ênfase gravita sobre o momento intelectual.
> 2) O sentir sobre o que deve ser o Direito existente enquanto inclinação ao ideal jurídico. Na medida em que o ideal jurídico se contrapõe ao Direito positivo, o sentimento jurídico aparece como sentido crítico e desaprovador do Direito Vigente.
> 3) O sentir com referência à atitude perante o Direito existente, ou seja, o sentimento de respeito do ordenamento jurídico vigente. Exterioriza-se mediante impulsos em relação ao Direito positivo para promover ou exigir a realização do Direito e rechaçar o injusto.

Esses enfoques podem se entrelaçar, pois não há como considerá-los de forma isolada, mas sim condicionados. Nisso vemos que o sentimento sobre o que deve ser e o que o Direito o é, bem como o respeito que suscita é latente no sentimento jurídico, pois, quem sente o que o Direito é, experimente a comoção que conduz a sua valoração efetiva, por isso tende a respeitá-lo.

A tripartição notada nos dois parágrafos anteriores menciona as três investigações notáveis no estudo sobre o Direito: "a lógica, que responde sobre o que o Direito é; a fenomenologia, que responde como é o Direito; e a estimativa ou deontológica, que diz como deve ser o Direito" (PABLO VERDÚ, 2004, p. 55). O sentimento jurídico é unitário, e em algumas vezes se manifestará em mais de uma das direções citadas, mas haverá sempre uma fluente passagem de uma direção para a outra, preexistindo, portanto, como único.

A uma força impulsiva e vital de um lado, e por outro uma intelectual. Há aqueles que habilitam tais forças para construir a decisão em um eu. Esse dom humano para integrar em seu querer uma unidade produtora de todas suas forças intelectuais e afetivas Esser denomina de Espírito (PABLO VERDÚ, 2004, p. 58).

---

[91] Essas considerações são clássicas em relação ao tema. Antes, a doutrina alemã se ocupou dele de modo extenso.

Portanto, operacionaliza em todo ordenamento jurídico maduro, composto da adesão social, o sentimento de Direito, de maneira que a doutrina pergunta sobre do que se tem o entendimento daquele como tal. O sentimento jurídico é a convicção emocional vivenciada e experimentada por um grupo social, regulando desde sua crença na justiça e na equidade do ordenamento positivo vigente, o qual motiva a adesão de todos em relação ao mesmo e o repudio a sua transgressão, no que se nota que o sentimento jurídico é uma afeição positiva, notada na adesão das pessoas ao ordenamento, culminando com a elaboração da Constituição.

8. CONFORMAÇÃO DE UM SENTIMENTO CONSTITUCIONAL E A CONSTRUÇÃO DE UMA OPINIÃO PÚBLICA: A CONSTRUÇÃO DO CONSTITUCIONALISMO POPULAR

O Constitucionalismo popular predominou na experiência das colônias, no Constitucionalismo da fundação. Há uma experiência histórica de sentimento constitucional e de opinião publica perdida onde o povo tinha a titularidade para dar a última palavra. Trata-se de um fenômeno histórico desconhecido na contemporaneidade, quando a mobilização política popular tinha a natureza de resguardar a constituição. Nisso vemos que Vianna e Verdú já tinham fontes para beber e orientar os seus pensamentos, na tratativa da opinião pública e do sentimento constitucional, esses presentes na formação das colônias.

Trata-se de um período ocorrido na primeira metade do século XIX onde o povo tinha a prerrogativa de interpretar o texto da constituição através de suas mobilizações, eleições, notadas também na participação nos júris, enquanto a participação judicial na interpretação teria ocupado um papel coadjuvante.

Os parâmetros orientadores da interpretação política, ou popular, da Constituição sempre ocorreram através de lutas e de conflitos registrados ao longo da história. Essas lutas ocorriam com vistas a defender os valores mais arraigados da cultura constitucional, sobretudo na Norte Americana, sempre na defesa dos princípios da igualdade, liberdade, liberdade de expressão, todos geralmente contidos no preâmbulo das constituições. Nesse parâmetro Tushnet defende a qualidade da interpretação política com a dispensabilidade judicial, com a abolição da revisão feita pelo judiciário.

A força das mudanças está na organicidade do próprio povo, através de compromissos e alianças fundamentados no argumento que busca entrelaçar valores, notados nos princípios firmados, com a ideia de autogoverno democrático, notados na autonomia de elaborar as próprias leis, conciliando assim valores e procedimentos, e essa mudança, sem dúvida pode ocorrer se houver a disseminação de ideias onde a opinião publica seja formada e que essa venha a gerar um sentimento constitucional com o envolvimento das pessoas na causa da sociedade a que pertence.

O Constitucionalismo popular é revelado em uma série de acontecimentos reiterados e notados na prática da política da comunidade, essa legitimada a fazer a interpretação final do conteúdo constitucional, englobando direitos celebrados e largamente praticados, tais como os direitos de: voto, de petição, de rebelião dentre outros, todos esses conhecidos na história tradicional da humanidade.

Contudo, hoje esse constitucionalismo está afastado diante do império do poder do juiz. E surge a indagação:

> Como é possível sentir uma constituição que no fundo é encobrimento e/ou justificação de uma dominação política? Se o Estado é tudo o que ele supõe são uma evidente manifesta da heteronomia (poder político, burocracia, aparatos ideológicos a seu serviço, polícia, exército, igreja estabelecida) sobre a autonomia humana; se a Constituição é a configuração jurídica fundamental do poder das instituições, com seus órgãos correspondentes, que impõem a opressão de uma classe política sobre a sociedade civil, etc, não resulta um sarcasmo que ainda por cima se sustente que tudo isso seja capaz de provocar uma adesão sentimental? (LUCAS VERDÚ, 2004, p.09).

Nessa sociedade posta é que a opinião pública e o sentimento constitucional deverão buscar abrir espaços para que o poder seja devolvido ao seu titular natural, é indispensável um trabalho de conscientização árduo para imbuir o povo de um sentimento patriótico com vistas a construir uma opinião pública com forças para que as decisões possam ser originadas no seio social, e que, assim o povo exerça de fato a sua soberania construindo uma sociedade ardida nos corações para que a democracia possa efetivamente ser realizada, e, sobretudo, que o constitucionalismo popular possa ser reconstruído e que o poder popular sejam o centro de decisão dos anseios da sociedade, da nação em que se está e para aquela a qual se busca.

9. CONSIDERAÇÕES FINAIS

As ideias centrais dos capítulos acima foram construídas de forma a serem úteis ao pensamento do estudioso para um entendimento raso sobre os elementos fundamentais que atuam na elaboração das políticas públicas. Sem dúvida, o elemento indispensável na construção de uma política está centrado no povo. Só o povo sabe o que lhe é melhor para sociedade que quer para viver, e, portanto, está habilitado a indicar sua pretensão, observado os limites permitidos pelo orçamento participativo, nos termos como planejado para ser construído para aquele momento.

E certamente, o povo para poder agir é preciso ser despertado, chamado para apropriar da consciência de si, para entender o que está acontecendo. É preciso envolver o povo, trabalhando no mesmo um sentimento de pertença, um sentimento de patriotismo, despertá-lo para compreender que ele é o elemento essencial da sociedade. Entender que a sociedade só existe porque ele está presente, assim como o Estado, a Gestão local, está presente em vista da sua existência e que as coisas públicas são elaboradas para si (o povo), de maneira que o seu envolvimento, a sua contribuição, tudo é importante para aquele momento.

Despertar no povo o sentimento constitucional, com um envolvimento democrático profundo, realizando em suas mentes uma efervescência patriótica, que o faça estar presente e estar desejoso de entender, se envolver, colaborar, participar, atuar e fiscalizar o acontecimento do projeto esperado: a construção de boas políticas públicas, e a sua implementação de forma a atender aos anseios do povo, objetivando gerar o bem estar social de todos.

Para fomentar o sentimento constitucional no povo vemos como excelente os trabalho de Lucas Verdú que de forma inteligente mostra em seu pensamento o que é o sentimento constitucional e a forma como ele pode ser trabalhado de modo a despertar no povo, fazendo como que o mesmo possa ser envolto no sentimento patriótico e assim se envolver e estar sempre pronto para labutar em prol de sua sociedade, sobretudo, na construção de políticas públicas que sejam úteis a sociedade.

No seio do povo, após despertá-lo para o sentimento constitucional de democracia participativa, vamos ver surgir os diversos atores com os seus múltiplos interesses, e a arte da política será realizada em sua plenitude, com as barganhas, do toma lá dá cá, enfim, o jogo se faz presente: as negociações ou barganhas, os conluios, e o debate, todos são inegavelmente a forma da sua construção e elaboração da política pública, temos em cena o poder de persuasão, intercâmbio e até ameaças, e da pressão que são os meios de que se vale de cada ator para se chegar à solução do conflito de forma a lhe trazer benefícios. Enfim, temos um caldeirão de argumentos e sentimentos em busca de convencer ao seu opositor para a finalização do projeto pretendido, qual seja, que se prevaleça no planejamento do ente da política pública que mais interessa a cada um daquela sociedade.

Também, observamos que após estar o povo despertado, indispensável se faz que o mesmo esteja imbuído de aprender as etapas da elaboração de um projeto de construção das políticas públicas de participação popular, mais notório na elaboração dos Orçamentos Participativos nos Municípios, conforme exemplificamos o caso de Vitória/ES. De forma clara, notamos que a compreensão dos tipos de planejamento público, burocrático e/ou tecnocrático, também colacionados, é indispensável. Que se encontre mecanismo que possam funcionar em conjunto, com a concretização das ideias surgidas no seio popular e formalizadas com o apoio técnico com vistas a chegar a um resultado de planejamento bom, sobretudo, com a formatação de projetos viáveis dentro das limitações orçamentárias, quando, indispensável se faz a presença do técnico.

Sabemos que Rousseau impôs suas doutrinas, aos estudiosos e aos homens de Estado. Com a força da sua razão difundiu entre o povo com a força invencível da imaginação e do sentimento. Nisso registro que só a força de um sentimento expansivo poder levar o homem a sentir como sua as dores alheias, elevando-o acima de si mesmo, na realização com o seu semelhante, para então conseguir conduzir o mesmo ao esquecimento de seu próprio eu e ao sacrifício definitivo. Nisso notamos o sentimento constitucional, onde as pessoas passam a se preocupar com a sociedade, umas com as outras, abre espaço para a construção da justiça social pautada em princípios éticos.

Surge uma força impulsiva e vital, de um lado, e doutro, uma intelectual. Há aqueles que habilitam tais forças para construir a decisão em um eu. Esse dom humano para integrar em seu querer, uma unidade produtora de todas suas forças intelectuais e afetivas, denominadas de Espírito (ESSER).

O sentimento é a convicção emocional vivenciada e experimentada por um grupo social, regulando desde sua crença na justiça e na equidade do ordenamento positivo vigente, o qual motiva a adesão de todos em relação ao mesmo e o repudio a sua transgressão. Nota-se que o sentimento jurídico é uma afeição positiva, notada na adesão das pessoas na participação, culminando com a elaboração políticas públicas de qualidade.

Para trilharmos para o fechamento, ainda registramos que chamar o judiciário para estar presente na elaboração de políticas públicas, também, permitirá que os operadores das decisões, os julgadores e seus assessores, compreendam a funcionalidade da elaboração das políticas públicas, e inclusive, sintam a limitação dos recursos. Isso certamente gerará o sentimento de maior cautela ao concretizar suas decisões diante da realidade esperada por uma comunidade, por uma cidade, que se reuniu, se despendeu, pensou, repensou, e por fim concluiu por determinada política pública, o que pode contribuir para a extirpação da prevalência da decisão de um em desfavor da decisão democrática, de muitos, prevalecendo justiça social da decisão democrática.

Logo, um julgador consciente disso, fará uma reflexão mais aguçada para concretizar sua melhor solução, sempre que o assunto a ser dirigido por sua decisão pautar políticas públicas, pois, sem dúvida é sabedor, que a sua decisão poderá enterrar sonhos de anos esperado e desejado por uma sociedade em benefício de um. Isso servirá, penso eu, de freio ao Estado Juiz que saberá onde irão os reflexos de sua decisão, ou seja, no sentimento de um povo, de uma sociedade, e assim, a depender do que e como decidiu, estará fazendo a semeadura dos sonhos frustrados, ou construindo a cidadania, elevando a dignidade dos seres humanos daquela sociedade.

Para concluir, vemos que a dialógica dos títulos pautados acima conduz para uma compreensão que é possível construir política pública concreta de qualidade democrática. Essas, elaboradas a partir do seio da sociedade, envolvendo a massa popular no sentimento de pertencimento, despertando no povo uma consciência de participação. Tudo isso gerará ingredientes excelentes para a construção de uma sociedade mais justa e igualitária, enfim a construção de justiça e de cidadania, com o povo presente ajudando a decidir os rumos da sua sociedade, presenciando na realidade a realização do verdadeiro milagre, o milagre da multiplicação dos recursos públicos, esses sempre parcos e escassos.

Mas, mesmo em meio a tanta escassez, vemos um povo sempre animado, que não perde a esperança, caminhando, sonhando, trabalhando, construindo, enfim, um povo, apenas um povo, enfim, sempre esperando. Portanto, seja um ator social, contribuía para a construção da sociedade.

10. REFERÊNCIAS BIBLIOGRÁFICAS

GIERKE, Oto Von. *Johannes Authusius un die Entwicklung der narurrechtlichen Staats-theorien*, Brslau, 1902. Tradução italiana de Antonio Giolitti, Giulio Einaudi, Torino, 1942.

KASPAR BLUNTSCHLI, Johann. *Die Bedeutung dr Gortschritte des modernen* Volkerrechts, 1866.

LUCAS VERDÚ, Pablo. **O sentimento Constitucional**: aproximação ao estudo do sentir constitucional como de integração política. Tradução: Agassis Almeida Filo. Rio de Janeiro: Forense, 2004.

RUA, Maria das Graças. Políticas Públicas. Florianópolis: Departamento de Ciências da Administração - UFSC, 2009.

RICCI, Rudá. **Lulismo: Da Era dos Movimentos Sociais a Ascenção da Nova Classe Média Brasileira**. Brasília: Fundação Astrojildo Pereira, 2010.

SALAS, Ramon: *Lecciones De derecho público constitucional para las escuela de Espana, inprenta del censor,* Carrera de S. Francisco, tomo I, 1821. Editada com estudo preliminar de José Luiz Barmejo Cabrero, Centro de estudos constitucionais, Mardid, 1982

VIANNA, Francisco José de Oliveira. **O Idealismo da Constituição**. São Paulo: Companhia Editora Nacional, 1927.

VITÓRIA. Orçamento Participativo de Vitória. Disponível em: http://www.vitoria.es.gov.br/prefeitura/orcamento-participativo. Acesso em: 01/2018

SOBRE O ORGANIZADOR DA OBRA

SAMUEL MEIRA BRASIL JR. é Doutor *honoris causa* pela Universidade de Vila Velha (UVV), Doutor e Mestre em Direito Processual Civil pela Faculdade de Direito da Universidade de São Paulo (USP), Mestre em Ciência da Computação, em Inteligência Artificial, pela Universidade Federal do Espírito Santo (UFES). Desembargador do Tribunal de Justiça do Espírito Santo e, atualmente, é o Corregedor Geral da Justiça do Estado do Espírito Santo.

Esta obra é uma coletânea de artigos escritos pelos alunos do programa de Doutorado em Direitos e Garantias Fundamentais, disciplina ministrada pelo organizador, em que se discute a teoria e a aplicação prática nos tribunais das mais importantes Teorias da Justiça.